"十三五"国家重点出版物出版规划项目

转型时代的中国财经战略论丛

制度环境下终极控股股东
对文化企业并购绩效影响研究

邵春燕　著

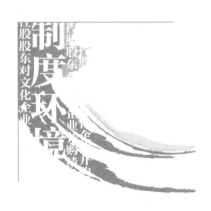

中国财经出版传媒集团

经济科学出版社
Economic Science Press

图书在版编目（CIP）数据

制度环境下终极控股股东对文化企业并购绩效影响研究/
邵春燕著. —北京：经济科学出版社，2020.1
（转型时代的中国财经战略论丛）
ISBN 978 - 7 - 5218 - 1286 - 2

Ⅰ.①制… Ⅱ.①邵… Ⅲ.①股份公司 - 股东 - 影响 -
文化产业 - 企业兼并 - 研究 - 中国 Ⅳ.①G124

中国版本图书馆 CIP 数据核字（2020）第 022819 号

责任编辑：刘战兵　程　铭
责任校对：王肖楠
责任印制：李　鹏　范　艳

制度环境下终极控股股东对文化企业并购绩效影响研究
邵春燕　著
经济科学出版社出版、发行　新华书店经销
社址：北京市海淀区阜成路甲 28 号　邮编：100142
总编部电话：010 - 88191217　发行部电话：010 - 88191522
网址：www.esp.com.cn
电子邮件：esp@ esp.com.cn
天猫网店：经济科学出版社旗舰店
网址：http://jjkxcbs.tmall.com
北京季蜂印刷有限公司印装
710 × 1000　16 开　20.25 印张　320000 字
2020 年 4 月第 1 版　2020 年 4 月第 1 次印刷
ISBN 978 - 7 - 5218 - 1286 - 2　定价：76.00 元
（图书出现印装问题，本社负责调换。电话：010 - 88191510）
（版权所有　侵权必究　打击盗版　举报热线：010 - 88191661
QQ：2242791300　营销中心电话：010 - 88191537
电子邮箱：dbts@ esp.com.cn）

　　国家社会科学基金一般项目"制度环境下终极控股股东对文化企业并购绩效影响研究"（15BGL065）

总　序

　　山东财经大学《转型时代的中国财经战略论丛》（以下简称《论丛》）系列学术专著是"'十三五'国家重点出版物出版规划项目"，是山东财经大学与经济科学出版社合作推出的系列学术专著。

　　山东财经大学是一所办学历史悠久、办学规模较大、办学特色鲜明，以经济学科和管理学科为主，兼有文学、法学、理学、工学、教育学、艺术学八大学科门类，在国内外具有较高声誉和知名度的财经类大学。学校于 2011 年 7 月 4 日由原山东经济学院和原山东财政学院合并组建而成，2012 年 6 月 9 日正式揭牌。2012 年 8 月 23 日，财政部、教育部、山东省人民政府在济南签署了共同建设山东财经大学的协议。2013 年 7 月，经国务院学位委员会批准，学校获得博士学位授予权。2013 年 12 月，学校入选山东省"省部共建人才培养特色名校立项建设单位"。

　　党的十九大以来，学校科研整体水平得到较大跃升，教师从事科学研究的能动性显著增强，科研体制机制改革更加深入。近三年来，全校共获批国家级项目 103 项，教育部及其他省部级课题 311 项。学校参与了国家级协同创新平台中国财政发展 2011 协同创新中心、中国会计发展 2011 协同创新中心，承担建设各类省部级以上平台 29 个。学校高度重视服务地方经济社会发展，立足山东、面向全国，主动对接"一带一路"、新旧动能转换、乡村振兴等国家及区域重大发展战略，建立和完善科研科技创新体系，通过政产学研用的创新合作，以政府、企业和区域经济发展需求为导向，采取多种形式，充分发挥专业学科和人才优势为政府和地方经济社会建设服务，每年签订横向委托项目 100 余项。学校的发展为教师从事科学研究提供了广阔的平台，创造了良好的学术生态。

习近平总书记在全国教育大会上的重要讲话，从党和国家事业发展全局的战略高度，对新时代教育工作进行了全面、系统、深入的阐述和部署，为我们的科研工作提供了根本遵循和行动指南。习近平总书记在庆祝改革开放 40 周年大会上的重要讲话，发出了新时代改革开放再出发的宣言书和动员令，更是对高校的发展提出了新的目标要求。在此背景下，《论丛》集中反映了我校学术前沿水平、体现相关领域高水准的创新成果，《论丛》的出版能够更好地服务我校一流学科建设，展现我校"特色名校工程"建设成效和进展。同时，《论丛》的出版也有助于鼓励我校广大教师潜心治学，扎实研究，充分发挥优秀成果和优秀人才的示范引领作用，推进学科体系、学术观点、科研方法创新，推动我校科学研究事业进一步繁荣发展。

伴随着中国经济改革和发展的进程，我们期待着山东财经大学有更多更好的学术成果问世。

山东财经大学校长

2018 年 12 月 28 日

2

前　言

2009 年以来，国家出台了包括《文化产业振兴规划》等在内的一系列有利于促进文化产业发展的扶持政策。这些关于促进文化产业发展的利好政策的不断出台与实施，将我国文化产业发展提升到国家战略新高度。中国文化体制改革的目标是建设一大批骨干文化企业，提高我国的文化竞争力。国家扶持文化企业发展的利好政策的不断实施和金融资本的大力支持，促使文化企业并购高速增长，中国文化企业并购热潮不断，但文化企业并购绩效并不总能如人所愿。而公司治理结构优化和中小股东权益保护是个经久不衰的话题，也是国家亟待解决的重要问题。在文化企业实施并购行为的过程中，一方面，并购方终极控股股东的特征和行为会影响到并购绩效，深入分析终极控股股东对文化企业并购绩效的影响，可以有针对性地从优化公司治理结构方面采取措施，促进文化企业并购绩效的提升，进而保护中小投资者利益；另一方面，在不同的制度环境下，终极控股股东对并购绩效的影响作用的大小不尽相同，深入分析制度环境对二者之间关系的影响作用，可以为有关政府部门优化制度环境等提供理论依据。因此，有必要分析文化企业终极控股股东的各方面特征对并购绩效的影响作用以及制度环境对二者之间关系的影响作用。

本书首先在对现有文献进行梳理的基础上，指出终极控股股东影响文化企业并购绩效，而且制度环境在该影响中发挥一定的调节作用；其次分析了文化企业改制历程和文化企业不同于传统企业的特点以及上市文化企业终极控股股东的特征，并用因子分析的方法评价了文化企业的并购绩效；最后以沪深 A 股上市的中国文化企业在 2008 年至 2015 年之间发生的并购事件作为研究对象，用实证方法进行了分析研究，分别研究了文化企业的终极控股股东对并购绩效的影响作用以及制度环境在此影响中发挥的调节作用，并且提出了提升文化企业并购绩效的对策建议。

通过对文化企业的终极控股股东各方面特征对并购绩效影响作用的分析，本书主要得出如下结论：文化企业终极控股股东持有的控制权比例越高，并购绩效越低；终极控股股东持有文化企业的现金流权比例越高，文化企业并购绩效越低；终极控股股东持有文化企业的两权分离度越高，文化企业并购绩效越低；终极控股股东与上市文化企业之间的控制链层级越多，文化企业并购绩效越高；不同性质的终极控股股东对并购绩效的影响作用不尽相同。

通过对制度环境在以上影响中发挥的调节作用分析，本书主要得出如下结论：制度环境可以减弱控制权对并购绩效的负向影响作用；制度环境可以减弱现金流权对并购绩效的负向影响作用；制度环境可以减弱控制链层级对并购绩效的正向影响作用；制度环境在不同性质终极控股股东影响并购绩效的过程中发挥的调节作用不尽相同。

总之，本研究通过中国文化类上市公司的数据，深入分析制度环境下终极控股股东的各方面特征对并购绩效的具体影响作用，一方面可以丰富文化企业公司治理理论和文化企业并购理论；另一方面可以从制度环境和股权结构两个方面为规范文化企业的并购行为、提高文化企业并购绩效提供相应的理论依据，有助于文化类上市公司治理结构优化和中小股东的权益保护，并且为监管部门制定相关政策提供新思路；同时可以为有关政府部门制定有利于文化产业发展的、与并购有关的政策、法规提供相应的理论根据；并且为文化产业快速发展成国民经济支柱型产业提供一定的理论支撑。

邵春燕

2019 年 10 月于济南

目　录

第1章 绪 论

1.1 研究背景和研究意义

1.1.1 研究背景

文化企业是文化产业的微观构成个体，是指生产、经营和销售文化产品和服务的、以营利为目的的经济组织。与传统的工业企业相比较而言，文化企业具有较强烈的意识形态属性，在经营、财务等各方面的风险都相对较大，盈利模式等也不尽相同。经营性文化单位转企改制是文化体制改革的一个中心环节，可以使文化企业焕发新的生机和活力。文化产业是为社会公众提供文化、娱乐产品和服务的活动，以及与这些活动有关联的活动的集合。中央欲推动文化产业发展成为国民经济支柱型产业，建设社会主义文化强国。2009 年以来，国家出台了包括《文化产业振兴规划》等在内的一系列有利于促进文化产业发展的扶持政策。这些关于促进文化产业发展的利好政策的不断出台与实施，将我国文化产业发展提升到国家战略新高度。近年来，我国文化产业发展迅速，2011 年至 2016 年中国文化产业增加值以及占国内生产总值（GDP）的比重如图 1 − 1 所示。由图 1 − 1 可以看出，2011 ~ 2016 年，我国文化产业增加值以及占 GDP 的比重呈逐年上升的趋势。

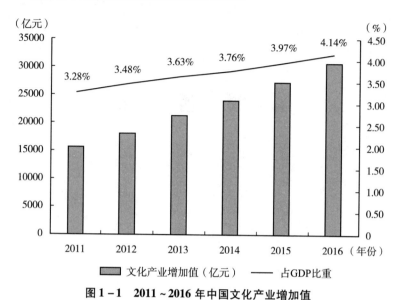

图 1 - 1 2011～2016 年中国文化产业增加值

资料来源：中国产业信息网，http：//www.chyxx.com/industry/201711/587273.html.

　　中国文化体制改革的目标是建设一大批骨干文化企业，提高我国的文化竞争力。国家扶持文化企业发展的利好政策的不断实施和金融资本的大力支持，促使文化企业并购高速增长。据新元文智公司开发的中国文化产业投融资数据平台统计，2011 年，文化产业并购案例共发生 49 起，其中未披露详细金额 20 起，披露事件涉及资金规模总计约为 51.33 亿元，平均事件规模达 1.77 亿元；2012 年，文化产业并购案例共发生 101 起，其中未披露详细金额 26 起，披露事件涉及资金规模总计约为 514.09 亿元，平均事件规模达 6.85 亿元；2013 年，文化产业并购案例共发生 86 起，其中未披露详细金额 21 起，披露事件涉及资金规模总计约为 674.11 亿元，平均事件规模达 10.37 亿元；2014 年，文化产业并购案例共发生 159 起，其中未披露详细金额 32 起，披露事件涉及资金规模总计约为 1026.89 亿元，平均事件规模达 8.09 亿元；2015 年，文化产业并购案例共发生 205 起，其中未披露详细金额 38 起，披露事件涉及资金规模总计约为 1760.62 亿元，平均事件规模达 10.54 亿元。2016 年以来并购热潮仍在继续。2005 年 1 月 1 日到 2015 年 12 月 31 日，文化创意产业各年度并购事件平均单个事件规模分布情况如表 1 - 1 所示。

表1-1　　　　　2005～2015 年文化创意产业各年度并购事件
平均单个事件规模分布情况

年份	披露金额事件数（件）	资金规模（亿元）	平均规模（亿元）
2005	11	33.00	3.00
2006	28	85.73	3.06
2007	25	54.18	2.17
2008	40	102.85	2.57
2009	18	117.98	6.55
2010	21	49.64	2.36
2011	29	51.33	1.77
2012	75	514.09	6.85
2013	65	674.11	10.37
2014	127	1026.89	8.09
2015	167	1760.62	10.54
合计	606	4470.42	7.38

目前，国家鼓励文化企业通过跨地区、跨行业、跨所有制等各种形式的并购活动扩大企业规模，在国家利好政策的不断推动下，中国文化企业并购热潮不断，但文化企业并购绩效并不总能如人所愿。而公司治理结构优化和中小股东权益保护是个经久不衰的话题，也是国家亟待解决的重要问题。一方面，在文化企业并购中，并购方终极控股股东的特征和行为会影响文化企业并购绩效，深入分析终极控股股东对文化企业并购绩效的影响，可以有针对性地从优化公司治理结构方面采取措施，促进文化企业并购绩效的提升，进而保护中小投资者利益；另一方面，在不同的制度环境下，终极控股股东的各方面特征对并购绩效的影响作用的大小不尽相同，深入分析制度环境对二者之间关系的影响作用，可以为有关政府部门优化制度环境等提供理论依据。

本课题用中国文化类上市公司的数据，深入分析制度环境下终极控股股东的各方面特征对并购绩效的具体影响作用情况，以期为文化类上市公司治理结构优化和中小股东的权益保护提供相应的理论依据，并且为文化产业快速发展成国民经济支柱型产业提供一定的理论支撑。

1.1.2 研究意义

在我国转轨经济条件下，对制度环境下终极控股股东对文化企业并购绩效的影响进行研究，具有重要的学术价值和应用价值。

1. 学术价值

首先，有助于丰富文化企业公司治理理论。本书以制度变迁理论、委托—代理理论、控制权理论、信息不对称理论等为基础，以文化企业为研究对象，深入分析制度环境下终极控股股东的各方面特征对并购绩效的具体影响作用。其中对终极控股股东的分析可以帮助我们进一步了解文化企业的股权结构，进而完善文化企业的公司治理理论。

其次，有助于丰富文化企业并购理论。分析制度环境下文化企业终极控股股东的各方面特征对并购绩效的具体影响作用，有助于进一步研究影响文化企业并购绩效的制度环境因素和股权结构动因，进而丰富文化企业并购方面的理论研究。

2. 应用价值

目前，国家鼓励文化企业通过跨地区、跨行业、跨所有制等各种形式的并购活动扩大企业规模，提高企业竞争力。在文化企业并购过程中，要考虑制度环境、终极控股股东对并购绩效的影响。本书通过分析制度环境下文化企业终极控股股东的各方面特征对并购绩效的影响作用情况，具体分析文化企业终极控股股东的各方面特征对并购绩效的影响作用和制度环境对二者之间关系的调节作用。

一方面，可以从制度环境和股权结构两个方面为规范文化企业的并购行为、提高文化企业并购绩效提供相应的依据，并且为监管部门制定相关政策提供新思路；另一方面，可以为有关政府部门制定有利于文化产业发展的、与并购有关的政策、法规提供相应的理论根据。

1.2 文 献 综 述

1.2.1 制度环境对终极控股股东行为影响的研究

制度环境主要是某个地区所具有的一些和政治、经济、文化等相关的外部条件的统称，包括法规、习俗等诸多方面。通常情况下，处于同一制度环境下的各个组织为了适应当地的制度环境，都会采用类似的结构和做法（Meyer et al.，1977）。外部经济环境的变化，会影响股东的控股行为（Friedman et al.，2003）。在投资者保护水平较低的国家或地区，企业首要的代理问题已经不再是股东和经理人员之间，而是终极控股股东与中小股东之间的利益冲突（Shleifer et al.，1997）。

国外学者普遍认为，良好的制度环境可以有效地约束终极控股股东损害中小股东利益的行为。在投资者法律保护较弱的国家，管理者和控股股东会通过会计政策的选择来操纵盈余；而法制环境的改善能够制约终极控股股东的掠夺行为，在法制环境好的地区，终极控股股东获取控制权私利的动机和能力将受到削弱（Haw et al.，2004）。也就是说，良好的制度环境能抑制终极控股股东攫取控制权私人收益（Doidge et al.，2009），能够减少终极控股股东利用盈余管理掩饰公司绩效的行为（Leuz，2003），因为在良好的制度环境下，由于法律等相关外部条件的制约，终极控股股东占用上市公司资金的成本会增加，从而削弱其占用上市公司资金的动机（La Porta et al.，2000；Nenova，2003）。终极控股股东的掏空行为在较高的法制水平下会得到一定的遏制（Durnev et al.，2005），因为法律制定与执行、法律体系的完善能够削弱终极控股股东的攫取动机（Lemmon et al.，2003；Denis et al.，2003），在这种情况下，终极控股股东为了降低自身的风险，会自愿强化自身的纪律和责任，减少对中小股东利益的侵占（Krishnamurti et al.，2005）。相反，如果该国家或地区对中小股东的法律保护程度较弱，终极控股股东的违法成本较低，在其他条件相同的情况下，他们获取控制权私有利益的动机可能就会更加强烈（Albuquerque et al. , 2008）。而且对于采用不同法律体系的国家，他们的法律制度对掏空行为的处理有所不同，通常采用大陆法系的国家对中小投资者的利益保护程度较弱，在这类国家，企业的终极控股股东实施掏空行为的成本相对较低，因而可能会倾向于进行较多的掏空行为（Johnson et al. , 2000）。

国内学者普遍认为，一个国家或地区的制度环境会显著地影响终极控股股东的掏空行为，所在国家或地区的制度环境越健全和完善，终极控股股东实施掏空行为的概率往往就越低（刘际陆，2012）。学者们大都从资金占用、融资结构和信息披露等方面分析制度环境对终极控股股东行为的影响：良好的制度环境能够抑制大股东占用上市公司资金的行为（黎尧，2013），随着所在国家或地区制度环境的改善，由于两权分离而造成的终极控股股东对企业利益的侵占行为会在一定程度上得到遏制（吴宗法等，2012）；法律制度环境的改善能够在一定程度上削弱终极控股股东的行为（唐跃军，2007；肖作平等，2012），降低终极控股股东的掏空程度（付强，2015），从而能影响终极控股股东对企业融资结构选择的影响（肖作平等，2012），如法制环境的改善能够遏制终极控股股东对债务融资的选择（张勇，2013），并且可以在一定程度上负向调节终极控股股东的两权分离对企业权益资本成本的正向作用（尹林辉，2015）；较好的制度环境可以使得终极控股股东的两权分离对公司信息披露质量的负向影响得到减弱（向锐等，2012），在制度环境更加完善的地区，信息披露更加充分、更加完善，同时也更加规范，此时终极控股股东和外部中小投资者之间的信息不对称程度相对较低，因而他们之间的利益冲突也会降低（涂瑞，2014）；在制度环境更完善的国家或地区，终极控股股东的两权分离对企业价值的负面影响作用也会随之减弱（于威防，2013）；市场化程度较高的地区，会在一定程度上稀释终极股东控制权（刘际陆，2012），减弱终极控股股东的两权分离度（张宏亮等，2009），从而约束终极控股股东的掏空行为（刘际陆，2012；张宏亮等，2009）；制度环境的改善可以有效地促进终极控股股东的现金流权对会计稳健性的正向影响作用（陈昱彤，2017）。因此，公司所处的制度环境与终极控股股东的利益侵占水平呈负相关，制度环境越好，利益侵占越少（赵卿等，2012）。终极控股股东的控制权的集中和国有产权性质的终极控股股东作为投资者利益保护的替代机制，在一定程度上发挥了一定的作用（甄红线等，2015）。

1.2.2 终极控股股东对企业并购绩效影响的研究

大部分国外学者通过研究上市公司并购事件，发现了较强的大股东对中小股东利益的侵占效应（Cheung et al.，2006）。上市公司并购，实质上在相当程度上是终极控股股东为了达到私有利益最大化，而对其他中小投资者的利益所实施的一种掏空行为（Bae et al.，2002）。终极控股股东的所有权与公司并购绩效呈非线性关系（Walid Ben - Amar et al.，2006）；而公司的股权集中度与公司的并购绩效则呈线性关系，只是这种线性关系不是单调的；终极控股股东的控制权和现金流权的分离导致公司并购绩效的恶化（Yen et al.，2007；Bigelli et al.，2004），而且两权分离度越大，公司并购绩效往往也越低（Yen et al.，2007）。然而，也有学者并未发现大股东的侵占行为（Buysschaert et al.，2004；Holmen et al.，2004）。

国内学者对此进行了一系列的实证研究，结论表明，企业的终极控股股东各方面的特征对并购绩效有重要的影响。学者通常认为，终极控股股东持股比例与上市公司并购绩效正相关（许艳芳等，2009），现金流权对公司并购绩效具有"激励效应"。也有学者持不同观点，认为终极控股股东的所有权对并购绩效的影响与所有权大小有关，当所有权比例低于50%时，所有权比例与短期并购绩效呈负相关；当所有权比例超过50%时，所有权比例与短期并购绩效呈正相关（罗娟，2013）。对于终极控股股东的控制权对并购绩效的影响，方红（2011）通过实证研究发现，终极控股股东的控制权与并购绩效呈现U形关系。终极控股股东的两权分离会导致公司并购绩效的恶化（罗娟，2013；曾春华，2013；方红，2011），而企业较高的自由现金流和较低的成长性会使这种负向的影响加剧，并且和国有上市公司相比较而言，民营企业的终极控股股东的两权分离对于并购绩效的负向影响作用更大，也就是说，终极控股股东的民营性质也会使得该负向影响加剧（曾春华，2013）；同时，企业终极控股股东的两权分离程度越大，越容易通过实施多元化并购决策和行为降低企业价值，进而损害企业和中小投资者的利益，并且相对于政府控制的企业而言，非政府控制的企业终极控股股东侵占中小股东利益的现象更加严重（曾春华，2013；陈旭东等，2013）。也有学者的研究结果有所差异，朱冬琴等（2010）通过研究发现，民营上市企业终极控股股东对企业的控制权与并购绩效呈现非单调的 U 形关系，而终极控股股东的两权分离度则有所不同，与并购绩效存在非单调的倒 U 形的关系。对于终极控股股东的性质对企业并购绩效的影响，一些学者认为，国有企业的短期并购绩效优于非国有企业（李善民等，2004；宋建波等，2007），也就是说，通常情况下，相对于终极控股股东为自然人的企业而言，终极控股股东为政府的企业并购绩效较好（罗娟，2013），国有性质的终极控股股东的行政级别越高，两权分离对并购绩效的负向影响越强（林仙，2011）。也有学者得出不同的结论，认为非国有比国有性质终极控股股东企业的并购绩效（短期和长期）要好（章新蓉、唐敏，2010）。终极控股股东通过并购实施利益输送的行为，从短期来看，可能获取了一部分收益，但从长期来看，其投资收益并未得到持续增加（李增泉等，2005）。吴红军（2007）通过比较研究发现，终极控股股东实施自利性并购行为之后两年，与对比样本相比，企业经营绩效和市场价值都明显较低，这也说明此时终极控股股东转移了企业的资源和利益。企业的终极控股股东在与企业发生关联并购时，如果企业的业绩较好，终极控股股东往往会实施掏空行为，如果企业业绩较差，则其往往会实施支持行为（黄兴孪等，2006）。

1.2.3 文化企业并购的研究

现有关于文化企业并购的研究，大多主要从文化企业并购的动因、特点和应注意的问题等方面进行定性研究。文化产业内部以及跨产业的并购、整合和融合是企业融资、完善产业链和增强优势的有效方式（叶朗，2014）。在国家利好政策下，催生产业"巨人"是文化企业并购的直接后果，换句话说，文化企业并购的结果是形成新的产业巨头，其实力应与石油化工、汽车等工业产业巨头不相上下（张道政，2006）。从规模上看，文化企业通过并购，往往都形成了市场占有力强的超大型文化企业集团。对文化企业来说，并购成了实现规模经济的主要手段（杨荣，2013）。文化企业通过并购，推动规模经济为文化企业带来积极效应，从而增强竞争优势（王乾厚，2009）。

文化企业的并购特征影响其并购绩效，并购双方是否处于相同的地区、最终持有目标企业股份的多少、并购过程中的支付方式、并购的类型等，均会对并购绩效产生较大的影响（赵廷飞，2014）。并购方文化企业终极控股股东的产权性质对并购绩效带来的影响较为复杂，既包括通过政府控股带来的正向促进，也包括政府实际控制文化企业产生"政府掠夺之手"造成的阻碍作用（潘爱玲等，2015）。阎佳（2015）通过研究发现，对于文化企业来说，产权性质为国有的终极控股股东对并购绩效的影响作用并不明显，但是法人终极控股股东对并购绩效则具有显著的负向影响作用。对于不同的文化企业并购类型，横向并购的效果最佳，纵向并购却没有使发生并购的上市文化企业的经营绩效得到提高（胡瑜博，2017）。在跨国并购方面，文化企业遇到的风险比其他实业要大得多（肖永亮，2013）。

1.2.4　文献评论

综上所述，国内外学者对制度环境、终极控股股东与企业并购绩效已进行了一系列研究，但针对文化企业并购的研究，尚存在以下不足：（1）研究内容不够全面深入。目前关于文化企业并购的学术研究较少且不够深入，有待进一步研究。（2）研究方法过于单一。目前关于文化企业并购的研究大都是定性研究，很少有定量研究。（3）研究视角欠缺。近年来，学者们围绕制度环境、终极控股股东与企业并购绩效已经进行了一系列的分析研究，但将这三个方面结合起来并用文化企业样本进行研究的文献则较少。

本课题拟针对现有研究的不足，通过实证方法研究制度环境下终极控股股东对文化企业并购绩效的影响，期望一方面能够丰富文化企业公司治理理论和并购理论，另一方面能够为文化资产管理部门相关政策和文化企业并购决策的制定提供借鉴依据。

1.3 主要概念界定和理论基础

1.3.1 主要概念界定

1. 文化产业与文化企业

文化产业（culture industry）是马克斯·霍克海默等（Max Horkheimer et al.，1947）在其著作《启蒙辩证法》（Dialectic of Enlightenment）中最早使用的概念。1998 年联合国教科文组织指出，文化产业就是按照工业标准，生产、再生产、储存以及分配文化产品和服务的一系列活动。2000 年 10 月，中国共产党第十五届五中全会通过的《中共中央关于制定国民经济和社会发展第十个五年计划的建议》，第一次在中央正式文件里提出了"文化产业"这一概念。2003 年 9 月，中国文化部制定下发的《关于支持和促进文化产业发展的若干意见》，将文化产业界定为从事文化产品生产和提供文化服务的经营性行业。2018 年国家统计局发布《文化及相关产业分类（2018）》，指出文化及相关产业是指为社会公众提供文化产品和文化相关产品的生产活动的集合。

文化企业（cultural enterprise）则是文化产业的微观个体。企业是指以盈利为目的的经济组织，与企业的概念相一致，文化企业则是指生产、经营和销售文化产品和服务的、以盈利为目的的经济组织。本书将对新元文智咨询公司开发的中国投融资数据库平台中的沪深 A 股上市的文化企业进行研究。

2. 制度环境

邹东涛（2001）认为，制度是第一生产力。舒尔茨（Schultz，1968）认为制度是一种涉及社会、政治及经济等各方面的行为规则。制度环境主要是某个地区所具有的一些和政治、经济、文化等相关的外部条件的统称，包括法规、习俗等诸多方面，它是指在长期的日常活动中自然形成并且约定俗成固定下来的一系列的行为规范，是一个国家或地区的基本制度的规则，是可以改变的，并且决定、影响着其他的制度安排。

对上市文化企业来说，制度环境实际上是公司的一种外部治理环境，而且是一种宏观的治理环境。本书主要分析和检验所在地区的制度环境在文化企业终极控股股东的各方面特征影响并购绩效过程中发挥的调节作用的方向和大小，这里采用王小鲁等的《中国分省份市场化指数报告（2016）》中的一个一级指标和五个二级分指标的具体得分情况来进行衡量。

3. 终极控股股东

本书采用拉波特等（La Porta et al.，1999）的"最终产权所有者"（ultimate owner）的观点。终极控股股东就是通过多种形式持有企业股份，直接或间接控制企业的股权关系和控制链条最顶端的自然人、法人或其他组织（股权关系控制链条只有一层的则为直接控制）。本书把终极控股股东界定为终极控制人，也就是实际控制人。我国《公司法》规定的实际控制人，是通过投资关系、协议或者其他安排，有能力影响企业的重大事项的决策，并且干预企业的具体行为的人。本书根据股权关系控制链图，找到控制链条最顶端的公司的实际控制人，就是这里的终极控股股东。根据终极控股股东的性质，我们将上市文化企业划分为非国有上市文化企业（个人或家族控制）与国有上市文化企业（各级政府控制）。图 1-2 为 2016 年中南出版传媒集团实际控制人股权关系控制链图，图 1-3 为 2016 年上海钢联电子商务实际控制人股权关系控制链图。

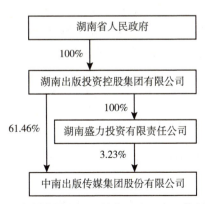

图 1-2 2016 年中南出版传媒集团股份有限公司实际控制人股权关系控制链

资料来源：2016 年中南出版传媒集团股份有限公司年报。

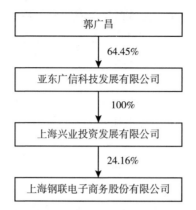

图 1 - 3   2016 年上海钢联电子商务股份有限公司实际控制人股权关系控制链

资料来源：2016 年上海钢联电子商务股份有限公司年报。

从图 1 - 2 中可以看出，中南出版传媒集团的终极控股股东为湖南省人民政府，终极控股股东的性质为国家，为地方政府机构。湖南省人民政府通过控制湖南出版投资控股集团和湖南盛力投资公司这两家企业，对该企业实施了间接控制。因此中南出版传媒集团属于国有上市文化企业。

从图 1 - 3 中可以看出，上海钢联电子商务股份公司的终极控股股东为郭广昌，终极控股股东的性质为个人。郭广昌通过控制另外两家企业对该企业实施间接控制。因此上海钢联电子商务股份有限公司属于非国有上市文化企业。

控制权是指所具有的支配企业各种资源的权利的总称（Jensen et al.，1983）。广义的控制权包括了影响公司资源的一般力量（法律与监管体系，以及产品和要素市场的竞争）到董事会的多数席位的控制。终极控股股东的控制权需要通过表决权的形式来实现，而表决权则通过投票权来进行体现。因此上市公司终极控股股东的控制权也就以投票权的形式来体现，拥有了投票权就是拥有了对各种事项的决策权（张维迎，1996）。因此，企业控制实际上是企业所拥有的资源的决策权，直接影响到企业的财务决策和经营决策。

实际控制人对企业的所有权是指实际控制人在企业净资产中所占有的份额，它取决于所拥有的股份公司中有表决权股份数量的多少及其在股份总额中所占比重的大小。所有权是企业分配现金流量的依据，所以又被称为现金流权（Claessens et al.，2000），据此来计算终极控股股东对企业共享收益所应分配的金额。

本书中控制权和所有权的计算均采用拉波特等（La Porta et al.，1999）和克莱森斯等（Claessens et al.，2000）的计算方法：控制权为股权关系控制链图中若干股权关系链条中最弱的一层的总和，所有权为股权关系控制链图中每条股权关系链每层持有比例相乘之总和。从图1-2中我们可以看出，其终极控股股东为政府部门，且最终拥有对中南传媒集团64.69%（61.46% + 3.23%）的控制权，达到了绝对控股的地位，终极控股股东同时也付出了64.69%（61.46% + 3.23%）的现金流权。

本书中用表决权也就是投票权来度量控制权，用现金流权来度量所有权。

4. 并购绩效

并购绩效是指企业由于并购行为而引起的企业价值或其他形式的业绩的增加，或企业并购目的的实现情况，这通常是针对于主并方企业来说的。并购绩效也可以理解为并购完成之后的并购协同效应的实现情况，包括并购的管理协同、经营协同和财务协同等。要探寻各种因素对文化企业并购绩效的具体影响作用，首先就需要采用合理的方法对其进行评价。企业并购绩效评价方法通常包括事件研究法和经营绩效研究法，前者主要用于短期并购绩效衡量，衡量的是并购的市场绩效；而经营绩效研究法主要用于中长期并购绩效衡量，衡量的是并购企业的财务绩效。

本书研究文化企业终极控股股东各方面的具体特征对并购中长期财务绩效的影响作用，因此采用经营绩效法，根据文化企业并购绩效的特点，选取一系列的财务指标，构建系统的评价指标体系，进而使用因子分析法对其进行评价。

1.3.2 理论基础

本研究相关的理论主要有制度变迁理论、委托—代理理论、控制权理论等，它们从不同的角度揭示了制度环境下文化企业终极控股股东各方面的特征对并购绩效的具体影响作用。

1. 制度变迁理论

制度变迁理论（institution change theory）出现在 20 世纪 70 年代左右，代表人物是美国著名的经济学家道格拉斯·诺思（Douglass C. North）。该理论认为制度是影响经济增长的非常重要的一个因素。而制度变迁是指新制度对旧制度的一种转换直至最终替代。目前中国经济和文化改革实际上也是随着我国市场经济制度的发展而进行的，是从我国传统的计划经济制度向现代的市场经济制度的一种转换。由此说来，我国目前进行的经济和文化体制的改革就是一种制度的变迁，是一场深刻的制度革命。文化企业并购是文化企业改制过程中为了实现改革目标，组建大型文化企业或企业集团，在资本市场出现的行为。出于改革过程中制度变迁的考虑，本书研究制度环境在文化企业终极控股股东的各方面特征影响并购绩效过程中发挥的具体调节作用的方向和大小。

2. 委托—代理理论

委托—代理理论（principal-agent theory）最早是在 20 世纪 30 年代由美国著名的经济学家伯利等（Berle et al., 1932）提出来的，在 20 世纪 60 年代末 70 年代初得到进一步的发展。而现代意义的委托代理的概念最早由罗斯提出，他认为，如果当事人双方，其中代理人一方代表委托人一方的利益行使某些决策权，则代理关系就随之产生。该理论认为，随着生产力的大发展和大生产的规模化，专业化分工使得所有者不可能行使所有的权利，而需要有专业知识的人代其行使部分权利，委托—代理理论随之而产生。委托人和代理人的利益不一致，会导致他们之间出现利益冲突。因此，在信息不对称的情况下，为了防止代理人为了自身利益而损害委托人的利益，需要一系列的制度安排。委托代理关系广泛存在于各种领域，因此该理论可以用来解决诸多问题。这就需要设计出对代理人的激励机制，使其尽可能为委托人服务。

在中国上市文化企业并购过程中，终极控股股东可能会为了获取控制权和私有收益，通过影响并购决策来影响企业并购行为，这可能会影响到企业并购绩效，损害企业和中小股东的利益，因此上市文化企业并购过程中的委托代理关系主要存在于终极控股股东和中小股东之间。

3. 控制权理论

伯利等（Berle et al.，1932）指出，在现代股份公司制度下，公司的控制权落到了经理人员的手中，出现了所谓的"经理革命"，由此公司控制权问题得到重视，控制权理论（control right theory）也开始得以发展。控制权就是决定企业资源的分配和使用的权利（周其仁，1997），其主要表现为对企业重大事项的投票权（张维迎，1996）。阿吉翁等（Aghion et al.，1992）则认为，企业的控制权实际上是一种相机的控制权，应根据企业经营不同状态的信号，将企业的控制权交给最有积极性的一方。自从格罗斯曼等（Grossman et al.，1986）和哈特（Hart et al.，1990）提出不完全合同理论后（以下简称为 GHM 理论），剩余控制权开始受到大家的重视，剩余控制权就是对企业的重要事项进行决策的权利（杨瑞龙、周业安，1997）。

在目前资本市场的股权结构下，企业控制权是有收益的。詹森等（Jensen et al.，1976）发现，控制权可以带来只为掌握控制权的人所享有的收益，但他只关注非货币收入方面，没有考虑金钱方面的收益。德姆塞茨等（Demsetz et al.，1985）也发现了非货币收益对控制权的解释作用。德姆塞茨等（Demsetz et al.，1985）、巴克利等（Barclay et al.，1989）认为，终极控股股东和中小股东作为委托代理的双方，由于经济利益不一致，会出现代理冲突。施莱弗等（Shleifer et al.，1997）认为，大股东的存在造成了大股东利用其控制权侵占小股东利益的问题。目前研究普遍认为，真正吸引终极控股股东的是控制权私利，即擅自使用公司的资源或者占有中小股东享受不到的利益（Barclay et al.，1989），终极控股股东在获取私有收益的同时也损害了企业价值（Claessens et al.，2002）。

目前我国上市公司的终极控股股东主要采用"金字塔"式股权结构，这使其现金流权和控制权不一致，我国的上市文化企业也普遍存在终极控股股东为获取控制权私利而损害中小股东利益的行为，因此进一步研究企业控制权理论更为必要。

4. 信息不对称理论

信息不对称理论（asymmetric information theory）是由美国的三位经

济学家——乔治·阿克尔洛夫（George A. Akerlof，1970）、迈克尔·斯彭斯（Michael Spence，1973）和约瑟夫·斯蒂格利茨（Joseph Stiglitz，1973）在 20 世纪 70 年代提出的。他们分别从三个不同的领域研究这个问题，乔治·阿克尔洛夫（George A. Akerlof，1970）从商品交易领域最早研究信息不对称问题，迈克尔·斯彭斯（Michael Spence，1973）则从劳动力市场领域研究信息不对称问题，约瑟夫·斯蒂格利茨（Joseph Stiglitz，1973）则从金融市场角度研究信息不对称问题，但他们最终的结论是一致的，即处于某一经济或社会活动的双方，对有关信息的了解不一致，当一方掌握另一方所不知道的信息，它就会处于该活动的优势地位，相对的另一方则处于劣势地位。现在这一理论已被广泛应用到各个领域，成了现代信息经济学的核心。

在金字塔所有制结构下，终极控股股东可以被视为内部人，因为上市文化企业的终极控股股东对公司有真正的控制权，可以决定经理和董事会成员的任职资格。终极控股股东是处于信息优势的一方，导致上市文化企业在进行并购决策时，可能会做出有利于终极控股股东的决策，而中小股东持有股份的数额有限，因此其投票权有限，只能"搭便车"，是处于信息劣势的一方。

5. 协同效应理论

协同效应理论（synergy effect theory）产生于 20 世纪 70 年代。德国物理学家赫尔曼·哈肯（Hermann Haken，1971）提出了协同的概念，并于 1976 年提出了协同理论。该理论认为，一定环境中的各个系统不是互相独立的，而是相互关联的，他们之间存在既相互影响又相互合作的千丝万缕的联系。协同效应（synergy effects）也就是通常我们所说的"1＋1＞2"或"2＋2＝5"的效应。协同效应最早应用在物理学中，而将其引入企业管理的则是美国的战略管理学家伊戈尔·安索夫（H. Igor Ansoff，1965）。

企业并购通常是为了通过对人员、财务等方面资源的整合，实现某一方面或某几方面的协同，提高企业并购绩效。并购的协同效应就是并购之后的绩效大于并购前各自绩效的直接加总，包括经营、财务、管理等诸多方面的协同。并购的目的往往就是为了达到某一方面或某几方面的协同，从而提高并购后企业的整体收益。实际上企业并购的经营和管理协同效应最终都体现在财务协同效应上，通过企业财务绩效指标来进行反映。

本书研究制度环境在终极控股股东影响文化企业并购绩效过程中发挥的调节作用，首先需要对文化企业并购绩效进行评价，这就需要对文化企业并购产生协同效应之后的财务绩效进行评价，然后与并购之前的财务绩效进行比较，再计算二者之间的差额。

1.4　研　究　内　容

1.4.1　研究对象和总体框架

1. 文化企业改制历程及不同于传统企业的特点

我国的文化体制改革随着经济体制改革而开始进行。经营性文化单位转企改制是文化体制改革的中心环节和重要内容，其作用至关重大。这一举措使文化企业焕发新的生机和活力，使文化产业成为各地新的经济增长点。中国文化体制改革的目标是建设一大批骨干文化企业，提高我国的文化竞争力。经营性文化单位转化的文化企业终极控股股东是国家，拥有企业控制权。文化企业改制是随文化体制改革的进行而开展的。文化企业风险比较大，盈利模式和传统企业不同。文化企业改制上市是助推我国文化产业发展的重要内容和核心步骤。本书拟从我国文化体制改革入手，深入研究文化企业改制历程及不同于传统企业的特点，从深层次剖析文化企业终极控股股东的行为渊源，了解文化企业的行为特征。

2. 文化企业终极控股股东的特征分析

要研究文化企业终极控股股东各方面的特征对并购绩效的具体影响作用，首先需要从各个角度多方位地了解终极控股股东的各方面特征。本书从终极产权性质、控制权、现金流权、两权分离度、控制层级等方面分别分析文化企业上市样本和上市文化企业并购样本的终极控股股东

17

的诸多特征。

3. 基于因子分析法的文化企业并购绩效评价

要探寻各种因素对文化企业并购绩效的具体影响作用，首先就需要采用合理的方法对其进行评价。企业并购绩效评价方法通常包括事件研究法和经营绩效研究法，前者主要用于短期并购绩效衡量，衡量的是并购的市场绩效，而经营绩效研究法主要用于中长期并购绩效衡量，衡量的是并购企业的财务绩效。

本书研究文化企业终极控股股东各方面的具体特征对并购中长期财务绩效的影响作用，因此采用经营绩效法，根据文化企业并购绩效的特点，选取一系列的财务指标，构建系统的评价指标体系，进而使用因子分析法对其进行评价。

4. 终极控股股东对文化企业并购绩效影响的研究

本书从并购的视角出发，考察文化类上市公司的终极控股股东对其他对中小投资者利益的影响。通过理论和实证相结合的研究方法，探讨文化企业终极控股股东的各方面特征对并购绩效的具体影响作用。

5. 制度环境在终极控股股东影响文化企业并购绩效中的作用研究

本书以文化企业为研究对象，通过理论和实证相结合的研究方法，从市场化程度、政府与市场的关系、市场中介组织发育与法律制度环境等方面分析制度环境在终极控股股东影响并购绩效过程中发挥的调节作用的方向和大小。

6. 文化企业并购绩效提升对策研究

根据以上分析结果，从优化文化企业所在地区的制度环境、加强对文化企业并购和终极控股股东的监管、完善文化企业的公司治理、加强文化企业并购与终极控股股东的信息披露等多个方面，探求文化企业并购绩效提升对策，以加强文化企业并购行为治理，提升文化企业并购绩效，保护中小股东权益。

课题研究对象和总体框架如图 1－4 所示。

图1-4 研究对象和总体框架

1.4.2 研究的重点难点

1. 研究的重点

（1）探寻文化企业终极控股股东各方面的特征影响并购绩效的具体作用机制。本书首先从理论上分析文化企业终极控股股东的控制权、现金流权、两权分离、控制链层级等各方面的具体特征对并购绩效的影响作用机制，提出自己的研究假设，然后构建相应的实证研究模型，通过实证方法分析检验文化企业终极控股股东各方面的具体特征对并购绩效的具体影响作用。

（2）探求制度环境在文化企业的终极控股股东各方面的特征影响并购绩效过程中发挥的具体调节作用。首先从理论上分析制度环境在终极控股股东影响文化企业并购绩效中的作用机制，提出自己的研究假设，然后构建实证研究模型，通过实证方法分析检验制度环境在二者关系中发挥的具体调节作用。

（3）寻求文化企业并购绩效提升对策。文化企业并购绩效受宏观（政府监管和制度环境）、中观（行业特征）和微观（公司治理）等诸多因素的影响。本书借鉴一般企业和国外经验，考虑国内文化企业发展态势，从宏观、中观、微观三个层面来寻求文化企业并购绩效提升对策。

2. 研究的难点

（1）文化企业并购绩效评价指标的选择、体系的构建、并购绩效的具体测度等方面均有一定的难度。本书根据文化企业并购绩效的特点，从盈利能力、营运能力、偿债能力和发展能力等诸多方面选取了一系列具有代表性的财务指标，构建系统的评价指标体系，使用因子分析的方法，进行主并方文化企业的并购绩效评价。

（2）搜集衡量制度环境的数据资料有一定难度。目前用得比较多的衡量制度环境的数据是樊纲等的市场化指数，本书亦在此基础上搜集和整理相关的衡量制度环境的数据资料。

（3）从多角度探寻制度环境在终极控股股东的各方面特征影响文化企业并购绩效过程中的具体调节作用有一定的难度。本书通过多方搜集文献和数据资料，通过理论分析和实证方法对其进行研究。

1.4.3　研究的主要目标

研究文化企业终极控股股东的各方面特征对并购绩效的具体影响作用以及制度环境在此过程中发挥的具体调节作用，目的就是为了规范文化企业并购行为，提高其并购绩效，更好地为我国的国民经济发展服务。具体目标如下：

（1）构建系统、合理的综合评价指标体系，采用一定的方法，科学合理地评价文化企业的并购绩效。

（2）检验终极控股股东对文化企业并购绩效的影响，针对性地采取措施，规范终极控股股东行为。

（3）分析制度环境在文化企业终极控股股东的各方面具体特征影响并购绩效过程中的具体调节作用，检验制度环境在此影响作用的过程中所扮演的具体角色，进而为我国的文化产业发展指出未来制度改革的可行方向。

1.5　研究思路与方法

1.5.1　研究的基本思路

本课题研究的基本思路如下：首先，分析国内外相关文献，发现现有研究的不足，指出本项目要研究的内容；其次，在介绍相关理论基础的前提下，在对文化企业改制历程及不同于传统企业的特点、文化企业终极控股股东的特征和行为进行分析以及对文化企业并购绩效进行评价的基础上，通过理论和实证相结合的方法，分析文化企业终极控股股东的各方面特征对并购绩效的具体影响作用以及制度环境在此过程中发挥的具体调节作用；最后，在以上理论和实证研究结论的基础上，提出了提升文化企业并购绩效的对策和建议。

本书的技术路线如图1-5所示。

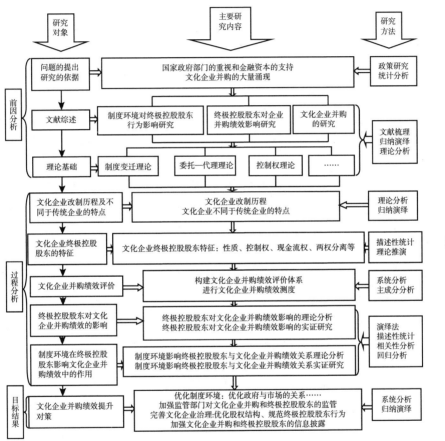

图1-5 本书技术路线

1.5.2 具体研究方法

（1）用文献分析法和归纳演绎法进行文献综述。通过搜集国内外相关资料，总结分析有关制度环境下终极控股股东影响文化企业并购绩效的相关研究，找出现有研究的不足，指出本课题要研究的内容。

（2）用演绎法进行影响和作用机制的理论分析。在介绍相关基础理论的基础上，用演绎法从理论上分析终极控股股东对文化企业并购绩效的影响、制度环境在终极控股股东影响文化企业并购绩效中的作用机制，并提出相应的研究假设。

（3）用描述性统计和理论推演的方法进行文化企业终极控股股东的特征分析。

（4）用系统分析法构建文化企业并购绩效评价的综合指标体系，并用因子分析法对其进行测度。

（5）采用描述性统计、相关性分析和多元回归分析等多种计量方法相结合的实证研究方法，分析文化企业终极控股股东各方面的特征对并购绩效的具体影响作用以及制度环境在此过程中的发挥的具体调节作用。具体操作时，运用 Excel、SPSS 19 和 Stata 13 对数据进行分析和处理，其中，Excel 分析工具主要执行数据的采集、整理、筛选和排序等，SPSS 19 主要执行因子分析和相关性分析，Stata 13 分析工具主要执行数据样本的描述性统计和回归检验分析。

（6）用归纳法总结文化企业并购绩效提升对策。

1.6 创 新 点

1.6.1 构建系统的文化企业并购绩效评价指标体系

根据文化企业的特点，考虑反映并购绩效的各个方面因素，选取包括盈利能力、营运能力、偿债能力和发展能力等一系列反映文化企业各种能力的因素作为一级指标，再围绕这些一级指标，选择出若干关键指标，构建出相应的二级指标，从而设计出一个系统、合理反映文化企业并购绩效的综合评价指标体系。

1.6.2 用实证研究方法分析影响文化企业并购绩效的制度环境因素和股权结构动因

用描述性统计、相关性分析和多元回归分析等相结合的实证研究方法，分析文化企业终极控股股东的各方面具体特征对并购绩效的具体影响作用以及制度环境在二者关系中发挥的具体调节作用，使本研究更具现实应用价值。

1.6.3 从宏观、中观、微观三个层面提出文化企业并购绩效提升对策

本研究根据理论和实证分析的结果，从宏观（制度环境）、中观（行业监管）和微观（公司治理等）三个层面的多个角度提出提升文化企业并购绩效的对策建议。

第 2 章 文化企业改制历程及不同于 传统企业的特点

2.1 文化企业改制历程

文化（culture）是指一定时期内和一定条件下的社会意识形态以及与之相适应的一系列的制度和组织机构。制即为制度、体制。制度则是指在一定的历史条件下形成的、在这个地域范围内的人们需要遵守的一系列正式或非正式的规范体系，它包括政治、经济、文化等许多方面。而体制则是指长期稳定的制度。文化企业改制即改革文化企业的体制，这是与文化体制改革同时进行的，是文化开始产业化以后开始的，因此文化企业改制的历程实际上就是现代意义上的文化体制改革的历程，二者是相一致的。新时期的文化体制改革是中国整体改革大业的一个非常重要的方面，现代意义上的中国改革是从 1978 年党的十一届三中全会以后中国进入改革开放的历史新时期开始的，因此文化企业改制也是从 1978 年开始的。

学者们对于文化体制改革的研究相对较多，关于文化体制改革历程的阶段划分有不同的观点，主要有两分法、三分法、四分法和五分法。武汉大学的傅才武先生是文化体制改革历程发展阶段的两分法的重要代表人物。两分法认为，文化体制改革历程包括两个阶段：探索与试验阶段（1979～2005 年）、深化和拓展阶段（2005 年 12 月以后至今）。以韩永进（2005）为代表的文化体制改革历程发展阶段的三分法认为，现代意义上的中国文化体制改革历程主要包括探索（1978～1992 年）、推进（1992～2002 年）以及深化（2002 年至今）这三个历史阶段，每个阶段均完成了其特定的历史任务。2010 年韩永进在其博士论文中阐述文化体制改革的历史分期时又将其分为起步（1978～1982 年）、探索（1982～1992 年）、推进（1992～2002 年）、深化（2002～2010 年）这四个不同的历史阶段。于迅来（2014）在韩永进先生的三分法的基础上，进一步将中国文化体制改革历程细分成五个阶段：文化市场化萌芽阶段（1978～1992 年）、文化产业化起步阶段（1992～2002 年）、文化体制改革试点阶段（2002～2009 年）、文化体制改革攻坚阶段（2009～2012 年）、文化体制改革全面深化阶段（2012 年至今）。

持三分法观点的学者较多（如田嵩燕，2012，等等）。本书认为，现代意义上的文化体制改革，即文化企业改制，是随着 1978 年中国进入改革开放的新时期，文化市场化开始萌芽而启动的；之后 1992 年邓小平的南方谈话将中国的改革开放推进了一个新阶段；2002 年中国共产党的第十六次代表大会又进一步地将文化单位分成文化事业和文化产业这两个方面，并要求对其大力发展。本书也以这三个时间为节点，把文化企业改制历程分为三个阶段：文化市场建立和文化企业设立阶段（1978～1992 年）、文化企业上市和组建文化集团阶段（1992～2002 年）、发展骨干文化企业和建立现代文化市场体系阶段（2002 年至今）。

2.1.1　文化市场建立和文化企业设立阶段（1978～1992 年）

1978 年 12 月，党的第十一届三中全会胜利召开，标志着中国开始进入了改革开放的崭新历史时期，同时也进入了以经济建设为中心的重要发展阶段。我国现代意义上的文化企业改制也随之启动。这一时期，文化开始复苏和繁荣，文化产品大量出现。与此同时，原来的文化体制不能适应文化发展的要求，有必要进行改革。为了激发文化单位的积极性，这一阶段开始推行承包经营责任制，文化的产业属性开始体现，文化市场开始建立和活跃。1988 年，文化部和工商局联合颁发文件，第一次以国家文件的形式阐述了文化市场的含义，明确规定了其管理操作的具体要求。在这一阶段，我国还先后颁布了几部规章和规范性文件，旨在放开文化市场。随着 1989 年文化部获批成立文化市场管理局，文化市场的地位进一步得到了巩固和加强，全国性的文化市场管理体系也随之逐步开始建立。随着文化的产业化，文化企业逐步开始设立。实际上，在这一阶段，已有文化企业开始上市。根据新元文智开发的中国投融资数据库的结果显示，到 1992 年底，全国共有 3 家上市文化企业。第一家就是 1990 年在上交所上市的上海游久股份公司，当时是通过借壳方式上市的一家移动游戏类公司。这说明这一阶段文化企业开始设立并开始进入资本市场进行融资。这一阶段文化市场的建立和文化企业的设立实际上就是中国文化企业改制的一个里程碑式的开端。

2.1.2　文化企业上市和组建文化集团阶段（1992～2002 年）

　　1992 年邓小平的南方谈话和党的十四大的胜利召开都意味着我国的改革开放发展到了崭新的历史阶段，这同时也推动了文化企业改制的纵深发展。2000 年 10 月，党的第十五届五中全会第一次在国家正式文件中阐述了文化产业的含义，并且指出要完善相应政策，使文化产业的地位进一步得到加强。在这一阶段，更多的文化企业开始设立和上市，据新元文智咨询公司统计，截至 2002 年 1 月 1 日，一共有 39 家文化企业在各证券市场上市，可见更多的文化企业已经进入资本市场。与此同时，我国开始积极地建设文化集团，到 2002 年初，一共设立了包括中国广电在内的70 多家文化集团。这是文化改革的一项非常重要的成果，有助于文化市场进一步完善，使大家更加积极主动地创作出更多更优秀的文化产品。

2.1.3　发展骨干文化企业和建立现代文化市场体系阶段（2002 年至今）

　　2002 年，党的十六大顺利圆满召开，第一次明确区分了文化事业和文化产业，并且对其发展路径分别作出阐述，理顺了二者之间的联系和区别。2003 年，党的十六届三中全会又提出了新的要求，要求进一步健全和完善文化市场体系，建设一批大型文化企业集团。2009 年国务院发布《文化产业振兴规划》，指出要着力培育一批有实力、有竞争力的骨干文化企业，增强我国文化产业的整体实力和国际竞争力。2012年党的十八大报告指出，要基本建立现代文化市场体系，把文化产业发展成为国民经济支柱型产业，建设社会主义文化强国。2017 年党的十九大报告指出，要健全现代文化产业体系和市场体系，培育新型文化业态。中国由于历史原因，存在诸多国有经营性文化单位，把这些单位顺利转化成文化企业并且进一步对转化以后的文化企业改制上市，是文化企业改制这一阶段的重要和核心任务之一。在这一阶段，我国上市文化企业数量进一步增加。据新元文智咨询公司统计，截止到 2016 年 12 月 31 日，我国共有各类上市文化企业 215 家。我国已经颁布了许多有利于文化产业发展的利好政策，鼓励文化企业进一步做大做强，具体可以通过并购重组等手段，培育和发展一大批骨干文化企业。为检验我国文化体制改革的成果，同时促进其进一步往纵深发展，也是为了提高我国文化企业发展的积极性，从 2008 开始，《光明日报》和《经济日报》已经连续十届评选"全国文化企业 30 强"，这些企业就是我国骨干文化企业的代表。这一阶段的文化企业改制已初见成效。

2.2　文化企业不同于传统企业的特点

2.2.1　轻资产

文化企业生存、发展和获利的基础是其生产的文化产品。由于文化产品是精神产品，主要吸引消费者的是产品本身的创意。要使文化产品具有创意，既需要企业投入大量的智力资本，又需要企业拥有较多的专利技术等无形资产，因此文化企业拥有的无形资产的比重较大，而不像其他行业企业（如工业企业）具有太多的固定资产。因此，和其他行业（如工业企业）相比较而言，文化企业具有非常明显的轻资产的特征。

2.2.2　产品具有意识形态属性

文化产品是一种精神产品。精神产品首先会影响到的是人们的意识形态，也就是说，它会对人们的人生观、价值观和世界观产生一定的影响。因此，从这个角度来说，文化产品具有非常强烈的意识形态属性。为了使生产的文化产品不出现社会责任问题，文化产品首先要在法律法规和道德的合理界限内。由于文化产品是为了满足消费者的意识形态方面需要的精神产品，要使企业生产出来的文化产品受消费者欢迎，往往对其要求也会比较高，要求文化产品新颖、有创意。比如书籍和电影、电视剧等，必须不断推陈出新，并适应时代的特点，才会吸引消费者的眼球。反之，如果文化产品（如电影）的生产思路一成不变，没有一点新意，大家一眼就看到结局，那也就没人愿意去看。

2.2.3　风险较大

众所周知，传统企业，比如工业企业，通常是根据客户订单进行产品生产，产品生产出来以后也有比较客观的标准对产品进行检验，经检验合格了即可盈利，为企业创造价值。而文化产品由于是精神产品，在生产出来之后本身是否满足消费者的需求，进而是否能够给文化企业带来盈利都具有不确定性。因为文化产品生产出来以后，无法根据一定的标准直接判断这是一件合格品还是残次品。只有满足消费者的需求，消费者愿意去消费，才能够说这件文化产品质量比较高，才能够给企业带来盈利，为文化企业创造价值。但是由于文化产品需要满足的是人们意识形态方面的需要，而且众口难调，因此文化企业首先存在其产品不被市场所接纳的风险。此外，由于文化产品属于非生活必需品，其销量还受消费者消费水平的影响。因此，文化企业总体来说风险较大。

2.2.4　经营模式多样

目前大多数文化企业发展过程中都存在多样化的经营模式，也就是所谓的"文化＋"经营模式，以降低生产单一文化产品的经营风险。文化企业要长期、稳定地发展下去，要长久地生存、发展和获利，首先需要有自己的核心竞争力。但由于文化是一种概念，比较容易渗透到其他行业。以迪士尼为例，消费者都知道迪士尼乐园，也知道迪士尼电影，但现在不难发现，很多产品都可以配上迪士尼的动画人物形象等，这就是迪士尼作为文化企业，向其他行业的渗透。文化企业的经营模式不是一成不变的，是需要持续创新的，需要不断有新的创意渗透到文化产品中。也就是说，文化企业的经营模式多样，而且主要依靠知识和创意的不断整合和发展而发展。

第3章 文化企业终极控股股东的特征分析

要分析文化企业终极控股股东的各方面特征对并购绩效的具体影响作用，首先需要了解其具有哪些特征。本章从文化企业上市样本和上市文化企业并购样本这两个角度，分别分析文化企业终极控股股东的各方面特征，具体包括股东性质、控制权、现金流权、两权分离度、控制层级等方面。

3.1 文化企业上市样本终极控股股东的特征分析

根据北京新元文智开发的中国文化产业投融资数据显示的结果，到 2016 年底，在中国沪深 A 股资本市场，一共有 138 家文化企业上市，其中有 6 家因为股权过度分散等方面的原因，导致其没有实际控制人。另有 1 家上市文化企业，其终极控股股东为两个，一个为国有，一个为非国有，不好判断企业性质，因此在分析终极控股股东的特征时，将其剔除。其余有多个实际控制人的，综合分析后合并成一个样本。最后符合条件的上市文化企业一共 131 家。

下面分析这 131 家上市文化企业的终极控股股东在各方面所具有的具体特征。首先对文化企业上市样本，也就是这 131 家上市文化企业，终极控股股东的各方面特征在 2016 年 12 月 31 日的具体数据进行描述性统计。表 3 - 1 为全样本描述性统计结果，表 3 - 2 为按照终极控股股东性质分样本描述性统计结果。然后进一步分析上市文化企业终极控股股东的现金流权、控制权、两权分离度以及控制链层级在 2016 年 12 月 31 日的分布状况，以进一步了解上市文化企业终极控股股东的特征，具体如表 3-3、表 3-4、表 3-5 和表 3-6 所示。其中终极控股股东的性质、控制权、现金流权、两权分离度数据，从国泰安数据库中提取；部分年报缺失或不完整的数据，通过股权关系控制链图中的数据计算得到；终极控股股东的控制链层级数据，根据国泰安数据库中的股权关系控制链图进行手工计算得到。

3.1.1　上市文化企业终极控股股东的总体特征

1. 上市文化企业全样本描述性统计

从表 3-1 中可以看出，上市文化企业终极控股股东性质（nucs）均值为 0.374046，说明上市文化企业中有 37.4046% 的国有文化企业，其余为非国有文化企业。上市文化企业现金流权（cfr）均值为 0.402453，标准差为 0.170974；上市文化企业控制权（cr）的均值为 0.425780，标准差为 0.160021。这说明上市文化企业控制权总体高于现金流权，而且上市文化企业之间现金流权的差异和控制权的差异均较大，只是控制权的差异略低于现金流权。对于文化产业上市公司来说，两权分离度（sep）的均值为 0.023219，标准差为 0.050854。这说明，从整体上来看，上市文化企业终极控股股东的控制权比现金流权高 0.023219，而且不同上市文化企业之间的两权分离度差别较大。上市文化企业控制链层级（layer）的均值为 2.076336，标准差为 1.147695，说明上市文化企业终极控股股东平均通过 2.076336 层控制链来控制上市文化企业，而且，上市文化企业之间终极控股股东的控制链层级也存在较大差异。

表 3 - 1 上市文化企业全样本描述性统计

变量	样本量	均值	标准差	最小值	最大值
nucs	131	0.374046	0.485733	0	1
cfr	131	0.402453	0.170974	0.057189	0.818500
cr	131	0.425780	0.160021	0.130700	0.818500
sep	131	0.023219	0.050854	0	0.311460
layer	131	2.076336	1.147695	1	7

2. 上市文化企业按照终极控股股东性质分样本描述性统计

从表 3 - 2 中可以看出，非国有上市文化企业现金流权（cfr）均值为 0.365776，标准差为 0.142481；国有上市文化企业现金流权均值为 0.463832，标准差为 0.196897。这说明从总体来看，国有上市文化企业现金流权高于非国有上市文化企业，而且国有上市文化企业之间现金流权的差异高于非国有上市文化企业。非国有上市文化企业控制权（cr）的均值为 0.391838，标准差为 0.140321；国有上市文化企业控制权的均值为 0.482313，标准差为 0.175766。这表明国有上市文化企业控制权总体上高于非国有上市文化企业，而且国有上市文化企业之间控制权的差异高于非国有上市文化企业。对非国有上市文化企业来说，其两权分离度（sep）的平均值是 0.026063，标准差是 0.047365；对国有上市文化企业来说，其两权分离度的平均值是 0.018460，标准差是 0.056403。这说明国有上市文化企业两权分离度总体低于非国有上市文化企业，但国有上市文化企业之间两权分离度的差异大于非国有上市文化企业。非国有上市文化企业控制链层级（layer）的均值为 1.743902，标准差为 1.028135；国有上市文化企业控制链层级的均值为 2.632653，标准差为 1.130890。这表明国有上市文化企业终极控股股东的控制链层级总体高于非国有上市文化企业，且国有上市文化企业之间控制链层级的差距较大。

表3-2 上市文化企业按照终极控股股东性质分样本描述性统计

变量	非国有文化企业				国有文化企业			
	均值	标准差	最小值	最大值	均值	标准差	最小值	最大值
cfr	0.365776	0.142481	0.057189	0.778222	0.463832	0.196897	0.079140	0.818500
cr	0.391838	0.140321	0.130700	0.779500	0.482313	0.175766	0.131300	0.818500
sep	0.026063	0.047365	0	0.242109	0.018460	0.056403	0	0.311460
layer	1.743902	1.028135	1	6	2.632653	1.13089	1	7
样本量	82				49			

3.1.2 上市文化企业终极控股股东的分布特征

1. 上市文化企业终极控股股东的现金流权分布

从表 3 – 3 中可以看出，从 131 家全样本来看，上市文化企业终极控股股东的现金流权在 30% ~40% 之间最多，占上市文化企业的比重为 24.43%。且全样本终极控股股东的现金流权集中在 10% ~70% 之间，占上市文化企业的 93.89%，其中终极控股股东的现金流权集中在 10% ~60% 的上市文化企业占上市文化企业的 86.26%。就 82 家非国有上市文化企业而言，终极控股股东的现金流权在 30% ~40% 之间也最多，占非国有上市文化企业的比重为 28.05%。非国有上市文化企业终极控股股东的现金流权集中在 10% ~60% 之间，占非国有上市文化企业的 92.69%。就 49 家国有上市文化企业来说，终极控股股东的现金流权在 50% ~60% 之间最多，占国有上市文化企业的比重为 30.61%。国有上市文化企业终极控股股东的现金流权集中在 10% ~70% 之间，占国有上市文化企业的 89.80%，其中终极控股股东的现金流权集中在 30% ~70% 的上市文化企业占国有上市文化企业的比重则为 71.43%。

表 3 – 3　　　　上市文化企业终极控股股东的现金流权分布

现金流权 分布	非国有文化企业		国有文化企业		合计	
	样本量	占比（%）	样本量	占比（%）	样本量	占比（%）
10%以下	1	1.22	1	2.04	2	1.53
10% ~20%	9	10.98	7	14.29	16	12.21
20% ~30%	18	21.95	2	4.08	20	15.27
30% ~40%	23	28.05	9	18.37	32	24.43
40% ~50%	18	21.95	4	8.16	22	16.79
50% ~60%	8	9.76	15	30.61	23	17.56
60% ~70%	3	3.66	7	14.29	10	7.63
70% ~80%	2	2.44	3	6.12	5	3.82
80%以上	0	0.00	1	2.04	1	0.76
合计	82	100.00	49	100.00	131	100.00

2. 上市文化企业终极控股股东的控制权分布

从表3-4中可以看出，从131家全样本来看，上市文化企业终极控股股东的控制权在30%~40%之间最多，占上市文化企业的比重为22.90%。全样本终极控股股东的控制权集中在10%~70%之间，占上市文化企业的95.41%，其中终极控股股东的控制权集中在20%~70%的上市文化企业占总上市文化企业的比重则为87.78%。就82家非国有上市文化企业而言，终极控股股东的控制权在40%~50%之间最多，占非国有上市文化企业的比重为26.83%。非国有上市文化企业终极控股股东的控制权集中在10%~70%之间，占非国有上市文化企业的97.57%，其中终极控股股东的控制权集中在20%~60%的上市文化企业占非国有上市文化企业的比重则为82.93%。就49家国有上市文化企业来说，终极控股股东的控制权在50%~60%之间最多，占国有上市文化企业的比重为32.65%。国有上市文化企业终极控股股东的控制权集中在10%~70%之间，占国有上市文化企业的91.83%，其中终极控股股东的控制权集中在30%~70%的上市文化企业占国有上市文化企业的比重则为75.51%。

表3-4　　　　　　　上市文化企业终极控股股东的控制权分布

控制权分布	非国有文化企业		国有文化企业		合计	
	样本量	占比（%）	样本量	占比（%）	样本量	占比（%）
10%以下	0	0.00	0	0.00	0	0.00
10%~20%	6	7.32	4	8.16	10	7.63
20%~30%	18	21.95	4	8.16	22	16.79
30%~40%	20	24.39	10	20.41	30	22.90
40%~50%	22	26.83	4	8.16	26	19.85
50%~60%	8	9.76	16	32.65	25	19.08
60%~70%	6	7.32	7	14.29	12	9.16
70%~80%	2	2.44	3	6.12	5	3.82
80%以上	0	0.00	1	2.04	1	0.76
合计	82	100.00	49	100.00	131	100.00

3. 上市文化企业终极控股股东的两权分离度分布

由表 3 – 5 可知，从 131 家文化企业上市全样本来看，上市文化企业终极控股股东的两权分离度为 0 的最多，占上市文化企业的比重为 67.94%。这说明上市文化企业大部分没有发生两权分离。全样本终极控股股东的两权分离度集中在 0（含）~20% 之间，占上市文化企业的 98.47%，其中终极控股股东的两权分离度集中在 0（含）~10% 的上市文化企业占总上市文化企业的比重为 91.60%。就 82 家非国有上市文化企业而言，终极控股股东的控制权和现金流权的分离度为 0 的最多，占非国有上市文化企业的比重为 60.98%。非国有上市文化企业终极控股股东的两权分离度集中在 0（含）~20% 之间，占非国有上市文化企业的 98.79%，其中终极控股股东的两权分离度集中在 0（含）~10% 的上市文化企业占非国有上市文化企业的比重则为 91.47%。就 49 家国有上市文化企业来说，终极控股股东的两权分离度为 0 的最多，占国有上市文化企业的比重为 79.59%。国有上市文化企业终极控股股东的两权分离度集中在 0（含）~20% 之间，占国有上市文化企业的 97.95%，其中终极控股股东的两权分离度集中在 0（含）~10% 之间的上市文化企业占国有上市文化企业的比重则为 91.83%。

表 3 – 5　　　　上市文化企业终极控股股东的两权分离度分布

两权分离度分布	非国有文化企业		国有文化企业		合计	
	样本量	占比（%）	样本量	占比（%）	样本量	占比（%）
0	50	60.98	39	79.59	89	67.94
0 ~ 10%	25	30.49	6	12.24	31	23.66
10% ~ 20%	6	7.32	3	6.12	9	6.87
20% ~ 30%	1	1.22	0	0.00	1	0.76
30% ~ 40%	0	0.00	1	2.04	1	0.76
合计	82	100.00	49	100.00	131	100.00

4. 上市文化企业终极控股股东的控制链层级分布

从表 3 – 6 中可以看出，从 131 家全样本来看，上市文化企业终极控股股东的控制链层级为 2 层的最多，占上市文化企业的比重为42.75%。且全样本终极控股股东的控制链层级集中在 1~3 层之间，占上市文化企业的90.08%，其中终极控股股东的控制链层级在 1~2 层的上市文化企业占总上市文化企业的比重则为76.34%，说明大部分上市文化企业的终极控股股东直接控制或通过一个企业间接控制上市文化企业。就 82 家非国有上市文化企业而言，终极控股股东的控制链层级为 1 层的最多，占非国有上市文化企业的比重为50.00%，说明非国有文化企业有一半的终极控股股东是直接控制上市文化企业的。非国有上市文化企业终极控股股东的控制链层级集中在 1~2 层，占非国有上市文化企业的87.80%。就 49 家国有上市文化企业来说，终极控股股东的控制链层级为 2 层的最多，占国有上市文化企业的比重为51.02%，说明在国有上市文化企业中，超过一半的终极控股股东是通过一家企业来间接控制上市文化企业的。国有上市文化企业终极控股股东的控制链层级集中在 2~3 层，占国有上市文化企业的79.59%。

表 3-6　　　　上市文化企业终极控股股东的控制链层级分布

控制链层级分布（层）	非国有文化企业		国有文化企业		合计	
	样本量	占比（%）	样本量	占比（%）	样本量	占比（%）
1	41	50.00	3	6.12	44	33.59
2	31	37.80	25	51.02	56	42.75
3	4	4.88	14	28.57	18	13.74
4	3	3.66	3	6.12	6	4.58
5	2	2.44	3	6.12	5	3.82
6	1	1.22	0	0.00	1	0.76
7	0	0.00	1	2.04	1	0.76
合计	82	100.00	49	100.00	131	100.00

3.2　上市文化企业并购样本终极控股股东的特征

3.2.1　上市文化企业并购样本并购当年终极控股股东的特征

根据北京新元文智咨询服务有限公司开发的中国文化产业投融资数据平台的中国沪深 A 股上市的文化企业，来选择上市文化企业并购样本。首先去掉无实际控制人的上市文化企业，然后从国泰安并购数据库中选取上市文化企业为主并方企业，这些企业都是已经成功完成并购，且并购重组类型为资产收购、吸收合并和要约收购的并购样本。对于一年内发生多次并购的上市文化企业，分别作为单独的并购样本。根据这个原则，共选择 2008～2015 年的并购样本合计 461 家，来分析并购样本并购当年终极控股股东的特征。首先对这 461 家上市文化企业并购样本终极控股股东各方面特征的各年具体数据进行描述性统计。表 3 - 7 为全样本描述性统计结果，表 3 - 8 为按照终极产权性质分样本描述性统计结果。然后分析上市文化企业并购样本终极控股股东各方面特征的各年具体数据的分布状况，以进一步从多角度对其特征进行阐述。其中终极控股股东的性质、控制权、现金流权以及两权分离度的具体数据，从国泰安数据库中提取；对于部分年报缺失或不完整的数据，则通过股权关系控制链图搜集原始数据并进行计算得到；终极控股股东的控制权链层级数据，根据国泰安数据库中的控制链图计算得到。

1. 上市文化企业并购样本并购当年终极控股股东的总体特征

（1）上市文化企业并购样本并购当年全样本描述性统计。从表 3 - 7 来看，上市文化企业终极控制股东性质（nucs）均值为 0.388286，说明上市文化企业并购样本中有 38.8286% 的国有文化企业，其余为非国有文化企业。上市文化企业现金流权（cfr）均值为 0.364060，标准差为 0.168357，上市文化企业控制权（cr）的均值为 0.398748，标准差为 0.155347，说明发生并购的上市文化企业控制权总体高于现金流权，而且上市文化企业之间现金流权的差异和控制权的差异均较大，只是控制权的差异稍微低于现金流权。上市文化企业两权分离度（sep）的均值为 0.034691，标准差为 0.059326，说明总体来看，上市文化企业并购样本中控制权比现金流权平均高 3.4450%，而且不同上市文化企业之间的两权分离度差别较大。上市文化企业控制链层级（layer）的均值为 2.197397，标准差为 1.232739，说明上市文化企业终极控股股东平均通过 2.197397 层控制链来控制上市文化企业，而且上市文化企业之间控制链层级的差异较大。

表 3-7 上市文化企业并购样本并购当年全样本描述性统计

变量	样本量	均值	标准差	最小值	最大值
nucs	461	0.388286	0.487890	0	1
cfr	461	0.364060	0.168357	0.045000	0.757800
cr	461	0.398748	0.155347	0.085400	0.757800
sep	461	0.034691	0.059326	0	0.277200
layer	461	2.197397	1.232739	1	7

（2）上市文化企业并购样本并购当年按照终极控股股东性质分样本描述性统计。从表 3-8 来看，非国有上市文化企业现金流权均值为 0.357927，标准差为 0.152334，国有上市文化企业现金流权均值为 0.373723，标准差为 0.190949，说明总体来看，国有上市文化企业现金流权高于非国有上市文化企业，而且国有上市文化企业之间现金流权的差异高于非国有上市文化企业。非国有上市文化企业控制权的均值为 0.398859，标准差为 0.144108，国有上市文化企业控制权的均值为 0.398574，标准差为 0.171991，表明国有上市文化企业控制权总体上略低于非国有上市文化企业，但国有上市文化企业之间控制权的差异高于非国有上市文化企业。非国有上市文化企业两权分离度的均值为 0.040933，标准差为 0.060231，国有上市文化企业两权分离度的均值为 0.024857，标准差为 0.056652。这一方面说明国有上市文化企业两权分离度总体上低于非国有上市文化企业，另一方面也说明，相对于非国有上市文化企业来说，国有上市文化企业之间两权分离度的差异也较小。非国有上市文化企业控制链层级的均值为 1.904255，标准差为 1.110312，国有上市文化企业控制链层级的均值为 2.659218，标准差为 1.276874。这表明国有上市文化企业控制链层级总体上高于非国有上市

表 3 - 8　上市文化企业并购样本并购当年按照终极控股股东性质分样本描述性统计

变量	并购当年非国有文化企业				并购当年国有文化企业			
	均值	标准差	最小值	最大值	均值	标准差	最小值	最大值
cfr	0.357927	0.152334	0.045000	0.725200	0.373723	0.190949	0.077800	0.757800
cr	0.398859	0.144108	0.085400	0.725200	0.398574	0.171991	0.113700	0.757800
sep	0.040933	0.060231	0	0.242100	0.024857	0.056652	0	0.277200
layer	1.904255	1.110312	1	6	2.659218	1.276874	1	7
样本量	282				179			

文化企业,且国有上市文化企业之间控制链层级的差距较大。

2. 上市文化企业并购样本并购当年终极控股股东的分布特征

(1)上市文化企业并购样本并购当年现金流权分布。从表3-9中可以看出,从461家并购全样本来看,上市文化企业终极控股股东的现金流权在40%~50%之间最多,占上市文化企业的比重为22.3427%。且全样本终极控股股东的现金流权集中在10%~60%之间,占上市文化企业的88.9371%。就282家非国有上市文化企业而言,终极控股股东的现金流权在40%~50%之间最多,占非国有上市文化企业的比重为24.4681%。非国有上市文化企业终极控股股东的现金流权集中在10%~60%之间,占非国有上市文化企业的91.844%,其中终极控股股东的现金流权集中在20%~60%的上市文化企业占上市文化企业的比重则为79.4327%。就179家国有上市文化企业来说,终极控股股东的现金流权在10%~20%之间最多,占国有上市文化企业的比重为22.905%。国有上市文化企业终极控股股东的现金流权集中在10%~60%之间,占国有上市文化企业的84.3575%。

(2)上市文化企业并购样本并购当年控制权分布。从表3-10中可以看出,从461家全样本来看,上市文化企业终极控股股东的控制权在30%~40%之间最多,占上市文化企业的比重约为25.5965%。且全样本终极控股股东的控制权集中在10%~70%之间,占上市文化企业的94.1432%,其中终极控股股东的控制权集中在10%~60%的上市文化企业占总上市文化企业的比重则为87.6356%。就282家非国有上市文化企业样本而言,终极控股股东的控制权在30%~40%之间最多,占非国有上市文化企业的比重为28.7234%。非国有上市文化企业终极控股股东的控制权集中在10%~70%之间,占非国有上市文化企业的94.6808%,其中终极控股股东的控制权集中在20%~60%的上市文化企业占非国有上市文化企业的比重为81.9149%。就179家国有上市文化企业来说,终极控股股东的控制权也是在30%~40%之间最多,占国有上市文化企业的比重为20.6704%。国有上市文化企业终极控股股东的控制权集中在10%~70%之间,占国有上市文化企业的93.2961%,其中终极控股股东的控制权集中在10%~60%的上市文化企业占国有上市文化企业的比重为87.7095%。

表3-9　上市文化企业并购样本并购当年现金流权分布

现金流权分布		10%以下	10%~20%	20%~30%	30%~40%	40%~50%	50%~60%	60%~70%	70%~80%	全部
非国有文化企业	样本量	15	35	48	68	69	39	1	7	282
	占非国有文化企业比例（%）	5.3191	12.4113	17.0213	24.1135	24.4681	13.8298	0.3546	2.4823	100
	占全部样本比例（%）	3.2538	7.5922	10.4121	14.7505	14.9675	8.4599	0.2169	1.5184	61.1714
国有文化企业	样本量	6	41	26	22	34	28	10	12	179
	占国有文化企业比例（%）	3.3520	22.9050	14.5251	12.2905	18.9944	15.6425	5.5866	6.7039	100
	占全部样本比例（%）	1.3015	8.8937	5.6399	4.7722	7.3753	6.0738	2.1692	2.6030	38.8286
全部	样本量	21	76	74	90	103	67	11	19	461
	比例（%）	4.5553	16.4859	16.0521	19.5228	22.3427	14.5336	2.3861	4.1215	100

表3-10　上市文化企业并购样本并购当年控制权分布

控制权分布		10%以下	10%~20%	20%~30%	30%~40%	40%~50%	50%~60%	60%~70%	70%~80%	全部
非国有文化企业	样本量	8	16	49	81	61	40	20	7	282
	占非国有文化企业比例（%）	2.8369	5.6738	17.3759	28.7234	21.6312	14.1844	7.0922	2.4823	100
	占全部样本比例（%）	1.7354	3.4707	10.6291	17.5705	13.2321	8.6768	4.3384	1.5184	61.1714
国有文化企业	样本量	0	23	35	37	33	29	10	12	179
	占国有文化企业比例（%）	0	12.8492	19.5531	20.6704	18.4358	16.2011	5.5866	6.7039	100
	占全部样本比例（%）	0	4.9892	7.5922	8.026	7.1584	6.2907	2.1692	2.603	38.8286
全部	样本量	8	39	84	118	94	69	30	19	461
	比例（%）	1.7354	8.4599	18.2213	25.5965	20.3905	14.9675	6.5076	4.1215	100

（3）上市文化企业并购样本并购当年两权分离度分布。从表 3－11 中可以看出，从 461 家全样本来看，上市文化企业中终极控股股东的两权分离度为 0 的最多，占上市文化企业的比重为 63.5575%，说明上市文化企业大部分没有发生两权分离。全样本终极控股股东的两权分离度集中在 0（含）~20% 之间，占上市文化企业的 99.1323%。就 282 家非国有上市文化企业而言，终极控股股东的两权分离度为 0 的最多，占所有非国有上市文化企业的比重为 0.563830，也就是说，大部分非国有上市文化企业没有发生两权分离的现象。非国有上市文化企业终极控股股东的两权分离度集中在 0（含）~20% 之间，占非国有上市文化企业的 98.9362%。就 179 家国有上市文化企业来说，终极控股股东的两权分离度为 0 的最多，占国有上市文化企业的比重为 74.8603%。国有上市文化企业终极控股股东的两权分离度集中在 0（含）~20% 之间，占国有上市文化企业的 99.4413%，其中终极控股股东的两权分离度集中在 0（含）~10% 之间的上市文化企业占国有上市文化企业的比重为 89.3854%。

表 3－11　　　　上市文化企业并购样本并购当年两权分离度分布

两权分离度分布		0	0~10%	10%~20%	20%~30%	全部
非国有文化企业	样本量	159	68	52	3	282
	占非国有文化企业比例（%）	56.3830	24.1135	18.4397	1.0638	100
	占全部样本比例（%）	34.4902	14.7505	11.2798	0.6508	61.1714
国有文化企业	样本量	134	26	18	1	179
	占国有文化企业比例（%）	74.8603	14.5251	10.0559	0.5587	100
	占全部样本比例（%）	29.0672	5.6399	3.9046	0.2169	38.8286
全部	样本量	293	94	70	4	461
	比例（%）	63.5575	20.3905	15.1844	0.8677	100

（4）上市文化企业并购样本并购当年控制链层级分布。从表 3－12 中可以看出，从 461 家全样本来看，上市文化企业终极控股股东的控制

— 44 —

表3－12　　上市文化企业并购样本并购当年控制链层级分布

控制链层级		1	2	3	4	5	6	7	全部
非国有文化企业	样本量	119	113	28	9	6	7	0	282
	占非国有文化企业比例（%）	42.1986	40.0709	9.9291	3.1915	2.1277	2.4823	0	100
	占全部样本比例（%）	25.8134	24.5119	6.0738	1.9523	1.3015	1.5184	0	61.1714
国有文化企业	样本量	13	101	24	31	1	3	6	179
	占国有文化企业比例（%）	7.2626	56.4246	13.4078	17.3184	0.5587	1.6760	3.3520	100
	占全部样本比例（%）	2.8200	21.9089	5.2061	6.7245	0.2169	0.6508	1.3015	38.8286
全部	样本量	132	214	52	40	7	10	6	461
	比例（%）	28.6334	46.4208	11.2798	8.6768	1.5184	2.1692	1.3015	100

链层级为 2 层的最多，一共 214 家，占上市文化企业的比重为 46.4208%，说明并购样本上市文化企业有将近一半是通过控制一家企业来间接控制上市文化企业的。且全样本终极控股股东的控制链层级集中在 1～4 层之间，约占上市文化企业的 95.0108%，其中终极控股股东的控制链层级在 1～3 层的上市文化企业约占总上市文化企业的比重为 86.3341%，终极控股股东的控制链层级在 1～2 层的上市文化企业约占总上市文化企业的 75.0542%。这说明大部分上市文化企业的终极控股股东直接或通过控制一家企业间接控制上市文化企业。就 282 家非国有上市文化企业而言，终极控股股东的控制链层级为 1 层的最多，占非国有上市文化企业的比重为 42.1986%，说明非国有文化企业有将近一半的终极控股股东是直接控制上市文化企业的。非国有上市文化企业终极控股股东的控制链层级集中在 1～3 层，约占非国有上市文化企业的 92.1986%，其中终极控股股东的控制链层级在 1～2 层的上市文化企业占总上市文化企业的 82.2695%。就 179 家国有上市文化企业来说，终极控股股东的控制链层级为 2 层的最多，占国有上市文化企业的比重为 56.4246%，说明国有上市文化企业中超过一半的企业终极控股股东是通过一家企业来间接控制上市文化企业的。国有上市文化企业终极控股股东的控制链层级集中在 2～4 层，占国有上市文化企业的 87.1508%。

3.2.2　上市文化企业并购样本并购后一年终极控股股东的特征

1. 上市文化企业并购样本并购后一年终极控股股东的总体特征

（1）上市文化企业并购样本并购后一年全样本描述性统计。从表 3-13 来看，上市文化企业终极控股股东性质均值为 0.464208，说明上市文化企业并购样本中有大约 46.4208% 的国有文化企业，其余为非国有文化企业。上市文化企业现金流权均值为 0.363431，标准差为 0.181543，上市文化企业控制权的均值为 0.391301，标准差为 0.175323，说明发生并购的上市文化企业控制权总体高于现金流权，而且上市文化企业之间现金流权的差异和控制权的差异均较大，只是控制权的差异稍微低于现金流权。上市文化企业两权分离度的均值为

0.027872，标准差为0.058637，说明总体来看，上市文化企业并购样本中控制权比现金流权平均高0.027872，而且不同上市文化企业之间的两权分离度差别较大。上市文化企业控制链层级的均值为2.210412，标准差为1.382020，说明上市文化企业终极控股股东平均通过2.210412层控制链来控制上市文化企业，而且上市文化企业之间控制链层级的差异较大。

表3-13 上市文化企业并购样本并购后一年全样本描述性统计

变量	样本量	均值	标准差	最小值	最大值
nucs	461	0.464208	0.499259	0	1
cfr	461	0.363431	0.181543	0.035500	0.771300
cr	461	0.391301	0.175323	0.071400	0.771300
sep	461	0.027872	0.058637	0	0.391800
layer	461	2.210412	1.382020	1	7

（2）上市文化企业并购样本按照并购后一年终极控股股东性质分样本描述性统计。从表3-14中可以看出，非国有上市文化企业现金流权均值为0.363568，标准差为0.152492，国有上市文化企业现金流权均值为0.363272，标准差为0.210522，说明总体来看，国有上市文化企业现金流权略低于非国有上市文化企业，但国有上市文化企业之间现金流权的差异高于非国有上市文化企业。非国有上市文化企业控制权的均值为0.401185，标准差为0.150602，国有上市文化企业控制权的均值为0.379892，标准差为0.199860，表明国有上市文化企业控制权总体上低于非国有上市文化企业，但国有上市文化企业之间控制权的差异高于非国有上市文化企业。非国有上市文化企业两权分离度的均值为0.037618，标准差为0.065238，国有上市文化企业两权分离度的均值为0.016622，标准差为0.047673，这说明国有上市文化企业两权分离度总体上低于非国有上市文化企业，且国有上市文化企业之间的差异相对比较小。非国有上市文化企业控制链层级的均值为1.765182，标准差为1.078957，国有上市文化企业控制链层级的均值为2.724299，标准差为1.511666，表明国有上市文化企业控制链层级总体上高于非国有上市文化企业，且国有上市文化企业之间控制链层级的差距较大。

表 3 - 14　上市文化企业并购样本按照并购后一年终极控股股东性质分样本描述性统计

变量	并购后一年非国有文化企业				并购后一年国有文化企业			
	均值	标准差	最小值	最大值	均值	标准差	最小值	最大值
cfr	0.363568	0.152492	0.043600	0.725200	0.363272	0.210522	0.035500	0.771300
cr	0.401185	0.150602	0.090900	0.725200	0.379892	0.199860	0.071400	0.771300
sep	0.037618	0.065238	0	0.272900	0.016622	0.047673	0	0.391800
layer	1.765182	1.078957	1	6	2.724299	1.511666	1	7
样本量	247				214			

2. 上市文化企业并购样本并购后一年终极控股股东的分布特征

（1）上市文化企业并购样本并购后一年现金流权分布。从表 3 – 15 中可以看出，从 461 家并购全样本来看，上市文化企业终极控股股东的现金流权在 10% ~ 20% 之间最多，占上市文化企业的比重为 20.3905%。且全样本终极控股股东的现金流权集中在 10% ~ 60% 之间，占上市文化企业的 85.4664%。就 247 家非国有上市文化企业而言，终极控股股东的现金流权在 30% ~ 40% 之间最多，占非国有上市文化企业的比重为 24.6964%。非国有上市文化企业终极控股股东的现金流权集中在 10% ~ 60% 之间，占非国有上市文化企业的 93.1174%，其中终极控股股东的现金流权集中在 20% ~ 60% 的上市文化企业占上市文化企业的 78.1376%。就 214 家国有上市文化企业来说，终极控股股东的现金流权在 10% ~ 20% 之间最多，占国有上市文化企业的比重为 26.6355%。国有上市文化企业终极控股股东的现金流权集中在 10% ~ 60% 之间，占国有上市文化企业的 76.6355%。

（2）上市文化企业并购样本并购后一年控制权分布。从表 3 – 16 中可以看出，从 461 家全样本来看，上市文化企业终极控股股东的控制权在 10% ~ 20% 之间最多，占上市文化企业的比重约为 20.1735%。且全样本终极控股股东的控制权集中在 10% ~ 70% 之间，占上市文化企业的 93.4924%，其中终极控股股东的控制权集中在 10% ~ 60% 的上市文化企业占总上市文化企业的 87.2017%。就 247 家非国有上市文化企业样本而言，终极控股股东的控制权在 40% ~ 50% 之间最多，占非国有上市文化企业的比重为 25.5061%。非国有上市文化企业终极控股股东的控制权集中在 10% ~ 70% 之间，占非国有上市文化企业的 97.166%，其中终极控股股东的控制权集中在 10% ~ 60% 的上市文化企业占非国有上市文化企业的 90.6883%。就 214 家国有上市文化企业来说，终极控股股东的控制权也是在 10% ~ 20% 之间最多，占国有上市文化企业的比重为 28.0374%。国有上市文化企业终极控股股东的控制权集中在 10% ~ 60% 之间，占国有上市文化企业的 83.1776%。

表 3 - 15　上市文化企业并购样本并购后一年现金流权分布

现金流权分布		10%以下	10%～20%	20%～30%	30%～40%	40%～50%	50%～60%	60%～70%	70%～80%	全部
非国有文化企业	样本量	8	37	40	61	52	40	3	6	247
	占非国有文化企业比例（%）	3.2389	14.9798	16.1943	24.6964	21.0526	16.1943	1.2146	2.4291	100
	占全部样本比例（%）	1.7354	8.0260	8.6768	13.2321	11.2798	8.6768	0.6508	1.3015	53.5792
国有文化企业	样本量	19	57	19	22	27	39	13	18	214
	占国有文化企业比例（%）	8.8785	26.6355	8.8785	10.2804	12.6168	18.2243	6.0748	8.4112	100
	占全部样本比例（%）	4.1215	12.3644	4.1215	4.7722	5.8568	8.4599	2.8200	3.9046	46.4208
全部	样本量	27	94	59	83	79	79	16	24	461
	比例（%）	5.8568	20.3905	12.7983	18.0043	17.1367	17.1367	3.4707	5.2061	100

表3-16   上市文化企业并购样本并购后一年控制权分布

控制权分布		10%以下	10%~20%	20%~30%	30%~40%	40%~50%	50%~60%	60%~70%	70%~80%	全部
非国有文化企业	样本量	1	33	29	56	63	43	16	6	247
	占非国有文化企业比例（%）	0.4049	13.3603	11.7409	22.6721	25.5061	17.4089	6.4777	2.4291	100
	占全部样本比例（%）	0.2169	7.1584	6.2907	12.1475	13.6659	9.3275	3.4707	1.3015	53.5792
国有文化企业	样本量	5	60	22	29	26	41	13	18	214
	占国有文化企业比例（%）	2.3364	28.0374	10.2804	13.5514	12.1495	19.1589	6.0748	8.4112	100
	占全部样本比例（%）	1.0846	13.0152	4.7722	6.2907	5.6399	8.8937	2.8200	3.9046	46.4208
全部	样本量	6	93	51	85	89	84	29	24	461
	比例（%）	1.3015	20.1735	11.0629	18.4382	19.3059	18.2213	6.2907	5.2061	100

（3）上市文化企业并购样本并购后一年两权分离度分布。从表 3 - 17 中可以看出，从 461 家全样本来看，上市文化企业终极控股股东的两权分离度为 0 的最多，占上市文化企业的比重为 70.282%，说明上市文化企业大部分没有发生两权分离。且全样本终极控股股东的两权分离度集中在 0（含）~20% 之间，占上市文化企业的 98.0477%。就 247 家非国有上市文化企业而言，终极控股股东的两权分离度为 0 的最多，占非国有上市文化企业的比重为 65.587%。非国有上市文化企业终极控股股东的两权分离度集中在 0（含）~20% 之间，占非国有上市文化企业的 97.166%。就 214 家国有上市文化企业来说，终极控股股东的两权分离度为 0 的最多，占所有国有上市文化企业的比重为 75.7009%，也就是说，超过 75% 的国有上市文化企业没有发生两权分离。国有上市文化企业终极控股股东的两权分离度集中在 0（含）~20% 之间，占国有上市文化企业的 99.0654%，其中终极控股股东的两权分离度集中在 0（含）~10% 之间的上市文化企业占国有上市文化企业的 94.3925%。

（4）上市文化企业并购样本并购后一年控制链层级分布。从表 3 - 18 中可以看出，从 461 家全样本来看，上市文化企业终极控股股东的控制链层级为 2 层的最多，一共 223 家，占上市文化企业的比重为 48.3731%，说明并购样本中将近一半的终极控股股东是通过控制一家企业进而间接控制上市文化企业的。且全样本终极控股股东的控制链层级集中在 1~4 层之间，约占上市文化企业的 93.7093%，其中终极控股股东的控制链层级在 1~2 层的上市文化企业约占总上市文化企业的 78.3080%，说明大部分上市文化企业的终极控股股东直接控制或通过一个企业间接控制上市文化企业。就 247 家非国有上市文化企业而言，终极控股股东的控制链层级为 1 层的最多，占非国有上市文化企业的比重为 51.0121%，说明非国有文化企业有超过一半的终极控股股东是直接控制上市文化企业的。非国有上市文化企业终极控股股东的控制链层级集中在 1~4 层，约占非国有上市文化企业的 97.5709%，其中终极控股股东的控制链层级在 1~2 层的上市文化企业占总上市文化企业的 86.6397%。就 214 家国有上市文化企业来说，终极控股股东的控制链层级为 2 层的最多，占国有上市文化企业的比重 63.0841%，说明国有上市文化企业中超过一半的企业终极控股股东是通过一家企业来间接控制上市文化企业的。国有上市文化企业终极控股股东的控制链层级集中在 2~4 层，约占国有上市文化企业的 83.6449%。

表3-17　上市文化企业并购样本并购后一年两权分离度分布

两权分离度分布		0	10%以下	10%~20%	20%~30%	30%~40%	全部
非国有文化企业	样本量	162	35	43	7	0	247
	占非国有文化企业比例（%）	65.5870	14.1700	17.4089	2.8340	0	100
	占全部样本比例（%）	35.1410	7.5922	9.3275	1.5184	0	53.5792
国有文化企业	样本量	162	40	10	0	2	214
	占国有文化企业比例（%）	75.7009	18.6916	4.6729	0	0.9346	100
	占全部样本比例（%）	35.1410	8.6768	2.1692	0	0.4338	46.4208
全部	样本量	324	75	53	7	2	461
	比例（%）	70.2820	16.2690	11.4967	1.5184	0.4338	100

表 3 - 18　　上市文化企业并购样本并购后一年控制链层级分布

控制链层级		1	2	3	4	5	6	7	全部
非国有文化企业	样本量	126	88	10	17	0	6	0	247
	占非国有文化企业比例（%）	51.0121	35.6275	4.0486	6.8826	0	2.4291	0	100
	占全部样本比例（%）	27.3319	19.0889	2.1692	3.6876	0	1.3015	0	53.5792
国有文化企业	样本量	12	135	25	19	5	1	17	214
	占国有文化企业比例（%）	5.6075	63.0841	11.6822	8.8785	2.3364	0.4673	7.9439	100
	占全部样本比例（%）	2.6030	29.2842	5.423	4.1215	1.0846	0.2169	3.6876	46.4208
全部	样本量	138	223	35	36	5	7	17	461
	比例（%）	29.9349	48.3731	7.5922	7.8091	1.0846	1.5184	3.6876	100

3.2.3　上市文化企业并购样本并购后两年终极控股股东的特征

1. 上市文化企业并购样本并购后两年终极控股股东的总体特征

（1）上市文化企业并购样本并购后两年全样本描述性统计。从表3-19来看，上市文化企业终极控股股东性质（nucs）均值为0.462039，这说明上市文化企业并购样本中有大约46.2039%的国有文化企业，其余为非国有文化企业。上市文化企业终极控股股东的现金流权（cfr）均值为0.351275，标准差为0.178751；控制权（cr）的均值为0.379684，标准差为0.169497。这说明发生并购的上市文化企业控制权总体高于现金流权，而且上市文化企业之间现金流权的差异和控制权的差异均较大，只是控制权的差异稍微低于现金流权。就上市文化企业并购样本的两权分离度（sep）来说，其平均值是0.028410，标准离差是0.056954，这说明从总体来看，上市文化企业并购样本中，控制权比现金流权平均高0.028410，而且不同上市文化企业之间的两权分离度差别较大。上市文化企业控制链层级（layer）的均值为2.212581，标准差为1.350658，这说明上市文化企业终极控股股东平均通过2.212581层控制链来控制上市文化企业，而且上市文化企业之间控制链层级的差异较大。

表3-19　上市文化企业并购样本并购后两年全样本描述性统计

变量	样本量	均值	标准差	最小值	最大值
nucs	461	0.462039	0.499099	0	1
cfr	461	0.351275	0.178751	0.021066	0.771300
cr	461	0.379684	0.169497	0.071400	0.771300
sep	461	0.028410	0.056954	0	0.323308
layer	461	2.212581	1.350658	1	8

（2）上市文化企业并购样本并购后两年按照终极控股股东性质分样本描述性统计。从表3-20来看，非国有上市文化企业现金流权均值

表3-20 上市文化企业并购样本并购后两年按照终极控股股东性质分样本描述性统计

变量	并购后两年非国有文化企业				并购后两年国有文化企业			
	均值	标准差	最小值	最大值	均值	标准差	最小值	最大值
cfr	0.346209	0.136828	0.037640	0.650200	0.357173	0.217834	0.021066	0.771300
cr	0.380937	0.130615	0.114600	0.664100	0.378226	0.206049	0.071400	0.771300
sep	0.034728	0.059327	0	0.316157	0.021053	0.532560	0	0.323308
layer	1.766129	1.091809	1	6	2.732394	1.436956	1	8
样本量	248				213			

为 0.346209，标准差为 0.136828；国有上市文化企业现金流权均值为
0.357173，标准差为 0.217834。这说明总体来看，国有上市文化企业现
金流权略低于非国有上市文化企业，但国有上市文化企业之间现金流权
的差异高于非国有上市文化企业。非国有上市文化企业控制权的均值为
0.380937，标准差为 0.130615；国有上市文化企业控制权的均值为
0.378226，标准差为 0.206049。这表明国有上市文化企业控制权总体上
低于非国有上市文化企业，但国有上市文化企业之间控制权的差异高于
非国有上市文化企业。非国有上市文化企业两权分离度的均值为
0.034728，标准差为 0.059327；国有上市文化企业的两权分离度的平均
值是 0.021053，标准差是 0.0532560。这说明国有上市文化企业两权分
离度总体上低于非国有上市文化企业，而且国有上市文化企业之间两权
分离度的差异也小于非国有上市文化企业。非国有上市文化企业控制链
层级的均值为 1.766129，标准差为 1.091809；国有上市文化企业控制
链层级的均值为 2.732394，标准差为 1.436956。这表明国有上市文化
企业控制链层级总体上高于非国有上市文化企业，且国有上市文化企业
之间控制链层级的差距较大。

2. 上市文化企业并购样本并购后两年终极控股股东的分布特征

（1）上市文化企业并购样本并购后两年现金流权分布。从表 3 - 21
中可以看出，从 461 家并购全样本来看，上市文化企业终极控股股东的
现金流权在 10% ~ 20% 之间最多，占上市文化企业的比重为
20.6074%。且全样本终极控股股东的现金流权集中在10% ~60% 之间，
占上市文化企业的92.8416%。就 248 家非国有上市文化企业而言，终
极控股股东的现金流权在 30% ~40% 之间最多，占非国有上市文化企
业的比重为 25%。非国有上市文化企业终极控股股东的现金流权集中
在10% ~60% 之间，占非国有上市文化企业的95.9677%，其中终极控
股股东的现金流权集中在 20% ~50% 的上市文化企业占上市文化企业
的68.5484%。就 213 家国有上市文化企业来说，终极控股股东的现金
流权在 10% ~ 20% 之间最多，占了国有上市文化企业的比重为
28.6385%。国有上市文化企业终极控股股东的现金流权集中在 10% ~
60% 之间，占国有上市文化企业的76.5258%。

表 3－21　上市文化企业并购样本并购后两年现金流权分布

现金流权分布		10%以下	10%~20%	20%~30%	30%~40%	40%~50%	50%~60%	60%~70%	70%~80%	全部
非国有文化企业	样本量	8	34	52	62	56	34	2	0	248
	占非国有文化企业比例（%）	3.2258	13.7097	20.9677	25.0000	22.5806	13.7097	0.8065	0	100
	占全部样本比例（%）	1.7354	7.3753	11.2798	13.4490	12.1475	7.3753	0.4338	0	53.7961
国有文化企业	样本量	19	61	16	20	26	40	15	16	213
	占国有文化企业比例（%）	8.9202	28.6385	7.5117	9.3897	12.2066	18.7793	7.0423	7.5117	100
	占全部样本比例（%）	4.1215	13.2321	3.4707	4.3384	5.6399	8.6768	3.2538	3.4707	46.2039
全部	样本量	27	95	68	82	82	74	17	16	461
	比例（%）	5.8568	20.6074	14.7505	17.7874	17.7874	16.0521	3.6876	3.4707	100

（2）上市文化企业并购样本并购后两年控制权分布。从表3-22中可以看出，从461家全样本来看，上市文化企业终极控股股东的控制权在40%~50%之间最多，占上市文化企业的比重约为21.4751%。且全样本终极控股股东的控制权集中在10%~70%之间，占上市文化企业的93.2755%，其中终极控股股东的控制权集中在10%~60%的上市文化企业占总上市文化企业的88.0694%。就248家非国有上市文化企业样本而言，终极控股股东的控制权在40%~50%之间最多，占非国有上市文化企业的比重为28.6290%。非国有上市文化企业终极控股股东的控制权集中在10%~60%之间，占非国有上市文化企业的96.371%，其中终极控股股东的控制权集中在20%~60%的上市文化企业占非国有上市文化企业的83.4677%。就213家国有上市文化企业来说，终极控股股东的控制权在10%~20%之间最多，占了国有上市文化企业的比重为23.4742%。国有上市文化企业终极控股股东的控制权集中在10%~60%之间，占国有上市文化企业的78.4038%。

（3）上市文化企业并购样本并购后两年两权分离度分布。从表3-23中可以看出，从461家全样本来看，上市文化企业终极控股股东的两权分离度为0的最多，占上市文化企业的比重为68.7636%，说明大部分上市文化企业没有发生两权分离。且全样本终极控股股东的两权分离度集中在0（含）~20%之间，占上市文化企业的98.2646%。就248家非国有上市文化企业而言，终极控股股东的两权分离度为0的最多，占非国有上市文化企业的比重为64.9194%。非国有上市文化企业终极控股股东的两权分离度集中在0（含）~20%之间，占非国有上市文化企业的98.3871%。就213家国有上市文化企业来说，终极控股股东的两权分离度为0的最多，占国有上市文化企业的比重为73.2394%。这说明国有上市文化企业并购样本中73.2394%的企业没有发生两权分离。国有上市文化企业终极控股股东的两权分离度集中在0（含）~20%之间，占国有上市文化企业的98.1221%，其中终极控股股东的两权分离度集中在0（含）~10%之间的上市文化企业占国有上市文化企业的91.5493%。

（4）上市文化企业并购样本并购后两年控制链层级分布。从表3-24中可以看出，从461家全样本来看，上市文化企业终极控股股东的控制链层级为2层的最多，一共215家，占上市文化企业的比重为46.6377%，

表3-22　上市文化企业并购样本并购后两年控制权分布

控制权分布		10%以下	10%~20%	20%~30%	30%~40%	40%~50%	50%~60%	60%~70%	70%~80%	全部
非国有文化企业	样本量	0	32	36	64	71	36	9	0	248
	占非国有文化企业比例（%）	0	12.9032	14.5161	25.8065	28.6290	14.5161	3.6290	0	100
	占全部样本比例（%）	0	6.9414	7.8091	13.8829	15.4013	7.8091	1.9523	0	53.7961
国有文化企业	样本量	15	50	18	30	28	41	15	16	213
	占国有文化企业比例（%）	7.0423	23.4742	8.4507	14.0845	13.1455	19.2488	7.0423	7.5117	100
	占全部样本比例（%）	3.2538	10.846	3.9046	6.5076	6.0738	8.8937	3.2538	3.4707	46.2039
全部	样本量	15	82	54	94	99	77	24	16	461
	比例（%）	3.2538	17.7874	11.7137	20.3905	21.4751	16.7028	5.2061	3.4707	100

表3-23　上市文化企业并购样本并购后两年两权分离度分布

两权分离度分布		0	10%以下	10%~20%	20%~30%	30%~40%	全部
非国有文化企业	样本量	161	41	42	3	1	248
	占非国有文化企业比例（%）	64.9194	16.5323	16.9355	1.2097	0.4032	100
	占全部样本比例（%）	34.9241	8.8937	9.1106	0.6508	0.2169	53.7961
国有文化企业	样本量	156	39	14	3	1	213
	占国有文化企业比例（%）	73.2394	18.3099	6.5728	1.4085	0.4695	100
	占全部样本比例（%）	33.8395	8.4599	3.0369	0.6508	0.2169	46.2039
全部	样本量	317	80	56	6	2	461
	比例（%）	68.7636	17.3536	12.1475	1.3015	0.4338	100

表 3 - 24　上市文化企业并购样本并购后两年控制链层级分布

控制链层级		1	2	3	4	5	6	7	8	全部
非国有文化企业	样本量	127	89	8	17	1	6	0	0	248
	占非国有文化企业比例（%）	51.2097	35.8871	3.2258	6.8548	0.4032	2.4194	0	0	100
	占全部样本比例（%）	27.5488	19.3059	1.7354	3.6876	0.2169	1.3015	0	0	0.537961
国有文化企业	样本量	14	126	22	32	5	2	11	1	213
	占国有文化企业比例（%）	6.5728	59.1549	10.3286	15.0235	2.3474	0.939	5.1643	0.4695	100
	占全部样本比例（%）	3.0369	27.3319	4.7722	6.9414	1.0846	0.4338	2.3861	0.2169	46.2039
全部	样本量	141	215	30	49	6	8	11	1	461
	比例（%）	30.5857	46.6377	6.5076	10.6291	1.3015	1.7354	2.3861	0.2169	100

61

说明并购样本中将近一半的终极控股股东是通过控制一家企业进而间接控制上市文化企业的。且全样本终极控股股东的控制链层级集中在 1 ~ 4 层之间，约占上市文化企业的 94.3601%，其中终极控股股东的控制链层级在 1 ~ 2 层的上市文化企业约占总上市文化企业的 77.2234%，说明大部分上市文化企业的终极控股股东直接控制或通过一个企业间接控制上市文化企业。就 248 家非国有上市文化企业而言，终极控股股东的控制链层级为 1 层的最多，占非国有上市文化企业的比重为 51.2097%，说明非国有文化企业有超过一半的终极控股股东是直接控制上市文化企业的。非国有上市文化企业终极控股股东的控制链层级集中在 1 ~ 4 层，约占非国有上市文化企业的 97.1774%，其中终极控股股东的控制链层级在 1 ~ 2 层的上市文化企业占总上市文化企业的 87.0968%。就 213 家国有上市文化企业来说，终极控股股东的控制链层级为 2 层的最多，占国有上市文化企业的比重为 59.1549%，说明国有上市文化企业中超过一半的企业终极控股股东是通过一家企业来间接控制上市文化企业的。国有上市文化企业终极控股股东的控制链层级集中在 2 ~ 4 层，占国有上市文化企业的 84.5070%。

第 4 章 基于因子分析法的文化企业并购绩效评价

要探寻各因素对文化企业并购绩效的影响，首先要运用合理的方法评价文化企业并购绩效。如前所述，本书在研究制度环境在文化企业终极控股股东影响并购中长期绩效过程中发挥的具体作用时，采用经营绩效研究法来衡量文化企业并购绩效。经营绩效可以采用一个单独的指标，也可以采用由多个指标构成的综合指标体系。单一指标即总资产净利润率和净资产收益率。在选取综合指标体系时，鉴于各自的考量不同，选取的指标体系也不同。本书从多方面选取一系列的财务指标，构建系统的文化企业并购绩效评价指标体系，进而采用因子分析法评价文化企业并购绩效。

4.1 因子分析法简介

因子分析法是英国的心理学家斯皮尔曼（C. E. Spearman，1904）率先提出并应用的一种分析方法，目的就是通过对具体变量的原始数据进行分析，查找不能被直接看到但同时又影响因变量的一个或几个公共因子。一方面，将具备同样属性的变量并到一个因子，可以减少变量的数量，把较多的原始单个指标变量转化成一个或若干个综合指标变量；另一方面，还可以用来检验变量间关系的假设。

要用因子分析法评价文化企业并购绩效，首先，需要构建文化企业并购绩效评价指标体系；其次，要用一定方法判断选定的这些指标是否适合使用因子分析法，这需要进行选定指标变量之间的相关性分析以及进行 Kaiser - Meyer - Olkin 和 Bartlett 的球形度分析；再次，要根据对各财务指标的解释程度的大小和初始特征值的大小（一般提取初始特征值大于 1 的因子）抽取公因子；用选取的各样本的指标值与成分得分系数相乘，即可得到某年的每一个因子的得分，进而得到每一年的文化企业并购绩效评价函数；最后，用旋转后选出来的各个因素的方差贡献率与累计方差贡献率的比值作为他们的权重，对各因素某年的得分进行加权平均，即可计算出该年文化企业并购绩效的综合得分情况，进而计算出每一年文化企业并购绩效的综合得分情况。

4.2 文化企业并购绩效评价指标体系的构建

文化企业并购绩效一般是指企业并购的财务绩效，主要是指文化企业并购对企业盈利能力的影响，另外还要考虑到现金回收情况以及资产的营运状况和企业整体的发展状况等。因此这里主要从盈利能力、现金流分析、经营能力和发展能力这四个方面来分析并评价文化企业并购的财务指标。具体来说，通过分析文化企业并购绩效的特点和包括资产报酬率、总资产净利润率等在内的 7 个财务指标的具体含义，来衡量文化企业并购的绩效，各指标的计算公式如表 4－1 所示。此外，要评价文化企业并购绩效，需要研究文化企业并购后与并购前绩效的变化情况，进而判断文化企业并购对企业绩效的影响。为了更加清晰准确地反映文化企业并购对该行为发生前后企业中长期绩效的影响和变化情况，这里我们需要分析和评价文化企业并购前后一共四年的绩效得分数据，具体就是：并购前一年、并购当年、并购后一年以及并购后两年，并且用并购行为发生之后的综合得分数据与并购前该数据进行比较，计算出二者之间的差额，进而说明并购对绩效的影响。

表 4－1 文化企业并购绩效评价指标

指标类型	基本指标	计算公式
盈利能力	资产报酬率	资产报酬率＝（利润总额＋财务费用）/平均资产总额； 平均资产总额＝（资产合计期末余额＋资产合计期初余额）/2
	总资产净利润率	总资产净利润率（ROA）＝净利润/总资产平均余额； 总资产平均余额＝（资产合计期末余额＋资产合计期初余额）/2

指标类型	基本指标	计算公式
盈利能力	净资产收益率	净资产收益率=净利润/股东权益平均余额； 股东权益平均余额=(股东权益期末余额+股东权益期初余额)/2
	每股收益	每股收益=净利润本期值/最新股本
现金流分析	全部现金回收率	全部现金回收率=经营活动产生的现金流量净额/资产总计期末余额
经营能力	总资产周转率	总资产周转率=营业收入/平均资产总额； 平均资产总额=(资产合计期末余额+资产合计期初余额)/2
发展能力	总资产增长率	总资产增长率=(资产总计本期期末值-资产总计本期期初值)/资产总计本期期初值

4.3　判断因子分析法的适用性

4.3.1　变量之间的相关性分析

要使用因子分析法进行绩效评价，首先需要选定的各个指标变量之间具有比较强的相关性。下面根据4.2节构建的文化企业并购绩效评价指标体系，对461个研究样本[①]并购前一年、当年、后一年以及后两年的指标变量数据分别用SPSS 19.0软件（本章其他部分数据处理均采用该软件，以下不再赘述）进行相关性分析，其中指标变量数据均来自国泰安CSMAR数据库（本章其他部分研究样本和指标变量数据来源均与此处相同，以下不再赘述）。

1. 并购前一年指标相关性分析

由表4-2可知，资产报酬率与资产净利率、净资产收益率、每股收益、全部现金回收率、资产周转率以及总资产增长率这六个指标变量之间的相关系数分别为0.984、-0.146、0.547、0.284、0.114、0.082，并且

---

① 样本筛选具体见本书5.2.1节。

表 4-2

并购前一年指标相关性分析

指标		资产报酬率	总资产净利润率	净资产收益率	每股收益	全部现金回收率	总资产周转率	总资产增长率
资产报酬率	Pearson 相关性	1	0.984 ***	-0.146 ***	0.547 ***	0.284 ***	0.114 **	0.082 *
	显著性（双侧）		0.000	0.002	0.000	0.000	0.014	0.079
总资产净利润率	Pearson 相关性	0.984 ***	1	-0.061	0.601 ***	0.297 ***	0.075	0.130 ***
	显著性（双侧）	0.000		0.189	0.000	0.000	0.106	0.005
净资产收益率	Pearson 相关性	-0.146 ***	-0.061	1	0.459 ***	0.106 **	-0.011	0.255 ***
	显著性（双侧）	0.002	0.189		0.000	0.023	0.820	0.000
每股收益	Pearson 相关性	0.547 ***	0.601 ***	0.459 ***	1	0.164 ***	0.099 **	0.267 ***
	显著性（双侧）	0.000	0.000	0.000		0.000	0.034	0.000
全部现金回收率	Pearson 相关性	0.284 ***	0.297 ***	0.106 **	0.164 ***	1	-0.290 ***	-0.005
	显著性（双侧）	0.000	0.000	0.023	0.000		0.000	0.922
总资产周转率	Pearson 相关性	0.114 **	0.075	-0.011	0.099 **	-0.290 ***	1	-0.040
	显著性（双侧）	0.014	0.106	0.820	0.034	0.000		0.386
总资产增长率	Pearson 相关性	0.082 *	0.130 ***	0.255 ***	0.267 ***	-0.005	-0.040	1
	显著性（双侧）	0.079	0.005	0.000	0.000	0.922	0.386	

样本量 = 461

注：*** 表示 0.01 水平（双侧）上显著相关；** 表示 0.05 水平（双侧）上显著相关；* 表示在 0.1 水平（双侧）上显著相关。

资产报酬率与上述各个指标变量均在一定的显著性水平上具有相关关系，其中资产报酬率与资产净利率、净资产收益率、每股收益以及全部现金回收率这四个指标变量在1%的显著性水平上具有比较强的相关关系。资产净利率与净资产收益率、每股收益、全部现金回收率、资产周转率以及资产增长率这五个指标变量之间的相关系数分别为－0.061、0.601、0.297、0.075以及0.130，并且资产净利率与每股收益、全部现金回收率、资产增长率这三个指标变量在1%的显著性水平上具有比较强的相关关系。净资产收益率与每股收益、全部现金回收率、总资产周转率、总资产增长率的相关系数分别为0.459、0.106、－0.011、0.255，并且净资产收益率与每股收益、全部现金回收率、总资产增长率这三个指标在一定的显著性水平上相关，其中净资产收益率与每股收益、资产增长率这两个指标之间相关的显著性水平均为0.000，具有较强的相关关系。每股收益与全部现金回收率、总资产周转率、总资产增长率的相关系数分别为0.164、0.099、0.267，并且每股收益与上述各变量之间在一定的显著性水平上相关，其中每股收益与全部现金回收率和总资产增长率之间相关的显著性水平为0.000。全部现金回收率与总资产周转率、总资产增长率之间的相关系数分别为－0.29、－0.005，并且全部现金回收率与总资产周转率之间相关的显著性水平为0.000。因此，选取的这些评价文化企业并购前一年并购绩效的财务指标之间具有较强的相关关系，从这个角度判断，可以使用因子分析法进行并购绩效评价指标的因子分析。

2. 并购当年指标相关性分析

由表4－3可知，资产报酬率与资产净利率、净资产收益率、每股收益、全部现金回收率、资产周转率以及资产增长率这六个指标变量之间的相关系数分别为0.962、0.780、0.717、0.211、－0.068、0.138，并且资产报酬率与资产净利率、净资产收益率、每股收益、全部现金回收率以及资产周转率这五个指标变量之间具有比较强的相关关系，均在1%的显著性水平上相关。资产净利率与净资产收益率、每股收益、全部现金回收率、资产周转率以及资产增长率这五个指标变量之间的相关系数分别为0.754、0.704、0.217、－0.068以及0.138，并且总资产净利润率与上述指标均具有显著的相关性，其中资产净利率与净资产收益

表 4 - 3

并购当年指标相关性分析

指标		资产报酬率	总资产净利润率	净资产收益率	每股收益	全部现金回收率	总资产周转率	总资产增长率
资产报酬率	Pearson 相关性	1	0.962***	0.780***	0.717***	0.211***	-0.068	0.138***
	显著性（双侧）		0.000	0.000	0.000	0.000	0.146	0.003
总资产净利润率	Pearson 相关性	0.962***	1	0.754***	0.704***	0.217***	-0.116**	0.136***
	显著性（双侧）	0.000		0.000	0.000	0.000	0.013	0.003
净资产收益率	Pearson 相关性	0.780***	0.754***	1	0.729***	0.196***	-0.287***	0.112**
	显著性（双侧）	0.000	0.000		0.000	0.000	0.000	0.017
每股收益	Pearson 相关性	0.717***	0.704***	0.729***	1	0.055	-0.273***	0.049
	显著性（双侧）	0.000	0.000	0.000		0.240	0.000	0.297
全部现金回收率	Pearson 相关性	0.211***	0.217***	0.196***	0.055	1	-0.129***	-0.209***
	显著性（双侧）	0.000	0.000	0.000	0.240		0.006	0.000
总资产周转率	Pearson 相关性	-0.068	-0.116**	-0.287***	-0.273***	-0.129***	1	-0.015
	显著性（双侧）	0.146	0.013	0.000	0.000	0.006		0.747
总资产增长率	Pearson 相关性	0.138***	0.136***	0.112**	0.049	-0.209***	-0.015	1
	显著性（双侧）	0.003	0.003	0.017	0.297	0.000	0.747	

样本量=461

注：*** 表示在 0.01 水平（双侧）上显著相关；** 表示在 0.05 水平（双侧）上显著相关；* 表示在 0.1 水平（双侧）上显著相关。

率、每股收益、全部现金回收率以及资产增长率这四个指标变量之间具有较强的相关关系，在1%的显著性水平上相关。净资产收益率与每股收益、全部现金回收率、资产周转率以及资产增长率这四个指标变量之间的相关系数则分别为0.729、0.196、−0.287以及0.112，并且净资产收益率与上述各指标均具有显著的相关性，其中净资产收益率与每股收益、全部现金回收率、总资产周转率这三个指标之间相关的显著性水平均为0.000。每股收益与全部现金回收率、总资产周转率、总资产增长率的相关系数分别为0.055、−0.273、0.049，并且每股收益与总资产周转率之间相关的显著性水平为0.000。全部现金回收率与总资产周转率、总资产增长率之间的相关系数分别为−0.129、−0.209，并且全部现金回收率与总资产周转率、总资产增长率之间均在1%的显著性水平上相关。因此，选取的这些评价文化企业并购当年并购绩效的财务指标之间具有较强的相关关系，从这个角度判断，可以使用因子分析法进行并购绩效评价指标的因子分析。

3. 并购后一年指标相关性分析

由表4−4可知，资产报酬率与资产净利率、净资产收益率、每股收益、全部现金回收率、资产周转率以及资产增长率这六个指标变量之间的相关系数分别为0.979、0.879、0.726、0.326、−0.014以及0.168，并且资产报酬率与资产净利率、净资产收益率、每股收益、全部现金回收率以及资产增长率这五个指标变量之间具有较强的相关关系，他们之间相关的显著性水平为0.000。资产净利率与净资产收益率、每股收益、全部现金回收率、资产周转率以及资产增长率这五个指标变量之间的相关系数分别为0.854、0.719、0.319、−0.053以及0.162，并且资产净利率与净资产收益率、每股收益、全部现金回收率、资产增长率这四个指标变量之间具有较强的相关关系，他们之间相关的显著性水平为0.000。净资产收益率与每股收益、全部现金回收率、资产周转率以及资产增长率这四个指标变量之间的相关系数则分别为0.729、0.304、0.051以及0.122，并且净资产收益率与每股收益、全部现金回收率、资产增长率这三个指标变量之间具有较强的相关关系，他们之间相关的显著性水平为0.000。每股收益与全部现金回收率、总资产周转率、总资产增长率的相关系数分别为0.224、0.032、0.073，

表 4-4

并购后一年指标相关性分析

指标		资产报酬率	总资产净利润率	净资产收益率	每股收益	全部现金回收率	总资产周转率	总资产增长率
资产报酬率	Pearson 相关性	1	0.979***	0.879***	0.726***	0.326***	-0.014	0.168***
	显著性（双侧）		0.000	0.000	0.000	0.000	0.760	0.000
总资产净利润率	Pearson 相关性	0.979***	1	0.854***	0.719***	0.319***	-0.053	0.162***
	显著性（双侧）	0.000		0.000	0.000	0.000	0.260	0.000
净资产收益率	Pearson 相关性	0.879***	0.854***	1	0.729***	0.304***	0.051	0.122***
	显著性（双侧）	0.000	0.000		0.000	0.000	0.275	0.009
每股收益	Pearson 相关性	0.726***	0.719***	0.729***	1	0.224***	0.032	0.073
	显著性（双侧）	0.000	0.000	0.000		0.000	0.488	0.117
全部现金回收率	Pearson 相关性	0.326***	0.319***	0.304***	0.224***	1	-0.155***	-0.122***
	显著性（双侧）	0.000	0.000	0.000	0.000		0.001	0.009
总资产周转率	Pearson 相关性	-0.014	-0.053	0.051	0.032	-0.155***	1	0.040
	显著性（双侧）	0.760	0.260	0.275	0.488	0.001		0.391
总资产增长率	Pearson 相关性	0.168***	0.162***	0.122***	0.073	-0.122***	0.040	1
	显著性（双侧）	0.000	0.000	0.009	0.117	0.009	0.391	

样本量=461

注：*** 表示在0.01水平（双侧）上显著相关；** 表示在0.05水平（双侧）上显著相关；* 表示在0.1水平（双侧）上显著相关。

并且每股收益与全部现金回收率之间相关的显著性水平为 0.000。全部现金回收率与总资产周转率、总资产增长率之间的相关系数分别为 −0.155、−0.122，并且全部现金回收率与总资产周转率、总资产增长率之间均在 1% 的显著性水平上相关。因此，选取的这些评价文化企业并购后一年并购绩效的财务指标之间具有较强的相关关系，从这个角度判断，可以使用因子分析法进行并购绩效评价指标的因子分析。

4. 并购后两年指标相关性分析

由表 4−5 可知，资产报酬率与资产净利率、净资产收益率、每股收益、全部现金回收率、资产周转率以及资产增长率这六个指标变量之间的相关系数分别为 0.984、0.905、0.733、0.332、−0.171 以及 0.379，并且资产报酬率与上述各指标之间均具有非常显著的相关性，相关的显著性水平均为 0.000。资产净利率与净资产收益率、每股收益、全部现金回收率、资产周转率以及资产增长率这五个指标变量之间的相关系数分别为 0.894、0.728、0.335、−0.195 以及 0.350，并且总资产净利润率与上述各指标之间均具有显著的相关性，相关的显著性水平均为 0.000。净资产收益率与每股收益、全部现金回收率、资产周转率以及资产增长率这四个指标变量之间的相关系数分别为 0.812、0.256、−0.266 以及 0.335，并且净资产收益率与上述各指标之间均具有显著的相关性，相关的显著性水平均为 0.000。每股收益与全部现金回收率、总资产周转率、总资产增长率的相关系数分别为 0.234、−0.271、0.209，并且每股收益与上述各指标之间均具有显著的相关性，相关的显著性水平均为 0.000。全部现金回收率与总资产周转率、总资产增长率之间的相关系数分别为 −0.096、−0.080，并且全部现金回收率与上述各指标之间均具有显著的相关性。因此，选取的这些评价文化企业并购后两年并购绩效的财务指标之间具有非常强的相关关系，从这个角度判断，可以使用因子分析法进行并购绩效评价指标的因子分析。

综上所述，从相关性分析角度来看，选取的各年财务指标均具有较高的相关性，因此可以使用因子分析法评价文化企业并购绩效。

72

表 4 - 5

并购后两年指标相关性分析

指标		资产报酬率	总资产净利润率	净资产收益率	每股收益	全部现金回收率	总资产周转率	总资产增长率
资产报酬率	Pearson 相关性	1	0.984***	0.905***	0.733***	0.332***	-0.171***	0.379***
	显著性（双侧）		0.000	0.000	0.000	0.000	0.000	0.000
总资产净利润率	Pearson 相关性	0.984***	1	0.894***	0.728***	0.335***	-0.195***	0.350***
	显著性（双侧）	0.000		0.000	0.000	0.000	0.000	0.000
净资产收益率	Pearson 相关性	0.905***	0.894***	1	0.812***	0.256***	-0.266***	0.335***
	显著性（双侧）	0.000	0.000		0.000	0.000	0.000	0.000
每股收益	Pearson 相关性	0.733***	0.728***	0.812***	1	0.234***	-0.271***	0.209***
	显著性（双侧）	0.000	0.000	0.000		0.000	0.000	0.000
全部现金回收率	Pearson 相关性	0.332***	0.335***	0.256***	0.234***	1	-0.096**	-0.080*
	显著性（双侧）	0.000	0.000	0.000	0.000		0.039	0.088
总资产周转率	Pearson 相关性	-0.171***	-0.195***	-0.266***	-0.271***	-0.096**	1	0.048
	显著性（双侧）	0.000	0.000	0.000	0.000	0.039		0.306
总资产增长率	Pearson 相关性	0.379***	0.350***	0.335***	0.209***	-0.080*	0.048	1
	显著性（双侧）	0.000	0.000	0.000	0.000	0.088	0.306	

样本量=461

注：*** 表示在 0.01 水平（双侧）上显著相关；** 表示在 0.05 水平（双侧）上显著相关；* 表示在 0.1 水平（双侧）上显著相关。

4.3.2　进行 Kaiser – Meyer – Olkin 和 Bartlett 的球形度检验

通过 Kaiser – Meyer – Olkin（KMO）和 Bartlett 的球形度检验，可以进一步判断是否适合用因子分析法对前文所选指标进行分析。KMO 是一个统计指标，它是用来比较多个变量之间的简单相关系数和偏相关系数的指标。要对选取的财务指标的因子进行分析，KMO 值检验统计量的值应至少大于 0.5。Bartlett 球形度检验的 P 值则应具有一定程度的显著性水平，要小于或者等于 0.010。对研究样本的指标变量数据进行 KMO 和 Bartlett 的球形度检验的具体检验结果如表4 – 6、表4 – 7、表4 – 8、表4 – 9所示。

表 4 – 6　　　　　　　　并购前一年 KMO 和 Bartlett 的检验

取样足够度的 Kaiser – Meyer – Olkin 度量	0.554	
Bartlett 的球形度检验	近似卡方	2339.889
	自由度（Df）	21
	显著性水平（Sig.）	0.000

表 4 – 7　　　　　　　　并购当年 KMO 和 Bartlett 的检验

取样足够度的 Kaiser – Meyer – Olkin 度量	0.736	
Bartlett 的球形度检验	近似卡方	2224.540
	自由度（Df）	21
	显著性水平（Sig.）	0.000

表 4 – 8　　　　　　　　并购后一年 KMO 和 Bartlett 的检验

取样足够度的 Kaiser – Meyer – Olkin 度量	0.791	
Bartlett 的球形度检验	近似卡方	2642.411
	自由度（Df）	21
	显著性水平（Sig.）	0.000

表 4 - 9　　　　　　　并购后两年 KMO 和 Bartlett 的检验

取样足够度的 Kaiser - Meyer - Olkin 度量	0.792	
Bartlett 的球形度检验	近似卡方	3081.517
	自由度（Df）	21
	显著性水平（Sig.）	0.000

从表 4 - 6、表 4 - 7、表 4 - 8、表 4 - 9 中 KMO 和 Bartlett 的分析数据可以看出，并购前一年、当年、后一年以及后两年的 KMO 检验统计量的值分别为 0.554、0.736、0.791 以及 0.792，均大于 0.5；同时，对于 Bartlett 的球形度检验来说，其显著性水平均为 0.000，均小于 0.01，达到甚至远远超过了相应的要求水平。因此从 KMO 和 Bartlett 角度分析，各年指标均符合因子分析的条件。

综上所述，可以对并购绩效的财务指标进行因子分析。

4.4　抽取因子

4.4.1　公因子方差分析

要抽取公因子，首先需要判断抽取的公因子对各个指标的解释程度的大小，即共同度的值大小。共同度的值在 0 和 1 之间，该值越大，说明所要抽取的公因子对各个指标的解释程度越大。这就需要对选取的各个指标的公因子方差进行分析。

如表 4 - 10 所示，从总体上来看，并购前一年的财务指标除了总资产增长率之外，其他指标的解释程度都在 0.6 以上，而且有两个指标的解释程度超过了 0.9。

表 4 - 10　　　　　　　并购前一年公因子方差

指标	初始	提取
资产报酬率	1.000	0.968
总资产净利润率	1.000	0.962

指标	初始	提取
净资产收益率	1.000	0.781
每股收益	1.000	0.798
全部现金回收率	1.000	0.684
总资产周转率	1.000	0.736
总资产增长率	1.000	0.417

提取方法：主成分分析。

如表 4-11 所示，从总体上来看，并购当年的财务指标除了总资产周转率之外，其他指标的解释程度都在 0.6 以上，而且有三个指标的解释程度超过了 0.8。

表 4-11　　　　　　　　并购当年公因子方差

指标	初始	提取
资产报酬率	1.000	0.887
总资产净利润率	1.000	0.874
净资产收益率	1.000	0.808
每股收益	1.000	0.725
全部现金回收率	1.000	0.618
总资产周转率	1.000	0.155
总资产增长率	1.000	0.607

提取方法：主成分分析。

如表 4-12 所示，从总体上来看，并购后一年的财务指标除了总资产周转率和总资产增长率之外，其他指标的解释程度都在 0.5 以上，而且有两个指标的解释程度超过了 0.9。

表 4-12　　　　　　　　并购后一年公因子方差

指标	初始	提取
资产报酬率	1.000	0.937
总资产净利润率	1.000	0.918

续表

指标	初始	提取
净资产收益率	1.000	0.866
每股收益	1.000	0.698
全部现金回收率	1.000	0.562
总资产周转率	1.000	0.404
总资产增长率	1.000	0.420

提取方法：主成分分析。

如表 4 - 13 所示，从总体上来看，并购后两年的财务指标除了总资产周转率和总资产增长率之外，其他指标的解释程度都在 0.6 以上，而且有三个指标的解释程度超过了 0.9。

表 4 - 13　　　　　　　　　　并购后两年公因子方差

指标	初始	提取
资产报酬率	1.000	0.932
总资产净利润率	1.000	0.919
净资产收益率	1.000	0.908
每股收益	1.000	0.727
全部现金回收率	1.000	0.446
总资产周转率	1.000	0.385
总资产增长率	1.000	0.694

提取方法：主成分分析。

综上所述，所提取的公因子整体比较合理有效。

4.4.2　指标解释的总方差分析

1. 并购前一年指标解释的总方差分析

如表 4 - 14 所示，根据主成分分析的要求，把初始特征值大于 1 的因子作为主成分，用来解释和代表之前选择的若干个指标变量。从表4-14中可以看到，并购前一年第一个因子的初始特征值为2.625，旋转后的方差贡献率为35.504%；并购前一年第二个因子的初始特征值为1.451，旋转后的方差贡献率为22.414%；并购前一年第三个因子的初始特征值为1.270，旋转后的方差贡献率为18.453%。这表明第一个因子是最大的主成分，对7个财务指标的解释程度为35.504%；第二个因子是第二大的主成分，对7个财务指标的解释程度为22.414%；第三个因子是第三大的主成分，对7个财务指标的解释程度为18.453%。表4-14表明，按照初始特征值是否大于1作为选择决策的标准，我们一共可以提取3个主成分，并且它们的累计方差贡献率达到了76.372%，这说明这3个因子可以解释7个指标的76.372%的信息。

表4-14　　　　　　　　　并购前一年指标解释的总方差

成分	初始特征值			提取平方和载入			旋转平方和载入		
	合计	方差的%	累积%	合计	方差的%	累积%	合计	方差的%	累积%
1	2.625	37.500	37.500	2.625	37.500	37.500	2.485	35.504	35.504
2	1.451	20.724	58.223	1.451	20.724	58.223	1.569	22.414	57.918
3	1.270	18.148	76.372	1.270	18.148	76.372	1.292	18.453	76.372
4	0.833	11.906	88.277						
5	0.578	8.253	96.530						
6	0.232	3.312	99.842						
7	0.011	0.158	100.000						

提取方法：主成分分析。

2. 并购当年指标解释的总方差分析

从表4-15中可以看到，并购当年第一个因子的特征值为3.451，旋转后的方差贡献率为48.910%；并购当年第二个因子的初始特征值是1.223，旋转后的方差贡献率则是17.873%。这表明第一个因子是最大的主成分，对7个财务指标的解释程度为48.910%；第二个因子是第二大的主成分，对7个财务指标的解释程度为17.873%。从表中可以看出，以初始特征值是否大于1为标准，共提取了2个主成分，其累计方差贡献率达到了 66.783%，说明这两个因子可以解释 7 个指标的 66.783% 的信息。

表 4 - 15　　　　　　　　　并购当年指标解释的总方差

成分	初始特征值			提取平方和载入			旋转平方和载入		
	合计	方差的%	累积%	合计	方差的%	累积%	合计	方差的%	累积%
1	3.451	49.305	49.305	3.451	49.305	49.305	3.424	48.910	48.910
2	1.223	17.478	66.783	1.223	17.478	66.783	1.251	17.873	66.783
3	0.993	14.188	80.971						
4	0.769	10.992	91.962						
5	0.285	4.078	96.040						
6	0.243	3.469	99.510						
7	0.034	0.490	100.000						

提取方法：主成分分析。

78

3. 并购后一年指标解释的总方差分析

从表 4 - 16 中可以看到，并购后一年第一个因子的初始特征值为 3.607，旋转后的方差贡献率为 51.455%；并购后一年第二个因子的初始特征值是 1.198，旋转后的方差贡献率则是 17.180%。这表明第一个因子是最大的主成分，对 7 个财务指标的解释程度为 51.455%；第二个因子是第二大的主成分，对 7 个财务指标的解释程度为 17.180%。从表中可以看出，以初始特征值是否大于 1 为标准，共提取了 2 个主成分，其累计方差贡献率达到了 68.635%，说明这两个因子可以解释 7 个指标的 68.635% 的信息。

表 4 - 16　　　　　　　　　并购后一年指标解释的总方差

成分	初始特征值			提取平方和载入			旋转平方和载入		
	合计	方差的%	累积%	合计	方差的%	累积%	合计	方差的%	累积%
1	3.607	51.528	51.528	3.607	51.528	51.528	3.602	51.455	51.455
2	1.198	17.107	68.635	1.198	17.107	68.635	1.203	17.180	68.635

成分	初始特征值			提取平方和载入			旋转平方和载入		
	合计	方差的%	累积%	合计	方差的%	累积%	合计	方差的%	累积%
3	0.961	13.735	82.370						
4	0.708	10.107	92.478						
5	0.346	4.947	97.425						
6	0.162	2.308	99.733						
7	0.019	0.267	100.000						

提取方法：主成分分析。

4. 并购后两年指标解释的总方差分析

从表 4-17 中可以看到，并购后两年第一个因子的特征值为 3.863，旋转后的方差贡献率为 53.626%；并购后两年第二个因子的初始特征值是 1.147，旋转后的方差贡献率则是 17.950%。这表明第一个因子是最大的主成分，对 7 个财务指标的解释程度为 53.626%；第二个因子是第二大的主成分，对 7 个财务指标的解释程度为 17.950%。从表中可以看出，根据初始特征值是否大于 1 为标准，共提取了 2 个主成分，其累计方差贡献率达到了 71.576%，说明这两个因子可以解释 7 个指标的 71.576% 的信息。

表 4-17　　　　　　　　　　并购后两年指标解释的总方差

成分	初始特征值			提取平方和载入			旋转平方和载入		
	合计	方差的%	累积%	合计	方差的%	累积%	合计	方差的%	累积%
1	3.863	55.185	55.185	3.863	55.185	55.185	3.754	53.626	53.626
2	1.147	16.391	71.576	1.147	16.391	71.576	1.257	17.950	71.576
3	0.929	13.271	84.848						
4	0.640	9.148	93.995						
5	0.309	4.411	98.406						
6	0.097	1.381	99.786						
7	0.015	0.214	100.000						

提取方法：主成分分析。

4.4.3 碎石图

碎石图也反映各因子对所选取的财务指标的解释程度。图中折线斜率越大，说明各因子对指标的解释程度越高。

通过观察图4-1可以看到，从第四个因子之后，碎石图斜率趋于相对平缓，说明第四个之后的因子对原有指标的解释程度较弱，以至于我们可以忽略其对解释原有指标的贡献。所以我们可以在并购前一年的指标中提取三个公共因子。

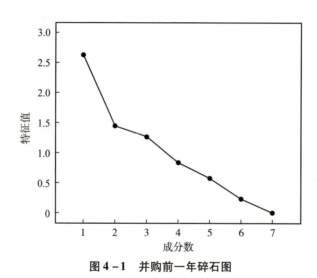

图4-1　并购前一年碎石图

通过观察图4-2、图4-3和图4-4可以看到，从第三个因子之后，碎石图斜率趋于平缓，说明第三个之后的因子对原有指标的解释程度较弱，因此我们可以忽略其对解释原有指标的贡献，我们可以提取两个公共因子。

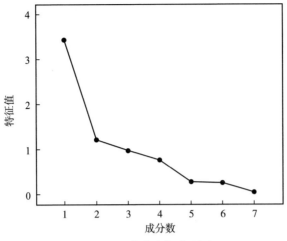

图 4 - 2　并购当年碎石图

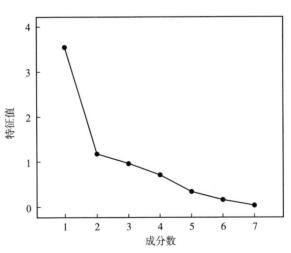

图 4 - 3　并购后一年碎石图

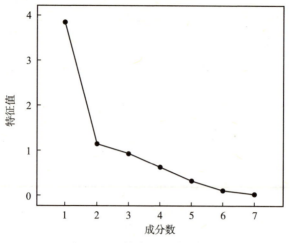

图 4-4　并购后两年碎石图

4.4.4　对财务指标的载荷情况分析

抽取公因子之后，可以从成分矩阵图和旋转成分矩阵图中观察到抽取的公因子对选取的 7 个财务指标的载荷情况。

1. 对并购前一年财务指标的载荷情况分析

从表 4-18 中可以看到，第一个因子对总资产净利润率、资产报酬率、每股收益这三个财务指标的载荷能力均超过了 0.7，第二个因子对净资产收益率、资产增长率这两个财务指标的载荷能力超过了 0.5，第三个因子对总资产周转率和全部现金回收率这两个财务指标的载荷能力超过了 0.7。

表 4-18　　　　　　　　　　并购前一年成分矩阵

指标	成分		
	1	2	3
总资产净利润率	0.939	-0.280	0.027
资产报酬率	0.911	-0.368	0.048
每股收益	0.795	0.373	0.164

82

指标	成分		
	1	2	3
净资产收益率	0.177	0.866	0.023
总资产增长率	0.276	0.575	0.097
总资产周转率	0.075	− 0.132	0.844
全部现金回收率	0.408	0.001	− 0.719

提取方法：主成分。
注：已提取了 3 个成分。

为了更明确地看出不同指标在各因子上的归属情况，我们通过最大方差法得到成分旋转矩阵。从表 4 - 19 中可以看出，第一个因子对资产报酬率、总资产净利润率、每股收益有较大的载荷能力，均在 0.6 以上，说明这个因子可以很好地解释盈利能力；第二个因子对每股收益、净资产收益率和总资产增长率均有较大的载荷能力，均在 0.6 以上，说明这个因子能很好地解释盈利能力和发展能力；第三个因子对总资产周转率和全部现金回收率有较大的载荷能力，均在 0.7 以上，说明这个因子对经营能力和现金流比率指标的解释力较强。

表 4 - 19   **并购前一年旋转成分矩阵**

指标	成分		
	1	2	3
资产报酬率	0.982	− 0.047	0.031
总资产净利润率	0.978	0.041	0.064
每股收益	0.637	0.625	− 0.034
净资产收益率	− 0.120	0.873	0.073
总资产增长率	0.077	0.641	− 0.013
总资产周转率	0.187	0.003	− 0.837
全部现金回收率	0.321	0.045	0.761

提取方法：主成分。
旋转法：具有 Kaiser 标准化的正交旋转法。
注：旋转在 4 次迭代后收敛。

2. 对并购当年财务指标的载荷情况分析

从表 4 - 20 中可以看到，第一个因子对资产报酬率、总资产净利润率、净资产收益率、每股收益这四个财务指标的载荷能力均超过了0.8，对前两个财务指标的载荷能力均在 0.9 以上，第二个因子对总资产增长率、全部现金回收率这两个财务指标的载荷能力超过了 0.7。

表 4 - 20　　　　　　　　　　并购当年成分矩阵

	成分	
	1	2
资产报酬率	0.939	0.073
总资产净利润率	0.933	0.057
净资产收益率	0.899	− 0.006
每股收益	0.850	0.050
总资产周转率	− 0.284	0.272
总资产增长率	0.142	0.766
全部现金回收率	0.257	− 0.743

提取方法：主成分。
注：已提取了 2 个成分。

从表 4 - 21 中可以看出，第一个因子对资产报酬率、资产净利率、净资产收益率以及每股收益这四个财务指标变量均具有比较大的载荷能力，载荷能力均在 0.8 以上，这说明这个因子可以很好地解释文化企业的盈利能力这个一级指标；第二个因子对全部现金回收率和总资产增长率有较大的载荷能力，均在 0.7 以上，说明这个因子对现金流比率和发展能力均能给予一定程度的解释。

表 4 - 21　　　　　　　　　　并购当年旋转成分矩阵

指标	成分	
	1	2
资产报酬率	0.941	− 0.032
总资产净利润率	0.934	− 0.047

指标	成分	
	1	2
净资产收益率	0.893	− 0.106
每股收益	0.850	− 0.045
全部现金回收率	0.173	− 0.767
总资产增长率	0.227	0.745
总资产周转率	− 0.252	0.302

提取方法：主成分。

旋转法：具有 Kaiser 标准化的正交旋转法。

注：旋转在 3 次迭代后收敛。

3. 对并购后一年财务指标的载荷情况分析

从表 4 - 22 中可以看到，第一个因子对资产报酬率、总资产净利润率、净资产收益率、每股收益这四个财务指标的载荷能力均超过了0.8，第二个因子对资产周转率、全部现金回收率以及资产增长率这三个财务指标的载荷能力均超过了 0.6。

从表 4 - 23 中可以看出，第一个因子对资产报酬率、资产净利率、净资产收益率以及每股收益这四个财务指标均有较大的载荷能力，而且载荷能力均超过了 0.8，这说明这个因子可以很好地解释文化企业的盈利能力这个一级指标；第二个因子对全部现金回收率、总资产周转率、总资产增长率这三个财务指标有较大的载荷能力，均超过了 0.6，说明这个因子能在一定程度上解释现金流比率、经营能力和发展能力。

表 4 - 22　　　　　　　　　　并购后一年成分矩阵

指标	成分	
	1	2
资产报酬率	0.967	0.039
总资产净利润率	0.958	0.018
净资产收益率	0.928	0.062
每股收益	0.833	0.062

续表

指标	成分	
	1	2
总资产周转率	−0.018	0.636
全部现金回收率	0.411	−0.627
总资产增长率	0.169	0.625

提取方法：主成分。
注：已提取了 2 个成分。

表 4 - 23　　　　　　　　　并购后一年旋转成分矩阵

指标	成分	
	1	2
资产报酬率	0.968	−0.005
总资产净利润率	0.958	−0.026
净资产收益率	0.930	0.019
每股收益	0.835	0.023
全部现金回收率	0.382	−0.645
总资产周转率	0.011	0.636
总资产增长率	0.197	0.617

提取方法：主成分。
旋转法：具有 Kaiser 标准化的正交旋转法。
注：旋转在 3 次迭代后收敛。

4. 对并购后两年财务指标的载荷情况分析

从表 4 - 24 中可以看到，第一个因子对资产报酬率、总资产净利润率、净资产收益率、每股收益这四个财务指标的载荷能力均超过了 0.8，第二个因子对资产增长率、全部现金回收率以及资产周转率这三个财务指标变量的载荷能力均超过了 0.5。

表 4 – 24　　　　　　　　　　并购后两年成分矩阵

指标	成分	
	1	2
资产报酬率	0.962	0.077
总资产净利润率	0.958	0.046
净资产收益率	0.953	0.028
每股收益	0.849	- 0.080
总资产增长率	0.402	0.730
全部现金回收率	0.377	- 0.551
总资产周转率	- 0.298	0.544

提取方法：主成分。
注：已提取了 2 个成分。

从表 4 – 25 中可以看出，第一个因子对资产报酬率、总资产净利润率、净资产收益率、每股收益这四个财务指标有较大的载荷能力，载荷能力均超过了 0.8，说明这个因子可以很好地解释盈利能力；第二个因子对资产增长率、全部现金回收率以及资产周转率这三个财务指标变量具有较大的载荷能力，载荷能力均超过了 0.5，说明这个因子对经营能力、现金流分析指标和发展能力能给予一定程度的解释。

表 4 – 25　　　　　　　　　并购后两年旋转成分矩阵

指标	成分	
	1	2
资产报酬率	0.958	0.118
总资产净利润率	0.947	0.147
净资产收益率	0.939	0.164
每股收益	0.815	0.249
总资产增长率	0.540	- 0.634
全部现金回收率	0.259	0.615
总资产周转率	- 0.183	- 0.593

提取方法：主成分。
旋转法：具有 Kaiser 标准化的正交旋转法。
注：旋转在 3 次迭代后收敛。

4.5　计算因子得分，得出文化
企业绩效评价函数

将选取的各样本的指标值与成分得分系数相乘，即可得到某年的每一个因子的得分。

4.5.1　并购前一年因子得分

表 4 - 26 为并购前一年成分得分系数矩阵。用 s_{-1n}（n = 1，2，3）表示并购前一年每个因子的得分情况，并购前一年三个因子得分的计算公式如下。在计算各因子得分时，需要首先将各样本并购前一年的财务指标数值进行标准化处理，然后再代入各因子得分计算公式，就可以算出并购前一年的因子得分。

表 4 - 26　　　　　　　　并购前一年成分得分系数矩阵

指标	成分		
	1	2	3
资产报酬率	0.414	- 0.122	- 0.017
总资产净利润率	0.402	- 0.064	0.006
净资产收益率	- 0.133	0.584	0.042
每股收益	0.210	0.354	- 0.069
全部现金回收率	0.097	- 0.018	0.579
总资产周转率	0.114	0.005	- 0.662
总资产增长率	- 0.026	0.415	- 0.029

提取方法：主成分。
旋转法：具有 Kaiser 标准化的正交旋转法。
构成得分。

$$s_{-11} = 0.414 \times 资产报酬率 + 0.402 \times 总资产净利润率$$
$$- 0.133 \times 净资产收益率 + 0.210 \times 每股收益$$
$$+ 0.097 \times 全部现金回收率 + 0.0114 \times 总资产周转率$$
$$- 0.026 \times 总资产增长率$$

$$s_{-12} = -0.122 \times 资产报酬率 - 0.064 \times 总资产净利润率$$
$$+ 0.584 \times 净资产收益率 + 0.354 \times 每股收益$$
$$- 0.018 \times 全部现金回收率 + 0.005 \times 总资产周转率$$
$$+ 0.415 \times 总资产增长率$$

$$s_{-13} = -0.017 \times 资产报酬率 + 0.006 \times 资产净利率$$
$$+ 0.042 \times 净资产收益率 - 0.069 \times 每股收益$$
$$+ 0.579 \times 全部现金回收率 - 0.662 \times 资产周转率$$
$$- 0.029 \times 资产增长率$$

4.5.2 并购当年因子得分

表4-27为并购当年成分得分系数矩阵。同样，用 s_{0n}（n=1，2，3）表示并购当年每个因子的得分情况，并购当年两个因子得分的计算公式如下。

表4-27　　　　　　　并购当年成分得分系数矩阵

	成分	
	1	2
资产报酬率	0.277	0.029
总资产净利润率	0.274	0.016
净资产收益率	0.258	-0.034
每股收益	0.249	0.013
全部现金回收率	0.007	-0.612
总资产周转率	-0.057	0.230
总资产增长率	0.111	0.618

提取方法：主成分。
旋转法：具有 Kaiser 标准化的正交旋转法。
构成得分。

$$s_{01} = 0.277 \times 资产报酬率 + 0.274 \times 总资产净利润率$$
$$+ 0.258 \times 净资产收益率 + 0.249 \times 每股收益$$
$$+ 0.007 \times 全部现金回收率 - 0.057 \times 总资产周转率$$
$$+ 0.111 \times 总资产增长率$$

$$s_{02} = -0.029 \times 资产报酬率 + 0.016 \times 资产净利率$$

$$-0.034 \times 净资产收益率 +0.013 \times 每股收益$$
$$-0.612 \times 全部现金回收率 +0.230 \times 资产周转率$$
$$+0.618 \times 资产增长率$$

4.5.3 并购后一年因子得分

表 4-28 为并购后一年成分得分系数矩阵。用 s_{1n}（n = 1，2，3）表示并购后一年每个因子的得分情况，并购后一年两个因子得分的计算公式如下。

表 4-28　　　　　　　　并购后一年成分得分系数矩阵

	成分	
	1	2
资产报酬率	0.269	0.020
总资产净利润率	0.266	0.002
净资产收益率	0.259	0.040
每股收益	0.233	0.041
全部现金回收率	0.090	-0.528
总资产周转率	0.019	0.531
总资产增长率	0.071	0.520

提取方法：主成分。
旋转法：具有 Kaiser 标准化的正交旋转法。
构成得分。

$$s_{11} = 0.269 \times 资产报酬率 +0.266 \times 总资产净利润率$$
$$+0.259 \times 净资产收益率 +0.233 \times 每股收益$$
$$+0.090 \times 全部现金回收率 +0.019 \times 总资产周转率$$
$$+0.071 \times 总资产增长率$$
$$s_{12} = 0.020 \times 资产报酬率 +0.002 \times 总资产净利润率$$
$$+0.040 \times 净资产收益率 +0.041 \times 每股收益$$
$$-0.528 \times 全部现金回收率 +0.531 \times 总资产周转率$$
$$+0.520 \times 总资产增长率$$

4.5.4　并购后两年因子得分

表 4 – 29 为并购后两年成分得分系数矩阵。用 s_{2n}（n = 1，2，3）表示并购后两年每个因子的得分情况，并购后两年两个因子得分的计算公式如下。

表 4 – 29　　　　　　　　并购后两年成分得分系数矩阵

	成分	
	1	2
资产报酬率	0.257	– 0.016
总资产净利润率	0.251	0.010
净资产收益率	0.246	0.026
每股收益	0.201	0.113
全部现金回收率	– 0.001	0.490
总资产周转率	0.020	– 0.480
总资产增长率	0.230	– 0.602

提取方法：主成分。
旋转法：具有 Kaiser 标准化的正交旋转法。
构成得分。

$$s_{21} = 0.257 \times 资产报酬率 + 0.251 \times 资产净利率$$
$$+ 0.246 \times 净资产收益率 + 0.201 \times 每股收益$$
$$- 0.001 \times 全部现金回收率 + 0.020 \times 资产周转率$$
$$+ 0.230 \times 资产增长率$$

$$s_{22} = - 0.016 \times 资产报酬率 + 0.010 \times 总资产净利润率$$
$$+ 0.026 \times 净资产收益率 + 0.113 \times 每股收益$$
$$+ 0.490 \times 全部现金回收率 - 0.480 \times 总资产周转率$$
$$- 0.602 \times 总资产增长率$$

4.6　计算文化企业并购绩效综合得分

计算出文化企业并购前一年的绩效的各因子得分之后，将旋转后选定的各个因子的方差贡献率与累计的方差贡献率的比值作为该因子对文化企业绩效影响的权重，并依此对各因子的得分进行加权平均计算，即可得到并购样本并购前一年的并购绩效的综合得分，用 S_{-1} 来表示。

并购前一年并购绩效综合得分的计算公式为：

$$S_{-1} = (35.504\%/76.372\%) \times s_{-11} + (22.414\%/76.372\%) \times s_{-12}$$
$$+ (18.453\%/76.372\%) \times s_{-13}$$

同理，用 S_0 来表示并购样本并购当年的并购绩效的综合得分；用 S_1 来表示并购样本并购后一年的并购绩效的综合得分；用 S_2 来表示并购样本并购后两年的并购绩效的综合得分。各年并购当年并购绩效综合得分的计算公式如下。

并购当年并购绩效综合得分的计算公式为：

$$S_0 = (48.910\%/66.783\%) \times s_{01} + (17.873\%/66.783\%) \times s_{02}$$

并购后一年并购绩效综合得分的计算公式为：

$$S_1 = (51.455\%/68.635\%) \times s_{11} + (17.180\%/68.635\%) \times s_{12}$$

并购后两年并购绩效综合得分的计算公式为：

$$S_2 = (53.626\%/71.576\%) \times s_{21} + (17.950\%/71.576\%) \times s_{22}$$

4.7 上市文化企业并购样本的并购绩效分析

根据上述公式计算出的文化企业并购绩效的各年综合得分，即为文化企业各年的财务绩效。这里用绩效差来衡量文化企业并购绩效。具体就是，分别用上述计算所得的并购当年、后一年和后两年每年的财务绩效数据与前一年的值相减，即可以得到并购当年、后一年和后两年的文化企业并购绩效。下面对根据上述方法计算出的文化企业并购样本并购绩效进行全样本和按照终极控股股东性质分样本描述性统计，以清楚地了解我国上市文化企业并购样本的并购绩效状况。

4.7.1 上市文化企业并购样本并购绩效全样本描述性统计

从表 4-30 中可以看出，并购当年并购绩效的均值为 -0.0000000297，并购后一年并购绩效的均值为 -0.0000000134，并购后两年并购绩效的

均值为 -0.0000000257，这说明从总体上来看，上市文化企业并购样本连续三年的并购绩效均小于零，而且和并购前一年相比，上市文化企业并购样本的财务绩效均没有提高，反而有所降低。从表 4 - 30 中还可以看出，并购当年、并购后一年和并购后两年分别有 49.6746%、43.3839% 和 47.0716% 的并购样本的绩效是提升了的，但同时每年也均有超过一半的文化企业并购样本的绩效是降低的，因此从并购样本整体来看，并购绩效为负。从表 4 - 30 还可以看出，从总体上来看，上市文化企业并购后一年并购绩效比并购当年有所提升，而并购后两年并购绩效虽然也比并购当年有所提升，但比并购后一年还是有所降低。并购样本并购当年企业绩效有所降低，这可能是因为刚刚发生了并购行为，企业需要支付大量的财产，导致资产的收益暂时性降低。但同时我们也应该看到，并购后两年虽然整体绩效低于并购后一年，但是正值的样本量却在增加，这说明越来越多的并购样本企业绩效逐步好转。

表 4 - 30　　　上市文化企业并购样本并购绩效全样本描述性统计

并购绩效	并购当年	并购后一年	并购后两年
最大值	5.738105	2.838724	4.669546
最小值	- 3.14478	- 3.1487	- 3.14576
均值	- 2.97e - 08	- 1.34e - 08	- 2.57e - 08
中位数	- 0.003430	- 0.03544	- 0.056067
标准差	0.734241	0.615739	0.620137
正值样本量	229	200	217
正值比率（%）	49.6746	43.3839	47.0716
观测数	461	461	461

4.7.2　按照终极控股股东的性质分样本描述性统计

从表 4 - 31 中可以看出，非国有文化企业并购当年并购绩效的最大值为 4.614354，最小值为 - 3.00387，均值为 - 0.033564，标准差为 0.672169；并购后一年并购绩效的最大值为 2.838724，最小值为 - 2.67148，均值为 0.007981，标准差为 0.623111；并购后两年并购绩效的最大值为 4.669546，最小值为 - 2.14616，均值为 0.030319，标准差为

0.703596。这表明从总体上来看，非国有文化企业并购当年并购绩效为负，并购后一年和并购后两年并购绩效为正，也就是说，与并购前一年相比，非国有文化企业并购当年的绩效降低，并购后一年和并购后两年的绩效提高，而且并购后一年企业的绩效高于并购当年企业的绩效，并购后两年企业的绩效高于并购后一年企业的绩效。因此，非国有文化企业并购后企业绩效是逐年提高的。国有文化企业并购当年并购绩效的最大值为5.738105，最小值为 - 3.144780，均值为0.052877，标准差为0.821800；并购后一年并购绩效的最大值为2.354439，最小值为 - 3.148700，均值为 - 0.009211，标准差为0.608446；并购后两年并购绩效的最大值为1.476778，最小值为 - 3.145760，均值为 - 0.035300，标准差为0.505312。这表明，从整体上来说，在并购当年，国有文化企业并购绩效是正值，在并购后一年和后两年则是负值，也就是说，和并购前一年的数据相对比，国有文化企业并购当年的绩效有所提高，而并购后一年和后两年的绩效则逐年降低，即国有文化企业并购后企业绩效是逐年降低的。

表4-31   上市文化企业并购样本并购绩效按照终极控股股东性质分样本描述性统计

并购绩效	非国有文化企业			国有文化企业		
	并购当年	并购后一年	并购后两年	并购当年	并购后一年	并购后两年
最大值	4.614354	2.838724	4.669546	5.738105	2.354439	1.476778
最小值	- 3.003870	- 2.671480	- 2.146160	- 3.144780	- 3.148700	- 3.145760
均值	- 0.033564	0.007981	0.030319	0.052877	- 0.009211	- 0.035300
中位数	- 0.03616	- 0.05928	- 0.02818	0.039224	- 0.035440	- 0.075261
标准差	0.672169	0.623111	0.703596	0.821800	0.608446	0.505312
正值样本量	132	115	123	97	85	94
正值占该类企业比例	0.468085	0.465587	0.495968	0.541899	0.397196	0.441315
正值占全样本比例	0.286334	0.249458	0.266811	0.210412	0.184382	0.203905
观测数	282	247	248	179	214	213
占全样本比例	0.611714	0.535792	0.537961	0.388286	0.464208	0.462039

第5章 终极控股股东对文化企业并购绩效影响研究

5.1 理论分析与研究假设

大量研究已经证实,大部分国家和地区上市公司的股权结构是相当集中而不是分散的。股权的高度集中使得终极控股股东的决策权增加,很容易导致其与管理者勾结,占有本应属于中小投资者的利益,这种利益侵占行为通常被称为"掏空"(tunneling)行为(Johnson et al.,2000)。因此在股权高度集中的情况下,公司的主要委托代理问题就转变成了终极控股股东和中小股东之间的利益冲突问题(Demsetz et al.,1985;La Porta et al.,1999)。

拉波特等(La Porta et al.,1999)率先开始研究公司的终极控制权,他们沿着企业的股权关系控制链向上到最顶层,找出公司的终极控股股东。一方面,终极控股股东股权比例的上升带给小股东的收益至少等于或大于大股东更高的控制权所导致的控制权私有收益剥夺带来的损害效应(Edwards et al.,2004);另一方面,终极控股股东由于拥有较高的控制权,可以在很大程度上控制企业,因此可能会影响到公司的重要决策(Bebchuk,1998)。因此,终极控股股东有动机也有能力通过影响公司并购等重要决策,侵占公司和中小股东利益。

大部分国外学者研究上市公司并购事件,发现了较强的大股东对中小股东利益的侵占效应(Cheung et al.,2006)。约翰逊等(Johnson et al.,2000)和弗里德曼等(Friedman et al.,2003)分别通过研究发现,终极控股股东在企业并购过程中,对企业存在两种截然不同的利益输送的做法。上市公司并购，很大一部分是终极控股股东为了最大化自身利益而对中小股东利益所实施的一种掏空行为（Bae et al.，2002）。

5.1.1 终极控股股东的控制权与文化企业并购绩效

终极控股股东和中小股东作为委托代理的双方，二者之所以会出现利益冲突，主要是因为终极控股股东可能会凭借自己的控制权获取私有收益（Dyck et al.，2004），即通过自身的特权占用企业的资源或者其他中小投资者享受不到的收益（Barclay et al.，1989）。他们这种掏空企业的行为，可能会导致企业价值或公司业绩降低（Zingales，1995）。也就是说，控制权私利实际上就是企业的终极控股股东侵占的企业和其他投资者的权利和收益（Johnson et al.，2000）。而且随着终极控股股东持有企业的控制权的增加，企业的业绩往往会越低（王鹏、周黎安，2006）。

并购则是终极控股股东侵占公司或其他股东利益，获取控制权私有收益的重要途径之一。有研究表明，终极控股股东的控制权与并购绩效不是线性的相关关系，而是呈现非线性的 U 型关系（方红，2011；朱冬琴等，2010）。也有学者通过分析研究后发现，企业终极控股股东的控制权并不能对并购绩效产生明显的影响（李井林，2013）。当前中国为了实现国家的战略目标，将文化产业发展成国民经济支柱型产业，出台了一系列的利好政策，鼓励文化企业进行各种形式的并购活动，目的就是要通过这种形式建设一大批的骨干文化企业，进而提高在全球的文化竞争力。在国家利好政策的指引下，中国文化企业并购进行得如火如荼，并购已经成为中国文化企业扩大企业规模、实现规模经济和提高其竞争能力的重要途径（王乾厚，2009）。因此，对文化企业终极控股股东来说，这是其通过影响企业的并购决策获取控制权私有收益的大好时机，而且其持有的控制权越多，越有能力影响和干预并购决策，通过这种方法侵占公司和其他中小投资者的利益进而获取私有利益的动机也就越强，此时文化企业并购绩效也越低。由此提出如下假设 1。

假设 1：终极控股股东的控制权越大，文化企业并购绩效越低。

5.1.2　终极控股股东的现金流权与文化企业并购绩效

针对企业终极控股股东的现金流权对企业价值或绩效影响的研究，学者们得出了多种不同的结论，一种结论认为终极控股股东持有公司的现金流权比例越高，企业业绩就越好（Claessens et al. ，1999；王鹏、周黎安，2006；刘晓燕，2016；林仙，2011；许艳芳等，2009）；另一种结论则认为终极控股股东持有公司的现金流权比例与公司价值负相关（谷祺等，2006；王配配，2016）；还有学者认为，终极控股股东的所有权与公司并购绩效呈非线性关系（Walid Ben - Amar et al. ，2006），终极控股股东的现金流权比例对并购绩效的影响与现金流权比例本身的大小有关，当终极控股股东持有公司的现金流权比例低于 50% 时，持有现金流权越多，企业并购绩效越低，当终极控股股东持有的公司现金流权比例大于或等于 50% 时，持有现金流权越多，企业并购绩效越好（罗娟，2013）。这可能是由选择的研究样本不同以及（或者）样本公司所在的国家或地区的制度等方面的背景不同所引起的。

有学者研究发现，终极控股股东利用并购进行利益输送，长期看无论是股票投资收益还是会计收益，都没有得到持续性改善（李增泉等，2005）。我国文化企业并购的相关研究也表明，我国文化企业并购并未增加企业实际财富或者价值（王配配，2016）。在本研究中，文化企业并购绩效评价部分也得出此结论，即在并购后两年内，与并购前一年相比，文化企业并购并未引起企业绩效的增加。一方面，文化企业终极控股股东为了得到国家关于文化企业并购的利好政策的惠泽，选择支持文化企业并购；另一方面，在可预见的一定时期以内，在并购行为中，文化企业终极控股股东无法直接通过利润分配得到其预期的利益。这样一来，文化企业终极控股股东就有可能在企业并购过程中进行一些损害公司和中小股东利益而增加自身利益的行为，比如利用其持有的现金流权，通过高分红（超过企业当年的盈利、或现金流量，也被称为"掠夺性分红"）获利（谷祺等，2006；王配配，2016）。此时，文化企业终极控股股东持有的现金流权比例越高，通过高分红获得的收益越多，但对企业价值的损害也越多，文化企业并购绩效也就越低。由此提出如下假设 2。

假设2：终极控股股东的现金流权越大，文化企业并购绩效越低。

5.1.3 终极控股股东的两权分离与文化企业并购绩效

两权发生分离就是指可以用相对比较少的现金流权获得较多控制权。由于终极控股股东持有企业的现金流权较少，因此终极控股股东通过各种途径侵占公司或其他股东的利益而导致企业利益受损时，其自身承担企业损失的比重较少，因此，为了获取私有利益，终极控股股东就有动机实施这些行为（Claessens et al.，2000）。而且终极控股股东持有企业的两权分离度越大，获取控制权私利的动机就越强。关于这方面的相关研究，一些学者认为，两权分离度越大，公司绩效或价值越低（Marchia et al.，2005；Yeh，2005；谷祺等，2006；王鹏、周黎安，2006）。而从并购角度进行的相关研究，有学者认为，终极控股股东的控制权和现金流权的分离导致公司并购绩效恶化（Yen et al.，2007；Bigelli et al.，2004；罗娟，2013；曾春华，2013；方红，2011），而且两权分离度越大，公司越容易通过实施多元化并购降低公司价值，进而损害中小股东利益（曾春华，2013；陈旭东等，2013），并购绩效往往也越低（Yen et al.，2007）。也有学者研究发现，终极控股股东的两权分离度与公司并购绩效呈现倒U形的关系（朱冬琴等，2010）。

当文化企业发生并购时，如果终极控股股东的两权发生分离，为了获取私有收益，终极控股股东就会采取各种可能的措施侵占公司或其他股东利益，而且两权分离度越大，终极控股股东因侵占公司或其他股东利益而付出的代价相对越少，相应地，其侵占动机也就越强，文化企业并购绩效也就越低。由此得出如下假设3。

假设3：终极控股股东的两权分离度越大，文化企业并购绩效越低。

5.1.4 终极控股股东的控制链层级与文化企业并购绩效

在文化企业的股权关系控制链图中，控制链层级就是从最底层到顶端之间所经过的链条的层数，也就是通常所说的"金字塔"式股权结构的层级。现有关于终极控股股东的控制链层级对企业并购绩效的影响研究的结论不一。有学者认为，控制链层级越多，企业长期并购绩效越差，也就是说，二者呈负相关（许艳芳等，2009）；也有学者通过研究发现，如果地方政府是终极控股股东，控制链层级越多，企业并购绩效越高，这种情况被称为控制链层级的保护作用，而且随着市场化程度越来越高，控制链层级保护效用会减弱（曾春华，2013）。

很多中国文化企业都是由文化事业单位改制而来，再加上中国现在正处于从计划经济向社会主义市场经济转换的过程当中，政府干预特征比较明显。现有研究表明，"金字塔"层级结构可以限制政府的干预（Zhang，2004），因此上市公司之所以构建多层级的金字塔式股权结构，主要是为了通过这种方式加强对企业的保护作用，减少政府的干预程度（Fan et al.，2005）。政府干预成本随着控制链层级的增多而增加（Wong et al.，2007）。当控制链层级较少时，终极控股股东干预上市公司的难度较小，他们就更有可能通过干预和影响公司的并购决策来达到自己的目的，因而容易导致公司发生无效并购行为，降低并购绩效；当控制链层级较多时，终极控股股东干预上市公司的能力变小而成本变高，这时他们基本不能干预和影响企业的并购决策，企业并购完全按照市场行为来运作，企业并购绩效提高。因此，在一定程度上，可以说控制链层级对企业并购起到了"保护作用"，进而提高企业并购绩效（曾春华，2013）。在现阶段的中国文化企业并购过程中，文化企业的终极控股股东试图通过各方面影响企业并购决策，进而侵占企业或其他股东财富。控制链层级可以在一定程度上限制文化企业并购过程中终极控股股东的利益侵占行为，而且控制链层级越多，这种保护作用越明显，因此文化企业并购绩效也越高。由此得出如下假设 4。

假设 4：终极控股股东的控制链层级越多，文化企业并购绩效越高。

5.2　实证研究设计

5.2.1　数据来源与样本筛选

本书选取发生并购的主并方上市文化企业作为研究样本。选取的文化企业上市公司样本来自新元文智开发的中国文化企业投融资数据库；

文化企业的并购样本数据以及相应的财务指标变量的相关数据都来自国泰安数据库；2016 年（含）之前文化企业的控制权、现金流权、两权分离度数据均来自从国泰安数据库中，缺失的数据和所有年份的控制链层级数据，可通过股权关系控制链图计算得到；由于国泰安数据库更新较晚，2017 年终极控股股东的所有数据，由作者通过公司年报搜集得到。

根据中国文化产业投融资数据平台统计的结果，到 2016 年底为止，在沪深 A 股上市的文化企业一共有 138 家。在这 138 家上市文化企业基础上，从国泰安数据库选取符合研究要求的发生并购的上市文化企业，筛选原则为：选择上市文化企业为主并购方且并购成功的重组类型为资产收购、吸收合并和要约收购的并购事件。由于计算并购绩效要用到并购前一年的数据，因此在筛选某年并购样本时，我们选择该年的前一年上市的文化企业。由于 2006 年会计政策发生重大变更，2007 年开始执行新的会计政策，为了确保数据的可比性和延续性，并购前一年数据最早可以选到 2007 年，并购样本最早选到 2008 年。由于截至本研究完成时最多可以搜集到 2017 年的数据，而我们在研究过程中要用到并购后两年的数据，因此并购样本最晚可以选到 2015 年。因此我们选择符合上述条件的 2008～2015 年的并购样本。由于样本数量的限制，当一家上市文化企业一年内发生多次并购事件时，我们把每次并购事件分别作为单独的研究样本。我们将国泰安数据库中的实际控制人数据作为终极控股股东数据。我们从发生并购的上市文化企业中剔除掉没有实际控制人的并购样本，同时剔除一些缺失而又没法补充的数据。

通过筛选，最终选择符合条件的样本 461 家。其中 2008 年 17 家，2009 年 27 家，2010 年 33 家，2011 年 39 家，2012 年 47 家，2013 年 129 家，2014 年 71 家，2015 年 98 家。按照终极控股股东的性质分类，国有文化企业样本 179 家，非国有文化企业样本 282 家。

本研究运用 Excel、SPSS 19.0 和 Stata 13.0 这三个软件处理通过各种途径搜集到的数据，其中，Excel 工具主要用于采集、整理、筛选和排序数据，SPSS 19.0 主要用来进行因子分析和数据样本的相关性分析，Stata 13.0 分析工具主要用来进行数据样本的描述性统计和回归检验。

5.2.2　变量界定

本书的实证研究变量分为被解释变量、解释变量和控制变量三种类型。其中，这里的被解释变量是文化企业并购绩效；解释变量包括五个变量，分别是终极控股股东的性质、控制权、现金流权、两权分离度以及控制链层级；控制变量包括股权制衡度、资产规模、资产负债率、可持续增长率等变量。

1. 被解释变量

文化企业并购绩效为被解释变量。各年并购绩效为文化企业并购当年、后一年以及后两年绩效分别与并购前一年绩效相减得到的差额。其中，并购当年的并购绩效 map0 为并购当年与前一年绩效相减得到的差额，并购后一年的并购绩效 map1 为并购后一年与前一年绩效相减得到的差额，并购后两年并购绩效 map2 为并购后两年绩效与并购前一年绩效相减得到的差额。

2. 解释变量

（1）终极控股股东的性质。若上市文化企业的终极控股股东为政府或代表政府的法人单位，则上市文化企业的性质为国有文化企业；如果上市文化企业的终极控股股东为上述之外的其他情况，则上市文化企业的性质为非国有文化企业。该指标变量是一个虚拟变量，若是国有，则赋值为 1；若为非国有，则赋值为 0。

（2）终极控股股东的控制权。终极控股股东的控制权就是指终极控股股东影响企业经营决策的权利。本书采用拉波特等（La Porta et al.，1999）的计算方法，即控制权就是在股权关系控制链中，终极控股股东通过各种方式控制企业的各链条中最弱的一层控制权的总和。

具体计算公式为：$cr = \sum_{i=1}^{n} \min(c_{i1}, c_{i2}, \cdots, c_{im})$

其中，c_{i1}，c_{i2}，$\cdots$，c_{im} 为第 i 条控制链中各层股东的持股比例。

（3）终极控股股东的现金流权。文化企业终极控股股东的现金流权是指其在企业净资产中所占有的份额，它一方面取决于其拥有的表决权股份的数量，另一方面取决于其在企业股份总额中所占的比重，这是

101

企业分配现金流的依据。本书采用拉波特等（La Porta et al.，1999）的计算方法，即现金流权就是在股权关系控制链中，通过各种方式控制企业的各链条各层持股比例的乘积的总和。

具体计算公式为：$cfr = \sum_{i=1}^{n} \prod_{j=1}^{m} c_{ij}$

其中，c_{ij} 为第 i 条控制链中第 j 层股东的持股比例。

（4）终极控股股东的两权分离度。这里用两权之差来进行衡量文化企业终极控股股东的两权分离度，即用终极控股股东对上市公司的控制权减去现金流权来计算。

具体计算公式为：$sep = cr - cfr$

（5）终极控股股东的控制链层级。文化企业终极控股股东的控制链层级是指从股权关系控制链图的底端到顶端之间所经过的层数。可以通过国泰安数据库中的股权关系控制链图搜集该数据。

3. 控制变量

（1）股权制衡度。股权制衡度用来衡量其他较大的股东对第一大股东的制衡程度。这里用第二至第十大股东持股比例之和与第一大股东持股比例的比值来进行衡量。

（2）资产规模。这里采用大多数学者的计算方法，采用文化企业期末总资产的自然对数来表示资产规模，即企业规模。

具体计算公式为：$ass = \ln$（期末总资产）

（3）资产负债率。文化企业的资产负债率反映了文化企业的资本结构。有些学者用期末负债除以期初总资产来计算并衡量资产负债率指标，有些学者采用期末负债除以期末总资产来表示，还有些学者用期末负债除以期初总资产和期末总资产的平均值来衡量。这里采用第二种做法，即采用期末负债除以期末总资产来计算资产负债率。

具体公式为：alr = 期末负债总额/期末资产总额

（4）可持续增长率。文化企业的可持续增长率是衡量企业发展能力的指标。具体计算公式为：

$$可持续增长率 = \frac{净资产收益率 \times 收益留存率}{1 - 净资产收益率 \times 收益留存率}$$

各变量定义具体如表 5 - 1 所示。

表 5 – 1　　　　　　　　　　　　　　变量一览表

变量名		变量定义
被解释变量	并购绩效 （map）	map0 表示并购当年绩效与并购前一年绩效的差额 map1 表示并购后一年绩效与并购前一年绩效的差额 map2 表示并购后两年绩效与并购前一年绩效的差额
解释变量	终极控股股东 的性质（nucs）	终极控股股东性质根据实际控制人性质来赋值。实际 控制人性质是国有时，赋值为 1；否则赋值为 0
	控制权（cr）	$cr = \sum_{i=1}^{n} \min(c_{i1}, c_{i2}, \cdots, c_{im})$
	现金流权（cfr）	$cfr = \sum_{i=1}^{n} \prod_{j=1}^{m} c_{ij}$
	两权分离度（sep）	$sep = cr - cfr$
	控制链层级（layer）	控制链层级为从终极控股股东到文化企业之间控制链 的层数
控制变量	股权制衡度（ebd）	$股权制衡度 = \dfrac{第二至第十大股东的持股比例之和}{第一大股东持股比例}$
	资产规模（ass）	$ass = 期末总资产的自然对数$
	资产负债率（alr）	$alr = \dfrac{期末负债}{期末资产}$
	可持续增长率（susgr）	$可持续增长率 = \dfrac{净资产收益率 \times 收益留存率}{1 - 净资产收益率 \times 收益留存率}$

5.2.3　实证研究模型

为了多角度考察上市文化企业的终极控股股东的各方面具体特征
对其并购绩效产生的具体影响作用，本书设立如下多元线性回归模型
（5 – 1）~模型（5 – 4），从包括控制权、现金流权、两权分离度以及
控制链层级等在内的各个方面，分别分析这些方面对文化企业并购绩
效的具体影响作用。

$$map_t = \alpha_0 + \alpha_1 \times cr_t + \alpha_2 \times ebd_t + \alpha_3 \times ass_t + \alpha_4 \times alr_t + \alpha_5 \times susgr_t \quad （5 – 1）$$

$$map_t = \alpha_0 + \alpha_1 \times cfr_t + \alpha_2 \times ebd_t + \alpha_3 \times ass_t + \alpha_4 \times alr_t + \alpha_5 \times susgr_t \quad （5 – 2）$$

$$map_t = \alpha_0 + \alpha_1 \times sep_t + \alpha_2 \times ebd_t + \alpha_3 \times ass_t + \alpha_4 \times alr_t + \alpha_5 \times susgr_t \quad （5 – 3）$$

$$map_t = \alpha_0 + \alpha_1 \times layer_t + \alpha_2 \times ebd_t + \alpha_3 \times ass_t + \alpha_4 \times alr_t + \alpha_5 \times susgr_t \quad (5-4)$$

5.3 实证分析

5.3.1 描述性统计

1. 并购样本总体描述性统计

（1）上市文化企业并购样本并购当年全样本描述性统计及分析。从表 5-2 中可以看到，并购当年并购绩效的均值为负，这说明从总体来看，文化企业并购当年的企业绩效并未提高，反而有所降低，这可能是因为并购花费了企业大量的成本。并购当年并购绩效（map0）的最大值为 5.738105，最小值为 -3.144776，标准差为 0.734241，这表明并购当年文化企业间并购绩效的差异较大。

表 5-2　　　上市文化企业并购样本并购当年全样本描述性统计

变量	样本量	均值	标准差	最小值	最大值
map0	461	-2.97e-08	0.734241	-3.144780	5.738105
nucs	461	0.388286	0.487890	0	1
cr	461	0.398748	0.155347	0.085400	0.757800
cfr	461	0.364060	0.168357	0.045000	0.757800
sep	461	0.034691	0.059326	0	0.277200
layer	461	2.197397	1.232739	1	7
ebd	461	0.921615	0.885858	0.041900	5.550800
ass	461	21.849870	0.998052	18.341300	25.470500
alr	461	0.356785	0.309283	0.033200	5.422500
susgr	461	0.085539	0.089220	-0.603230	0.690734

从表 5-2 中还可以看出，终极控股股东的性质均值（nucs）为

0.388286，标准差为 0.487890，根据前文中终极控股股东性质的赋值，可以判断出上市文化企业并购样本在并购当年有 38.8286% 的国有文化企业，其余为非国有文化企业。上市文化企业并购样本并购当年终极控股股东的控制权（cr）的最大值为 0.757800，最小值为 0.085400，均值为 0.398748，标准差为 0.155347。这表明上市文化企业并购样本之间并购当年终极控股股东的控制权的差异较大。上市文化企业并购样本并购当年终极控股股东的现金流权（cfr）的最大值为 0.757800，最小值为 0.045000，均值为 0.364060，标准差为 0.168357。这表明在并购当年，上市文化企业并购样本之间现金流权的差异较大。这同时也表明，从总体上来看，对上市文化企业并购样本来说，在并购当年，终极控股股东的控制权高于现金流权，但是样本之间控制权的差异是低于现金流权的。对上市文化企业并购样本来说，在并购当年，终极控股股东的两权分离度（sep）的最大值是 0.277200，最小值是 0，平均值是 0.034691，标准差是 0.059326。这表明从总体上来看，上市文化企业并购样本在并购当年两权分离度不是太高，但并购样本之间的差异相对比较大。上市文化企业并购样本并购当年终极控股股东的控制链层级（layer）的最大值为 7，最小值为 1，均值为 2.197397，标准差为 1.232739。这表明从总体上来看，上市文化企业并购样本终极控股股东并购当年通过大约 2.197397 层控制链来控制上市文化企业并购样本。

（2）上市文化企业并购样本并购后一年全样本描述性统计及分析。从表 5 - 3 中可以看到，并购后一年并购绩效的均值为负，这说明从总体来看，和并购前一年相比，文化企业并购后一年企业绩效并未提高，反而有所降低；但是，并购后一年和并购当年相比有所提高。并购后一年并购绩效的最大值为 2.838724，最小值为 - 3.148700，标准差为 0.615739，这表明并购后一年文化企业间并购绩效的差异较大。

表 5 - 3　　上市文化企业并购样本并购后一年全样本描述性统计

变量	样本量	均值	标准差	最小值	最大值
map1	461	- 1.34e - 08	0.615739	- 3.1487	2.838724
nucs	461	0.464208	0.499259	0	1
cr	461	0.391301	0.175323	0.0714	0.7713

续表

变量	样本量	均值	标准差	最小值	最大值
cfr	461	0.363431	0.181543	0.035500	0.771300
sep	461	0.027872	0.058637	0	0.391800
layer	461	2.210412	1.382020	1	7
ebd	461	0.933765	0.903305	0.044100	5.438200
ass	461	22.172620	0.980460	18.699170	25.709230
alr	461	0.362403	0.198907	0.021593	1.515541
susgr	461	0.089365	0.076688	−0.303170	0.690734

从表5-3中还可以看出，终极控股股东的性质均值为0.464208，标准差为0.499259，根据终极控股股东性质的赋值，可以判断出上市文化企业并购样本在并购后一年有0.464208的国有文化企业，其余为非国有文化企业。上市文化企业并购样本并购后一年终极控股股东的控制权的最大值为0.771300，最小值为0.071400，均值为0.391301，标准差为0.175323。这表明从总体上来看，上市文化企业并购样本之间在并购后一年控制权的差异比较大。上市文化企业并购样本并购后一年终极控股股东的现金流权的最大值为0.771300，最小值为0.035500，均值为0.363431，标准差为0.181543。这表明从总体上来看，上市文化企业并购样本之间在并购后一年现金流权的差异较大。这同时也表明，从总体上来看，对上市文化企业并购样本来说，在并购后一年，控制权比现金流权要高，但是样本之间控制权的差异则略低于现金流权的差异。上市文化企业并购样本并购后一年终极控股股东的两权分离度的最大值为0.391800，最小值为0，均值为0.027872，标准差为0.058637。这表明从总体上来看，上市文化企业并购样本在并购后一年的两权分离度不是很高，但并购样本之间的差异相对来说比较大。对上市文化企业并购样本来说，在并购后一年，控制链层级的最大值是7，最小值是1，平均值是2.210412，标准离差是1.382020。这表明从总体上来看，上市文化企业并购样本终极控股股东并购后一年通过大约2.210412层控制链来控制上市文化企业并购样本。

（3）上市文化企业并购样本并购后两年全样本描述性统计及分析。从表5-4中可以看到，并购后两年并购绩效的均值为负，这说明从总体来看，和并购前一年相比，文化企业并购后两年企业绩效并未提高，反而有所降低。但和并购当年相比，并购后两年企业绩效有所提高；但是，并购后两年和并购后一年相比又有所降低。并购后两年并购绩效的最大值为 4.669546，最小值为 -3.145760，标准差为 0.620137，这表明并购后两年文化企业间并购绩效的差异较大。

表 5 - 4　　　　上市文化企业并购样本并购后两年全样本描述性统计

变量	样本量	均值	标准差	最小值	最大值
map2	461	-2.57e-08	0.620137	-3.145760	4.669546
nucs	461	0.462039	0.499099	0	1
cr	461	0.379684	0.169497	0.071400	0.771300
cfr	461	0.351275	0.178751	0.021066	0.771300
sep	461	0.028410	0.056954	0	0.323308
layer	461	2.212581	1.350658	1	8
ebd	461	0.970289	0.910801	0.017900	5.398276
ass	461	22.375860	0.987148	18.699170	26.105300
alr	461	0.355301	0.205532	0.021593	1.504571
susgr	461	0.071393	0.086750	-0.603230	0.318566

从表 5 - 4 中还可以看出，终极控股股东的性质均值为 0.462039，标准差为 0.499099，根据终极控股股东性质的赋值，可以判断出上市文化企业并购样本在并购后两年有 46.2039% 的国有文化企业，其余为非国有文化企业。上市文化企业并购样本并购后两年终极控股股东的控制权的最大值为 0.771300，最小值为 0.071400，均值为 0.379684，标准差为 0.169497。这表明从总体上来看，在并购后两年，上市文化企业并购样本之间控制权的差异相对比较大。上市文化企业并购样本并购后两年终极控股股东的现金流权的最大值为 0.771300，最小值为 0.021066，均值为 0.351275，标准差为 0.178751。这表明从总体上来看，在并购后两年，上市文化企业并购样本之间现金流权的差异相对比较大。这同时也表明，从总体上来看，上市文化企业并购样本在并购后两年控制权比现金流权高，但是并购样本之间控制权的差异略低于现金

流权的差异。上市文化企业并购样本并购后两年终极控股股东的两权分离度的最大值为0.323308，最小值为0，均值为0.028410，标准差为0.056954。这表明从总体上来看，在并购后两年，上市文化企业并购样本的两权分离度不是很高，但并购样本之间的差异比较大。对上市文化企业并购样本来说，在并购后两年，控制链层级的最大值是8，最小值是1，平均值是2.212581，标准离差是1.350658。这表明从总体上来看，上市文化企业并购样本终极控股股东并购后两年通过大约2.212581层控制链来控制上市文化企业并购样本。

2. 文化企业终极控股股东的性质与并购绩效

（1）上市文化企业并购样本并购当年按照终极控股股东性质分样本描述性统计及分析。由表5-5可知，并购当年并购样本中的国有文化企业并购绩效的最大值为5.738105，最小值为-3.144780，均值为0.052877，标准差为0.821800，非国有文化企业并购绩效的最大值为4.614354，最小值为-3.003870，均值为-0.033564，标准差为0.672169。这表明，从总体上来看，并购样本中国有文化企业的并购提高了并购当年的企业绩效，而非国有文化企业的并购反而降低了并购当年的企业绩效，这可能是因为国家作为国有文化企业的终极控股股东，对国有文化企业提供了特别的支持。也就是说，国有文化企业在并购当年的并购绩效明显高于非国有文化企业。且相对非国有文化企业来说，国有文化企业之间并购绩效的差别较大。

从表5-5中还可以看出，国有文化企业的控制权的最大值为0.757800，最小值为0.113700，均值为0.398574，标准差为0.171991，非国有文化企业的控制权的最大值为0.725200，最小值为0.085400，均值为0.398859，标准差为0.144108。相对于非国有文化企业来说，国有文化企业控制权略低，而且国有文化企业之间控制权的差异较大。国有文化企业的现金流权的最大值为0.757800，最小值为0.077800，均值为0.373723，标准差为0.190949，非国有文化企业的现金流权的最大值为0.725200，最小值为0.045000，均值为0.357927，标准差为0.152334。相对于非国有文化企业来说，国有文化企业现金流权较高，但国有文化企业之间的现金流权的差异较大。国有文化企业的两权分离度的最大值为0.277200，最小值为0，均值为0.024857，标准差为0.056652，非国

表 5－5　上市文化企业并购样本并购当年按照终极控股股东性质分样本描述性统计

变量	并购样本并购当年非国有文化企业				并购样本并购当年国有文化企业			
	均值	标准差	最小值	最大值	均值	标准差	最小值	最大值
map0	-0.033564	0.672169	-3.003870	4.614354	0.052877	0.821800	-3.144780	5.738105
cr	0.398859	0.144108	0.085400	0.725200	0.398574	0.171991	0.113700	0.757800
cfr	0.357927	0.152334	0.045000	0.725200	0.373723	0.190949	0.077800	0.757800
sep	0.040933	0.060231	0	0.242100	0.024857	0.056652	0	0.277200
layer	1.904255	1.110312	1	6	2.659218	1.276874	1	7
ebd	1.014568	0.980780	0.047500	5.550800	0.775176	0.688612	0.041900	5.068400
ass	21.899290	1.048617	18.341300	25.470500	21.772020	0.910146	19.087200	23.596600
alr	0.358923	0.361629	0.050500	5.422500	0.353416	0.201826	0.033200	0.736700
susgr	0.073697	0.087783	-0.603230	0.336522	0.104195	0.088511	-0.073590	0.690734
样本量	282				179			

有文化企业的两权分离度的最大值为 0.242100，最小值为 0，均值为 0.040933，标准差为 0.060231。相对于非国有文化企业来说，国有文化企业两权分离度较低，而且国有文化企业之间的两权分离度的差异也较小。国有文化企业的控制链层级的最大值为 7，最小值为 1，均值为 2.659218，标准差为 1.276874，非国有文化企业的控制链层级的最大值为 6，最小值为 1，均值为 1.904255，标准差为 1.110312。相对于非国有文化企业来说，国有文化企业控制链层级较多，而且国有文化企业之间的控制链层级的差异也较大。

（2）上市文化企业并购样本并购后一年按照终极控股股东性质分样本描述性统计及分析。由表 5-6 可知，并购后一年并购样本中国有文化企业并购绩效的最大值为 2.354439，最小值为 -3.148700，均值为 -0.009210，标准差为 0.608446，非国有文化企业并购绩效的最大值为 2.838724，最小值为 -2.671480，均值为 0.007981，标准差为 0.623111。这表明，与并购前一年相比，国有文化企业的并购并没有使并购后一年的企业业绩得到提高，相反，并购后一年企业业绩有所降低；而非国有文化企业的并购反而提高了并购后一年的企业绩效。也就是说，在并购后一年，非国有文化企业并购绩效明显比国有文化企业高，而且我们从表中数据还可以看出，相对国有文化企业来说，非国有文化企业之间并购绩效存在较大差异。而且与并购当年相比，非国有文化企业绩效提升，而国有文化企业绩效反而有所降低。这可能是因为并购后一年，并购对非国有文化企业的正面影响开始更为显著地显现出来。

国有文化企业的控制权的最大值为 0.771300，最小值为 0.071400，均值为 0.379892，标准差为 0.199860，非国有文化企业控制权的最大值为 0.725200，最小值为 0.090900，均值为 0.401185，标准差为 0.150602。这表明，从总体来看，相对于非国有文化企业来说，国有文化企业控制权较低，而且国有文化企业之间控制权差异较大。与并购当年相比，并购后一年国有文化企业控制权有所降低，但波动性有所提高；非国有文化企业的控制权稍微有些提高，波动性也有所提高。

从表 5-6 中还可以看出，国有文化企业的现金流权的最大值为 0.771300，最小值为 0.035500，均值为 0.363272，标准差为 0.210522，非国有文化企业的现金流权的最大值为 0.725200，最小值为 0.043600，均值为 0.363568，标准差为 0.152492。这表明，从总体来看，相对于非国

表5-6　上市文化企业并购样本并购后一年按照终极控股股东性质分样本描述性统计

变量	并购样本并购后一年非国有文化企业				并购样本并购后一年国有文化企业			
	均值	标准差	最小值	最大值	均值	标准差	最小值	最大值
mapl	0.007981	0.623111	-2.671480	2.838724	-0.009210	0.608446	-3.148700	2.354439
cr	0.401185	0.150602	0.090900	0.725200	0.379892	0.199860	0.071400	0.771300
cfr	0.363568	0.152492	0.043600	0.725200	0.363272	0.210522	0.035500	0.771300
sep	0.037618	0.065238	0	0.272900	0.016622	0.047673	0	0.391800
layer	1.765182	1.078957	1	6	2.724299	1.511666	1	7
ebd	1.058000	0.949258	0.078300	5.438200	0.790372	0.826386	0.044100	3.998400
ass	21.843180	0.918091	18.699170	23.901560	22.552850	0.911844	20.689490	25.709230
alr	0.338002	0.219927	0.021593	1.515541	0.390567	0.167615	0.050828	0.748730
susgr	0.085272	0.086560	-0.303170	0.690734	0.094089	0.063289	-0.113390	0.256926
样本量	247				214			

111

有文化企业来说，国有文化企业现金流权略，但国有文化企业之间的现金流权的差异较大。与并购当年相比，并购后一年国有文化企业的现金流权有所降低，但波动性有所提高；非国有文化企业的现金流权有所提高，波动性也略有提高。

国有文化企业的两权分离度的最大值为0.391800，最小值为0，均值为0.016622，标准差为0.047673，非国有文化企业的两权分离度的最大值为0.2729，最小值为0，均值为0.037618，标准差为0.065238。这表明，从总体来看，相对于非国有文化企业来说，国有文化企业两权分离度较低，而且国有文化企业之间的两权分离度的差异也较小。与并购当年相比，并购后一年国有文化企业的两权分离度有所降低，波动性也有所降低；非国有文化企业的两权分离度有所降低，但波动性有所提高。

国有文化企业的控制链层级的最大值为7，最小值为1，均值为2.724299，标准差为1.511666，非国有文化企业的控制链层级的最大值为6，最小值为1，均值为1.765182，标准差为1.078957。这表明，从总体来看，相对于非国有文化企业来说，国有文化企业控制链层级较多，而且国有文化企业之间的控制链层级的差异也较大。与并购当年相比，并购后一年国有文化企业的控制链层级略微有所提高，波动性也有所提高；非国有文化企业的控制链层级略有降低，波动性也略有降低。

（3）上市文化企业并购样本并购后两年按照终极控股股东性质分样本描述性统计及分析。由表5－7可知，并购后两年并购样本中国有文化企业并购绩效的最大值为1.476778，最小值为－3.145760，均值为－0.035300，标准差为0.505312，非国有文化企业并购绩效的最大值为4.669546，最小值为－2.146160，均值为0.030319，标准差为0.703596。这说明与并购前一年相比，国有文化企业并购后两年的企业业绩并没有得到提高，反而有所降低，而且比并购后一年还要低；而非国有文化企业并购后两年的企业绩效有所提高，并且比并购后一年更高。非国有文化企业在并购后两年的并购绩效明显高于国有文化企业，而且相对国有文化企业来说，非国有文化企业之间并购绩效存在较大差异。与并购后一年相比，非国有文化企业绩效提升，而国有文化企业绩效反而有所降低，这可能是因为并购后两年，并购对非国有文化企业的正面影响开始更为显著地显现出来。

表5－7 上市文化企业并购样本并购后两年按照终极控股股东性质分样本描述性统计

变量	并购样本并购后两年非国有文化企业				并购样本并购后两年国有文化企业			
	均值	标准差	最小值	最大值	均值	标准差	最小值	最大值
map2	0.030319	0.703596	−2.146160	4.669546	−0.035300	0.505312	−3.145760	1.476778
cr	0.380937	0.130615	0.114600	0.664100	0.378226	0.206049	0.071400	0.771300
cfr	0.346209	0.136828	0.037640	0.650200	0.357173	0.217834	0.021066	0.771300
sep	0.034728	0.059327	0	0.316157	0.021053	0.053260	0	0.323308
layer	1.766129	1.091809	1	6	2.732394	1.436956	1	8
ebd	1.049444	0.901108	0.086040	5.398276	0.878127	0.915462	0.017900	3.998374
ass	22.07358	0.978380	18.699170	24.281880	22.727810	0.876241	20.779740	26.105300
alr	0.349835	0.238128	0.021593	1.504571	0.361666	0.159744	0.042400	0.698911
susgr	0.064667	0.106617	−0.603230	0.318566	0.079224	0.054502	−0.020610	0.271614
样本量	248				213			

国有文化企业的控制权的最大值为 0.771300, 最小值为 0.071400, 均值为 0.378226, 标准差为 0.206049, 非国有文化企业的控制权的最大值为 0.664100, 最小值为 0.114600, 均值为 0.380937, 标准差为 0.130615。这表明, 从总体来看, 相对于非国有文化企业来说, 国有文化企业控制权略低, 而且国有文化企业之间的控制权的差异较大。与并购后一年相比, 并购后两年国有文化企业的控制权略微有所降低, 但波动性有所提高; 非国有文化企业的控制权有所提高, 同时波动性也有所提高。

从表 5-7 中还可以看出, 国有文化企业的现金流权的最大值为 0.771300, 最小值为 0.021066, 均值为 0.357173, 标准差为 0.217834, 非国有文化企业的现金流权的最大值为 0.650200, 最小值为 0.037640, 均值为 0.346209, 标准差为 0.136828。这表明, 从总体来看, 相对于非国有文化企业来说, 国有文化企业现金流权略低, 但国有文化企业之间的现金流权的差异较大。与并购后一年相比, 并购后两年国有文化企业的现金流权有所降低, 但波动性略有提高; 非国有文化企业的现金流权有所降低, 波动性也有所降低。

国有文化企业的两权分离度的最大值为 0.323308, 最小值为 0, 均值为 0.021053, 标准差为 0.053260, 非国有文化企业的两权分离度的最大值是 0.316157, 最小值是 0, 平均值是 0.034728, 标准差是 0.059327。这表明, 从总体来看, 相对于非国有文化企业来说, 国有文化企业两权分离度较低, 而且国有文化企业之间的两权分离度的差异也较小。与并购后一年相比, 并购后两年国有文化企业的两权分离度有所提高, 波动性也有所提高; 非国有文化企业的两权分离度略微有所降低, 同时波动性略微有所降低。

国有文化企业的控制链层级的最大值为 8, 最小值为 1, 均值为 2.732394, 标准差为 1.436956, 非国有文化企业的控制链层级的最大值为 6, 最小值为 1, 均值为 1.766129, 标准差为 1.091809。这表明, 从总体来看, 相对于非国有文化企业来说, 国有文化企业控制链层级较多, 而且国有文化企业之间的控制链层级的差异也较大。与并购后一年相比, 并购后两年国有文化企业的控制链层级略有提高, 同时波动性有所降低; 非国有文化企业的控制链层级略有提高, 波动性也略有提高。

3. 文化企业终极控股股东的控制权分布与并购绩效

（1）并购当年控制权分布与并购绩效。从表 5 - 8 中可以看出，从全样本来看，并购当年控制权分布在 10% ~ 20% 之间的文化企业并购绩效最高，控制权分布在 50% ~ 60% 之间的文化企业的并购绩效最低。随着控制权比例的递增，在并购当年，文化企业并购绩效呈现出先上升后下降之后再上升然后再略微下降的两次反复的变动趋势，即"M"形的变动趋势。

从表 5 - 8 中还可以看出，按照终极控股股东的性质分样本来看，对非国有文化企业并购样本来说，并购当年控制权分布在 10% ~ 20% 之间的文化企业并购绩效最高，控制权分布在 50% ~ 60% 之间的文化企业并购绩效最低，而且随着控制权比例的递增，并购当年非国有文化企业并购绩效的变动趋势也与全样本基本相同；对国有文化企业来说，并购当年控制权分布在 20% ~ 30% 之间的文化企业并购绩效最高，控制权分布在 60% ~ 70% 之间的文化企业并购绩效最低，只不过控制权分布在 60% ~ 70% 之间的国有文化企业只有 10 家，代表性不是那么强。此外，并购当年国有文化企业并购绩效先上升后下降之后又上升，基本上呈"N"形的变动趋势。综上分析，国有文化企业并购样本并购当年的控制权分布与并购绩效的关系与全样本和非国有文化企业略微有所不同，但大致类似，基本都是先上升后下降的趋势。

（2）并购后一年控制权分布与并购绩效。从表 5 - 9 中可以看出，从全样本来看，并购后一年控制权分布在 10% ~ 20% 之间的文化企业并购绩效最高，控制权分布在 10% 以下的文化企业并购绩效最低，只是控制权分布在 10% 以下的文化企业只有 6 家，代表性不强，控制权分布在 20% ~ 30% 之间的文化企业并购绩效次低。随着控制权比例的递增，在并购后一年，文化企业并购绩效呈现出先上升后下降之后再上升的一次半反复，即呈"N"形的变动趋势。

表 5-8　并购当年控制权分布与并购绩效

控制权分布		10%以下	10%~20%	20%~30%	30%~40%	40%~50%	50%~60%	60%~70%	70%~80%	全部
非国有文化企业	最大值	0.391913	4.614354	0.971971	0.762676	0.395865	0.737274	1.234593	-0.211018	4.614354
	最小值	-0.389038	-3.003873	-0.491914	-1.636456	-1.519578	-2.229709	-0.611638	-0.478742	-3.003873
	均值	-0.251507	0.560828	0.107389	-0.095606	-0.129903	-0.278917	0.345056	-0.252089	-0.033564
	标准差	0.282973	1.831013	0.363706	0.647887	0.326733	0.485792	0.607684	0.100216	0.672169
	样本量	8	16	49	81	61	40	20	7	282
	占非国有文化企业比例	0.028369	0.056738	0.173759	0.287234	0.216312	0.141844	0.070922	0.024823	1
	占全部样本比例	0.017354	0.034707	0.106291	0.175705	0.132321	0.086768	0.043384	0.015184	0.611714
国有文化企业	最大值	—	0.731752	5.738105	0.688988	0.868214	0.821933	0.318094	0.598725	5.738105
	最小值	—	-0.913482	-0.754243	-0.588625	-0.402959	-3.144776	-0.796375	-0.457914	-3.144776
	均值	—	-0.071350	0.266708	0.158672	0.160459	-0.263894	-0.460101	0.238269	0.052877
	标准差	—	-0.071350	1.440041	0.357227	0.372418	0.916332	0.349730	0.390187	0.821780
	样本量	0	23	35	37	33	29	10	12	179
	占国有文化企业比例	0	0.128492	0.195531	0.206704	0.184358	0.162011	0.055866	0.067039	1
	占全部样本比例	0	0.049892	0.075922	0.080260	0.071584	0.062907	0.021692	0.026030	0.388286

续表

控制权分布		10%以下	10%~20%	20%~30%	30%~40%	40%~50%	50%~60%	60%~70%	70%~80%	全部
全部	最大值	0.391913	4.614354	5.738105	0.762676	0.868214	0.821933	1.234590	0.598725	5.738105
	最小值	-0.389038	-3.003873	-0.754243	-1.636456	-1.519578	-3.144776	-0.796375	-0.478742	-3.144776
	均值	-0.251507	0.188005	0.173772	-0.015874	-0.027967	-0.272603	0.076670	0.057611	-2.97e-08
	标准差	0.282973	1.253871	0.965515	0.583365	0.368797	0.693649	0.654928	0.394265	0.734241
	样本量	8	39	84	118	94	69	30	19	461
	比例	0.017354	0.084599	0.182213	0.255965	0.203905	0.149675	0.065076	0.041215	1

表 5 - 9　　并购后一年控制权分布与并购绩效

控制权分布		10%以下	10%~20%	20%~30%	30%~40%	40%~50%	50%~60%	60%~70%	70%~80%	全部
非国有文化企业	最大值	0.153443	2.838724	0.420967	2.54153	0.545518	1.086134	0.741287	-0.148382	2.838724
	最小值	0.153443	-0.275147	-1.280081	-2.671476	-0.896551	-0.858969	-1.162596	-0.400053	-2.671476
	均值	0.153443	0.530422	-0.378942	0.029187	-0.071060	0.050046	-0.179037	-0.190327	0.007981
	标准差	0	0.667634	0.548359	0.759438	0.364580	0.609208	0.413750	0.102744	0.623111
	样本量	1	33	29	56	63	43	16	6	247
	占非国有文化企业比例	0.004049	0.133603	0.117409	0.226721	0.255061	0.174089	0.064777	0.024291	1
	占全部样本比例	0.002169	0.071584	0.062907	0.121475	0.136659	0.093275	0.034707	0.013015	0.535792
国有文化企业	最大值	-0.473819	0.928317	0.482201	0.988236	2.354439	1.083981	1.278961	0.071853	2.354439
	最小值	-0.473819	-0.423851	-0.895268	-0.988705	-0.830407	-0.691904	-3.148695	-0.294290	-3.148695
	均值	-0.473819	0.177084	-0.214513	0.073124	0.177031	-0.194263	-0.281856	-0.033465	-0.009211
	标准差	0	0.383386	0.514663	0.437881	0.990848	0.341628	1.364481	0.086755	0.608446
	样本量	5	60	22	29	26	41	13	18	214
	占国有文化企业比例	0.023364	0.280374	0.102804	0.135514	0.121495	0.191589	0.060748	0.084112	1
	占全部样本比例	0.010846	0.130152	0.047722	0.062907	0.056399	0.088937	0.028200	0.039046	0.464208

续表

控制权分布		10%以下	10%~20%	20%~30%	30%~40%	40%~50%	50%~60%	60%~70%	70%~80%	全部
全部	最大值	0.153443	2.838724	0.482201	2.541530	2.354439	1.086134	1.278961	0.071853	2.838724
	最小值	-0.473819	-0.423851	-1.280081	-2.671476	-0.896551	-0.858969	-3.148695	-0.400053	-3.148695
	均值	-0.369275	0.302462	-0.308012	0.044177	0.001416	-0.069200	-0.225128	-0.072681	$-1.34e-08$
	标准差	0.256079	0.527440	0.535167	0.664818	0.620834	0.509059	0.944634	0.112570	0.615739
	样本量	6	93	51	85	89	84	29	24	461
	比例	0.013015	0.201735	0.110629	0.184382	0.193059	0.182213	0.062907	0.052061	1

从表 5 - 9 中还可以看出，按照终极控股股东的性质分样本来看，对非国有文化企业并购样本来说，并购后一年控制权分布在 10% ~ 20% 之间的文化企业并购绩效最高，控制权分布在 20% ~ 30% 之间的文化企业并购绩效则最低。随着控制权比例的递增，并购后一年非国有文化企业并购绩效的变动趋势呈现先上升后下降的三次反复；对国有文化企业来说，并购后一年也是控制权分布在 10% ~ 20% 之间的文化企业并购绩效最高，控制权分布在 10% 以下的文化企业并购绩效最低，但是因为控制权分布在 10% 以下的国有文化企业并购样本只有 5 家，而且还是同一家企业发生并购的样本，因此代表性不强，控制权分布在 60% ~ 70% 之间的文化企业并购绩效次低。此外，并购后一年国有文化企业并购绩效先上升后下降，之后再上升再下降，然后又略微有些回升，表现出先上升后下降的两次半反复。综上分析，国有文化企业并购样本并购后一年控制权分布与并购绩效的关系与全样本和非国有文化企业略微有所不同，但大致类似，基本都是先上升后下降多次反复的变动趋势。

（3）并购后两年控制权分布与并购绩效。从表 5 - 10 中可以看出，从全样本来看，并购后两年控制权分布在 10% 以下的文化企业并购绩效最高，控制权分布在 50% ~ 60% 之间的文化企业并购绩效最低，只是控制权分布在 10% 以下的文化企业只有 15 家，代表性不是特别强，控制权分布在 10% ~ 20% 之间的文化企业并购绩效次高。随着控制权比例的递增，并购后两年文化企业并购绩效出现了先下降后上升的两次半反复。

从表 5 - 10 中还可以看出，按照终极控股股东的性质分样本来看，对非国有文化企业并购样本来说，并购后两年控制权分布在 30% ~ 40% 之间的文化企业并购绩效最高，控制权分布在 50% ~ 60% 之间的文化企业并购绩效则最低。随着控制权比例的递增，并购后两年非国有文化企业并购绩效的变动趋势呈现先下降后上升的两次反复，基本呈"W"形的变动趋势；对国有文化企业来说，并购后两年控制权分布在 10% ~ 20% 之间的文化企业并购绩效最高，控制权分布在 50% ~ 60% 之间的文化企业并购绩效最低。此外，在并购后两年，国有文化企业的并购绩效出现了先上升后下降的三次反复。综上分析，国有文化企业并购样本并购后两年控制权分布与并购绩效的关系与全样本和非国有文化企业略微有所不同。

表5-10　并购后两年控制权分布与并购绩效

控制权分布		10%以下	10%~20%	20%~30%	30%~40%	40%~50%	50%~60%	60%~70%	70%~80%	全部
非国有文化企业	最大值	—	0.787124	0.660375	4.669546	0.872119	0.357991	1.110880	—	4.669546
	最小值	—	-0.503331	-2.146159	-1.581166	-1.089363	-1.183941	-0.712820	—	-2.146159
	均值	—	0.101421	-0.231903	0.299656	0.031117	-0.271075	0.110392	—	0.030319
	标准差	—	0.363137	0.530561	1.118402	0.346870	0.472133	0.581225	—	0.703596
	样本量	0	32	36	64	71	36	9	0	248
	占非国有文化企业比例	0	0.129032	0.145161	0.258065	0.286290	0.145161	0.036290	0	1
	占全部样本比例	0	0.069414	0.078091	0.138829	0.154013	0.078091	0.019523	0	0.537961
国有文化企业	最大值	0.366943	0.630605	0.483444	0.467896	1.476778	0.281653	0.416920	0.179015	1.476778
	最小值	-0.089170	-0.438710	-0.693859	-0.611512	-0.563778	-3.145759	-1.634464	-0.171844	-3.145759
	均值	0.214906	0.272260	-0.193632	-0.280454	0.133253	-0.342873	-0.014581	-0.119454	-0.035301
	标准差	0.222560	0.249624	0.346663	0.299970	0.649827	0.674777	0.484838	0.085915	0.505312
	样本量	15	50	18	30	28	41	15	16	213
	占国有文化企业比例	0.070423	0.234742	0.084507	0.140845	0.131455	0.192488	0.070423	0.075117	1
	占全部样本比例	0.032538	0.108460	0.039046	0.065076	0.060738	0.088937	0.032538	0.034707	0.462039

续表

控制权分布		10%以下	10%~20%	20%~30%	30%~40%	40%~50%	50%~60%	60%~70%	70%~80%	全部
全部	最大值	0.366943	0.787124	0.660375	4.669546	1.476778	0.357991	1.110880	0.179015	4.669546
	最小值	-0.089170	-0.503331	-2.146159	-1.581166	-1.089363	-3.145759	-1.634464	-0.171844	-3.145759
	均值	0.214906	0.205592	-0.219146	0.114514	0.060004	-0.309305	0.032284	-0.119454	-2.57e-08
	标准差	0.222560	0.308535	0.474101	0.974321	0.452129	0.586174	0.514206	0.085915	0.620137
	样本量	15	82	54	94	99	77	24	16	461
	比例	0.032538	0.177874	0.117137	0.203905	0.214751	0.167028	0.052061	0.034707	1

4. 文化企业终极控股股东的现金流权分布与并购绩效

（1）并购当年现金流权分布与并购绩效。从表 5－11 中可以看出，从全样本来看，并购当年现金流权分布在 20%～30% 之间的文化企业并购绩效最高，现金流权分布在 60%～70% 之间的文化企业并购绩效最低。随着现金流权比例的递增，并购当年文化企业并购绩效呈现先上升后下降之后再上升再下降然后再上升的变动趋势，也就是先上升后下降的两次半反复的变动趋势。

从表 5－11 中还可以看出，按照终极控股股东的性质分样本来看，对非国有文化企业并购样本来说，并购当年现金流权分布在 60%～70% 之间的文化企业并购绩效最高，但由于并购当年现金流权分布在 60%～70% 之间的非国有文化企业只有一家，因此不具有代表性，并购当年现金流权分布在 10%～20% 之间的文化企业并购绩效次高，同样，现金流权分布在 70%～80% 之间的非国有文化企业并购绩效最低，但由于现金流权分布在 70%～80% 之间的非国有文化企业只有 7 家，代表性不强，并购当年现金流权分布在 30%～40% 之间的文化企业并购绩效次低。随着现金流权比例的递增，并购当年非国有文化企业并购绩效的变动趋势也呈现先上升后下降之后再上升的变动趋势，也就是先上升后下降的一次半反复的变动趋势；对国有文化企业来说，并购当年现金流权分布在 20%～30% 之间的文化企业并购绩效最高，现金流权分布在 60%～70% 之间的文化企业并购绩效最低，只不过现金流权分布在 60%～70% 之间的国有文化企业只有 10 家，代表性不是那么强，而并购当年现金流权分布在 50%～60% 之间的文化企业并购绩效次低。并购当年国有文化企业并购绩效出现了先下降后上升的三次反复，这与全样本和非国有文化企业并购样本有所不同。另外，并购当年国有文化企业并购样本有五个区间均值为正，也就是并购产生了正的绩效，而全样本和非国有文化企业并购样本则只有三个区间均值为正。所以，从并购当年现金流权分布与并购绩效的关系这个角度来说，并购当年国有文化企业并购样本并购绩效较好。这可能是因为并购当年国家出台了一些利于国有文化企业并购的政策。

（2）并购后一年现金流权分布与并购绩效。从表 5－12 中可以看出，从全样本来看，并购后一年现金流权分布在 10%～20% 之间的文

124

表5-11 并购当年现金流权分布与并购绩效

	控制权分布	10%以下	10%~20%	20%~30%	30%~40%	40%~50%	50%~60%	60%~70%	70%~80%	全部
非国有文化企业	最大值	0.784080	4.614354	0.749839	0.762676	0.770697	1.183002	1.234593	-0.211018	4.614354
	最小值	-0.389038	-3.003873	-0.835877	-1.636456	-2.229709	-0.941703	1.234593	-0.478742	-3.003873
	均值	-0.138435	0.454089	0.055300	-0.223057	-0.147340	-0.001838	1.234593	-0.252089	-0.033564
	标准差	0.381907	1.239876	0.401845	0.667871	0.398202	0.516759	0	0.100216	0.672169
	样本量	15	35	48	68	69	39	1	7	282
	占非国有文化企业比例	0.053191	0.124113	0.170213	0.241135	0.244681	0.138298	0.003546	0.024823	1
	占全部样本比例	0.032538	0.075922	0.104121	0.147505	0.149675	0.084599	0.002169	0.015184	0.611714
国有文化企业	最大值	0.334518	0.731752	5.738105	0.688988	0.868214	0.821933	0.318094	0.598725	5.738105
	最小值	-0.217205	-0.913482	-0.754243	-0.588625	-0.402959	-3.144776	-0.796375	-0.457914	-3.144776
	均值	0.158606	-0.027285	0.480889	0.055842	0.146344	-0.251494	-0.460101	0.238269	0.052877
	标准差	0.272944	0.521021	1.600404	0.364877	0.375854	0.966309	0.349730	0.390187	0.821800
	样本量	6	41	26	22	34	28	10	12	179
	占国有文化企业比例	0.033520	0.229050	0.145251	0.122905	0.189944	0.156425	0.055866	0.067039	1
	占全部样本比例	0.013015	0.088937	0.056399	0.047722	0.073753	0.060738	0.021692	0.026030	0.388286

续表

控制权分布		10%以下	10%~20%	20%~30%	30%~40%	40%~50%	50%~60%	60%~70%	70%~80%	全部
全部	最大值	0.784080	4.614354	5.738105	0.762676	0.868214	1.183002	1.234593	0.598725	5.738105
	最小值	-0.389038	-3.003873	-0.835877	-1.636456	-2.229709	-3.144776	-0.796375	-0.478742	-3.144776
	均值	-0.053566	0.194400	0.204831	-0.154882	-0.050395	-0.110525	-0.306038	0.057611	-2.97e-08
	标准差	0.373669	0.948695	1.011418	0.617846	0.413126	0.725690	0.609237	0.394265	0.734241
	样本量	21	76	74	90	103	67	11	19	461
	比例	0.045553	0.164859	0.160521	0.195228	0.223427	0.145336	0.023861	0.041215	1

126

表5-12   并购后一年现金流分布与并购绩效

控制权分布		10%以下	10%~20%	20%~30%	30%~40%	40%~50%	50%~60%	60%~70%	70%~80%	全部
非国有文化企业	最大值	0.318878	2.838724	0.491318	2.541530	0.883784	1.086134	0.741287	-0.148382	2.838724
	最小值	-0.547051	-1.274264	-1.280081	-2.671476	-0.896551	-1.162596	-0.034712	-0.400053	-2.671476
	均值	0.108766	0.426230	-0.189892	0.024417	-0.164323	0.011292	0.223954	-0.190327	0.007981
	标准差	0.288801	0.724528	0.549265	0.741718	0.370919	0.593336	0.448023	0.102744	0.623111
	样本量	8	37	40	61	52	40	3	6	247
	占非国有文化企业比例	0.032389	0.149798	0.161943	0.246964	0.210526	0.161943	0.012146	0.024291	1
	占全部样本比例	0.017354	0.080260	0.086768	0.132321	0.112798	0.086768	0.006508	0.013015	0.535792
国有文化企业	最大值	0.150398	0.928317	0.482201	0.988236	2.354439	1.083981	1.278961	0.071853	2.354439
	最小值	-0.473819	-0.988705	-0.895268	-0.201025	-0.830407	-0.691904	-3.148695	-0.294290	-3.148695
	均值	-0.165878	0.132430	-0.163983	0.180244	0.169475	-0.691904	-0.281856	-0.033465	-0.009211
	标准差	0.211356	0.454442	0.535929	0.417266	0.972399	0.347680	1.364481	0.086755	0.608446
	样本量	19	57	19	22	27	39	13	18	214
	占国有文化企业比例	0.088785	0.266355	0.088785	0.102804	0.126168	0.182243	0.060748	0.084112	1
	占全部样本比例	0.041215	0.123644	0.041215	0.047722	0.058568	0.084599	0.028200	0.039046	0.464208

续表

控制权分布		10%以下	10%~20%	20%~30%	30%~40%	40%~50%	50%~60%	60%~70%	70%~80%	全部
全部	最大值	0.318878	2.838724	0.491318	2.541530	2.354439	1.086134	1.278961	0.071853	2.838724
	最小值	-0.547051	-1.274264	-1.280081	-2.671476	-0.896551	-1.162596	-3.148695	-0.400053	-3.148695
	均值	-0.084502	0.248075	-0.181548	0.065720	-0.050241	-0.089561	-0.187017	-0.072681	-1.34e-08
	标准差	0.264034	0.590238	0.540507	0.672252	0.656148	0.495460	1.248112	0.112570	0.615739
	样本量	27	94	59	83	79	79	16	24	461
	比例	0.058568	0.203905	0.127983	0.180043	0.171367	0.171367	0.034707	0.052061	1

化企业并购绩效最高，现金流权分布在 60%～70% 之间的文化企业并购绩效最低。随着现金流权比例的递增，并购后一年文化企业并购绩效呈现先上升后下降的两次半反复的变动趋势，只是中间变动幅度不是太大。

从表 5－12 还可以看出，按照终极控股股东的性质分样本来看，对非国有文化企业并购样本来说，并购后一年现金流权分布在 10%～20% 之间的文化企业并购绩效最高，现金流权分布在 70%～80% 之间的文化企业并购绩效最低，但是现金流权分布在 70%～80% 之间的非国有文化企业只有 6 家，因此代表性不强，而现金流权分布在 20%～30% 之间的文化企业并购绩效次低。随着现金流权比例的递增，并购后一年非国有文化企业并购绩效的变动趋势呈现先上升后下降的三次反复，这和并购当年的情况一致；对国有文化企业来说，并购后一年现金流权分布在 30%～40% 之间的文化企业并购绩效最高，现金流权分布在 50%～60% 之间的文化企业并购绩效最低。并购后一年国有文化企业并购绩效先上升后下降，之后再上升再下降，然后又略微有些回升，出现了先上升后下降的两次半反复。综上分析，国有文化企业并购样本并购后一年现金流权分布与并购绩效的关系与全样本和非国有文化企业基本一致，都是先上升后下降多次反复的变动趋势。

（3）并购后两年现金流权分布与并购绩效。从表 5－13 中可以看出，从全样本来看，并购后两年现金流权分布在 10%～20% 之间的文化企业并购绩效最高，现金流权分布在 50%～60% 之间的文化企业并购绩效最低。随着现金流权比例的递增，并购后两年文化企业并购绩效呈现先上升后下降的三次反复的变动趋势。

从表 5－13 中还可以看出，按照终极控股股东的性质分样本来看，对非国有文化企业并购样本来说，并购后两年现金流权分布在 60%～70% 之间的文化企业并购绩效最高，但是现金流权分布在 60%～70% 之间的非国有文化企业只有 2 家，因此代表性不强，现金流权分布在 50%～60% 之间的文化企业并购绩效最低，而现金流权分布在 10%～20% 之间的文化企业并购绩效次高。随着现金流权比例的递增，并购后两年非国有文化企业并购绩效的变动趋势呈现先上升后下降的两次半反复；对国有文化企业来说，并购后两年现金流权分布在 10%～20% 之间的文化企业并购绩效最高，现金流权分布在 50%～60% 之间的文化

表5-13 并购后两年现金流权分布与并购绩效

控制权分布		10%以下	10%~20%	20%~30%	30%~40%	40%~50%	50%~60%	60%~70%	70%~80%	全部
非国有文化企业	最大值	0.139993	3.639317	0.660375	4.669546	0.872119	0.400214	1.110880	—	4.669546
	最小值	-0.471695	-0.567102	-2.146159	-1.581166	-0.554031	-1.183941	-0.275615	—	-2.146159
	均值	-0.147103	0.302988	-0.081275	0.074091	0.112902	-0.268556	0.417633	—	0.030319
	标准差	0.206040	0.921715	0.488328	0.998642	0.286676	0.498531	0.980400	—	0.703596
	样本量	8	34	52	62	56	34	2	0	248
	占非国有文化企业比例	0.032258	0.137097	0.209677	0.250000	0.225806	0.137097	0.008065	0	1
	占全部样本比例	0.017354	0.073753	0.112798	0.134490	0.121475	0.073753	0.004338	0	0.537961
国有文化企业	最大值	0.366943	0.630605	0.483444	0.467896	1.476778	0.281653	0.416920	0.179015	1.476778
	最小值	-0.239513	-0.693859	-0.685703	-0.611512	-0.563778	-3.145759	-1.634464	-0.171844	-3.145759
	均值	0.148997	0.183359	-0.195270	-0.338042	0.165074	-0.345292	-0.014581	-0.119454	-0.035301
	标准差	0.247190	0.336471	0.319272	0.266859	0.661531	0.683193	0.484838	0.085915	0.505312
	样本量	19	61	16	20	26	40	15	16	213
	占国有文化企业比例	0.089202	0.286385	0.075117	0.093897	0.122066	0.187793	0.070423	0.075117	1
	占全部样本比例	0.041215	0.132321	0.034707	0.043384	0.056399	0.086768	0.032538	0.034707	0.462039

续表

控制权分布		10%以下	10%~20%	20%~30%	30%~40%	40%~50%	50%~60%	60%~70%	70%~80%	全部
全部	最大值	0.366943	3.639317	0.660375	4.669546	1.476778	0.400214	1.110880	0.179015	4.669546
	最小值	-0.471695	-0.693859	-2.146159	-1.581166	-0.563778	-3.145759	-1.634464	-0.171844	-3.145759
	均值	0.061263	0.226174	-0.108097	-0.026429	0.129445	-0.310035	0.036267	-0.119454	-2.57e-08
	标准差	0.269658	0.611422	0.454656	0.894124	0.437572	0.602656	0.535128	0.085915	0.620137
	样本量	27	95	68	82	82	74	17	16	461
	比例	0.058568	0.206074	0.147505	0.177874	0.177874	0.160521	0.036876	0.034707	1

企业并购绩效最低。并购后两年国有文化企业并购绩效呈现先上升后下降的三次反复的变动趋势。综上分析,国有文化企业并购样本并购后两年现金流权分布与并购绩效的关系与全样本和非国有文化企业基本一致,都是先上升后下降多次反复的变动趋势。

5. 文化企业终极控股股东的两权分离度与并购绩效

(1) 并购当年两权分离度分布与并购绩效。从表 5 – 14 中可以看出,从全样本来看,并购当年两权分离度分布在 10% ~ 20% 之间的文化企业并购绩效最高,两权分离度分布在 20% ~ 30% 之间的文化企业并购绩效最低,但由于两权分离度分布在 20% ~ 30% 之间的文化企业只有 4 家,不具有代表性,而两权分离度为 0 的文化企业并购绩效次低。而且随着两权分离度比例的递增,并购当年文化企业并购绩效先上升又下降,出现了"V"形的变动趋势。

表 5 – 14　　　　　　　　　并购当年两权分离度与并购绩效

两权分离度分布		0	0 ~ 10%	10% ~ 20%	20% ~ 30%	全部
非国有文化企业	最大值	4.614354	1.183002	0.971971	0.395865	4.614354
	最小值	− 3.003873	− 1.614687	− 2.229709	− 0.835877	− 3.003873
	均值	− 0.053564	− 0.077525	0.083989	− 0.014716	− 0.033564
	标准差	0.710521	0.607852	0.634198	0.711146	0.672169
	样本量	159	68	52	3	282
	占非国有文化企业比例	0.563830	0.241130	0.184397	0.010638	1
	占全部样本比例	0.344902	0.147505	0.112798	0.006508	0.611714
国有文化企业	最大值	0.868214	5.738105	0.615622	− 0.217210	5.738105
	最小值	− 3.144776	− 0.614747	− 0.731091	− 0.217210	− 3.144776
	均值	− 0.042507	0.410434	0.261495	− 0.217210	0.052877
	标准差	0.590130	1.625026	0.381814	0	0.821780
	样本量	134	26	18	1	179
	占国有文化企业比例	0.748603	0.145251	0.100559	0.005587	1
	占全部样本比例	0.290672	0.056399	0.039046	0.002169	0.388286

两权分离度分布		0	0 ~ 10%	10% ~ 20%	20% ~ 30%	全部
全部	最大值	4. 614354	5. 738105	0. 971971	0. 395865	5. 738105
	最小值	− 3. 144776	− 1. 614687	− 2. 229709	− 0. 835877	− 3. 144776
	均值	− 0. 048507	0. 057442	0. 129634	− 0. 065338	− 2. 97e − 08
	标准差	0. 657130	1. 012033	0. 582501	0. 589409	0. 734241
	样本量	293	94	70	4	461
	比例	0. 635575	0. 203905	0. 151844	0. 008677	1

从表 5 – 14 中还可以看出，按照终极控股股东的性质分样本来看，对非国有文化企业并购样本来说，并购当年也是两权分离度分布在 10% ~ 20% 之间的文化企业并购绩效最高，两权分离度分布在 0 ~ 10% 之间的非国有文化企业并购绩效最低。随着两权分离度比例的递增，并购当年非国有文化企业并购绩效的变动趋势也呈现先上升后下降的变动趋势，这点和全样本企业相同；对国有文化企业来说，并购当年也是两权分离度分布在 0 ~ 10% 之间的文化企业并购绩效最高，两权分离度分布在 20% ~ 30% 之间的文化企业并购绩效最低，同样，两权分离度分布在 20% ~ 30% 之间的国有文化企业只有 1 家，不具有代表性，而并购当年两权分离度为 0 的文化企业并购绩效次低，这和全样本一致。此外，并购当年国有文化企业并购绩效也呈现先上升后下降的倒 "V" 形的变动趋势，这与全样本和非国有文化企业并购样本均一致。另外，并购当年国有文化企业并购样本和全样本均有两个区间均值为正，两个区间均值为负；而非国有文化企业并购样本在并购当年则只有一个区间均值为正。从并购当年两权分离度分布与并购绩效的关系这个角度来看，说明并购当年国有文化企业并购样本并购绩效较好。这同样可能是因为国家政策扶持有利于国有文化企业。

（2）并购后一年两权分离度分布与并购绩效。从表 5 – 15 中可以看出，从全样本来看，并购后一年两权分离度为 0 的文化企业并购绩效最高，两权分离度分布在 20% ~ 30% 之间的文化企业并购绩效最低。随着两权分离度比例的递增，并购后一年文化企业并购绩效先下降后又略微有所回升，出现了的 "V" 形变动趋势。

表5-15 并购后一年两权分离度与并购绩效

两权分离度分布		0	10%以下	10%~20%	20%~30%	30%~40%	全部
非国有文化企业	最大值	2.838724	2.541530	0.545086	0.491318	—	2.838724
	最小值	-2.671476	-1.162596	-1.274264	-0.430758	—	-2.671476
	均值	-0.023859	0.187975	0.030179	-0.291501	—	0.007981
	标准差	0.675137	0.608235	0.404895	0.345749	—	0.623111
	样本量	162	35	43	7	0	247
	占非国有文化企业比例	0.655870	0.141700	0.174089	0.02834	0	1
	占全部样本比例	0.351410	0.075922	0.093275	0.015184	0	0.535792
国有文化企业	最大值	2.354439	0.650032	0.150398	—	-0.017693	2.354439
	最小值	-3.148695	-0.895268	-0.988705	—	-0.410734	-3.148695
	均值	0.047218	-0.163104	-0.266786	—	-0.214213	-0.009211
	标准差	0.654792	0.411001	0.324729	—	0.277922	0.608446
	样本量	162	40	10	0	2	214
	占国有文化企业比例	0.757009	0.186916	0.046729	0	0.009346	1
	占全部样本比例	0.351410	0.086768	0.021692	0	0.004338	0.464208

续表

两权分离度分布		0	10%以下	10%~20%	20%~30%	30%~40%	全部
全部	最大值	2.838724	2.541530	0.545086	0.491318	-0.017693	2.838724
	最小值	-3.148695	-1.162596	-1.274264	-0.430758	-0.410734	-3.148695
	均值	0.011679	0.000733	-0.025852	-0.291501	-0.214213	-1.34e-08
	标准差	0.664966	0.538605	0.405491	0.345749	0.277922	0.615739
	样本量	324	75	53	7	2	461
	比例	0.702820	0.162690	0.114967	0.015184	0.004338	1

从表 5 – 15 中还可以看出，按照终极控股股东的性质分样本来看，对非国有文化企业并购样本来说，并购后一年两权分离度分布在 0 ～ 10% 之间的文化企业并购绩效最高，两权分离度分布在 20% ～ 30% 之间的文化企业并购绩效最低。随着两权分离度比例的递增，并购后一年非国有文化企业并购绩效呈现先上升后下降的变动趋势；对国有文化企业来说，在并购后一年，两权没有发生分离的文化企业并购绩效最高，两权分离度分布在 10% ～ 20% 之间的文化企业并购绩效则最低。并购后一年国有文化企业并购绩效呈现先下降然后略微有些回升的 "V" 形变动趋势，这和全样本变动趋势一致。另外，并购后一年非国有文化企业并购样本和全样本均有两个区间均值为正，而国有文化企业并购样本在并购后一年则只有一个区间均值为正。因此，从并购当年两权分离度分布与并购绩效的关系这个角度来说，并购后一年非国有文化企业并购样本并购绩效较好，而并购后一年国有文化企业并购绩效较差。

（3）并购后两年两权分离度分布与并购绩效。从表 5 – 16 中可以看出，从全样本来看，并购后两年两权分离度为 20% ～ 30% 的文化企业并购绩效最高，两权分离度分布在 10% ～ 20% 之间的文化企业并购绩效最低，但两权分离度分布在 20% ～ 30% 之间的文化企业只有 6 家，代表性不强；并购当年两权分离度为 30% ～ 40% 之间的文化企业并购绩效次高，但两权分离度分布在 30% ～ 40% 之间的文化企业只有 2 家，代表性也不强，并购绩效再次高的是两权分离度分布在 10% 以下的文化企业。随着两权分离度比例的递增，并购后两年文化企业并购绩效呈现先上升后下降的两次反复的 "M" 形变动趋势。

从表 5 – 16 中还可以看出，按照终极控股股东的性质分样本来看，对非国有文化企业并购样本来说，并购后两年两权分离度分布在 20% ～ 30% 之间的文化企业并购绩效最高，但两权分离度分布在 20% ～ 30% 之间的非国有文化企业只有 3 家，代表性不强，两权分离度分布在 10% ～ 20% 之间的文化企业并购绩效最低，并购后两年两权分离度分布在 10% 以下的文化企业并购绩效次高。随着两权分离度比例的递增，并购后两年非国有文化企业并购绩效呈现先上升后下降的两次反复的 "M" 形变动趋势，这和全样本变动趋势一致；对国有文化企业来说，并购后两年两权分离度为 30% ～ 40% 的文化企业并购绩效最高，两权分离度分布在 20% ～ 30% 之间的文化企业并购绩效最低，但两权分离度分布在 30% ～ 40%

表 5 - 16　　并购后两年两权分离度与并购绩效

两权分离度分布		0	10%以下	10%~20%	20%~30%	30%~40%	全部
非国有文化企业	最大值	4.669546	0.665806	0.401792	3.639317	0.012165	4.669546
	最小值	-2.146150	-0.712820	-1.089360	-0.721057	0.012165	-2.146159
	均值	0.016420	0.038112	-0.077546	2.185859	0.012165	0.030319
	标准差	0.719990	0.399811	0.376251	2.517463	0	0.703596
	样本量	161	41	42	3	1	248
	占非国有文化企业比例	0.649194	0.165323	0.169355	0.012097	0.004032	1
	占全部样本比例	0.349241	0.088937	0.091106	0.006508	0.002169	0.537961
国有文化企业	最大值	1.476778	0.366943	0.339497	-0.065658	0.135658	1.476778
	最小值	-3.145750	-0.390044	-0.693859	-0.495184	0.135658	-3.145759
	均值	-0.026061	0.008146	-0.213795	-0.304599	0.135658	-0.035301
	标准差	0.561931	0.269869	0.344772	0.218808	0	0.505312
	样本量	156	39	14	3	1	213
	占国有文化企业比例	0.732394	0.183099	0.065728	0.014085	0.004695	1
	占全部样本比例	0.338395	0.084599	0.030369	0.006508	0.002169	0.462039

续表

两权分离度分布	0	10%以下	10%~20%	20%~30%	30%~40%	全部
最大值	4.669546	0.665806	0.401792	3.639317	0.135658	4.669546
最小值	-3.145750	-0.712820	-1.089363	-0.721057	0.012165	-3.145759
均值	-0.004485	0.023503	-0.111609	0.940630	0.073911	-2.57e-08
标准差	0.646383	0.340874	0.370365	2.101169	0.087322	0.620137
样本量	317	80	56	6	2	461
比例	0.687636	0.173536	0.121475	0.013015	0.004338	1

全部

之间的国有文化企业只有 1 家，两权分离度分布在 20% ~ 30% 之间的国有文化企业只有 3 家，代表性均不强。两权分离度分布在 10% 以下的国有文化企业并购绩效次高，两权分离度分布在 10% ~ 20% 之间的国有文化企业并购绩效次低。此外，并购后两年国有文化企业并购绩效呈现先上升后下降然后再上升的"N"形变动趋势。另外，并购后两年全样本有一个区间均值为负，非国有文化企业并购样本有一个区间均值为负，而国有文化企业并购样本在并购后两年则有三个区间均值为负。因此，从并购当年两权分离度分布与并购绩效的关系这个角度来说，并购后两年非国有文化企业并购样本并购绩效较好，而并购后两年国有文化企业并购绩效较差。

综上，非国有文化企业并购以后的并购绩效整体逐年变好，国有文化企业并购以后的并购绩效整体逐年变差，这可能是因为并购以后，国家对国有企业的扶持力度逐渐减小。

6. 文化企业终极控股股东的控制链层级与并购绩效

（1）并购当年控制链层级与并购绩效。从表 5 - 17 中可以看出，从全样本来看，并购当年控制链层级为 5 层的文化企业并购绩效最高，6 层的次高，但控制链层级为 5 层和 6 层的并购样本一共才 17 家，代表性不强，控制链层级为 3 层的并购样本并购绩效较高，而控制链层级为 2 层的文化企业并购绩效最低。随着并购样本终极控股股东的控制链层级的递增，在并购当年，文化企业并购绩效先下降后又上升，出现了两次半的反复。

从表 5 - 17 中还可以看出，按照终极控股股东的性质分样本来看，对非国有文化企业并购样本来说，并购当年控制链层级分布与并购绩效的关系和全样本完全一致；对国有文化企业来说，并购当年控制链层级为 6 层的文化企业并购绩效最高，但控制链层级为 6 层的并购样本一共只有 3 家，不具有代表性，控制链层级为 3 层的国有文化企业并购样本并购绩效次高，而控制链层级为 2 层的文化企业并购绩效最低。随着并购样本终极控股股东的控制链层级的递增，并购当年国有文化企业并购绩效也呈现先下降后上升的两次半反复的变动趋势，和全样本和非国有文化企业均一致。也就是说，从并购当年控制链层级分布与并购绩效的关系来看，随着控制链层级的递增，全样本和非国有文化企业以及国有

表5-17 并购当年控制链层级与并购绩效

控制链层级		1	2	3	4	5	6	7	全部
非国有文化企业	最大值	4.614354	0.770697	0.555625	0.501147	1.183002	0.971971	—	4.614354
	最小值	-3.003873	-2.229709	-0.533218	-0.335471	-0.370026	0.169433	—	-3.003873
	均值	-0.072629	-0.157864	0.200069	0.127992	0.857677	0.730924	—	-0.033564
	标准差	0.802173	0.542268	0.255933	0.389382	0.622257	0.323720	—	0.672169
	样本量	119	113	28	9	6	7	0	282
	占非国有文化企业比例	0.421986	0.400709	0.099291	0.031915	0.021277	0.024823	0	1
	占全部样本比例	0.258134	0.245119	0.060738	0.019523	0.013015	0.015184	0	0.611714
国有文化企业	最大值	0.868214	0.811186	5.738105	0.481509	0.282283	0.731752	0.334518	5.738105
	最小值	-0.575004	-3.144776	-0.646068	-0.796375	0.282283	0.731752	-0.217205	-3.144776
	均值	-0.013064	-0.089478	0.517438	0.091113	0.282283	0.731752	0.158606	0.052877
	标准差	0.510292	0.624764	1.658318	0.432124	0		0.272944	0.821780
	样本量	13	101	24	31	1	3	6	179
	占国有文化企业比例	0.072626	0.564246	0.134078	0.173184	0.005587	0.016760	0.033520	1
	占全部样本比例	0.028200	0.219089	0.052061	0.067245	0.002169	0.006508	0.013015	0.388286

续表

控制链层级		1	2	3	4	5	6	7	全部
全部	最大值	4.614354	0.811186	5.738105	0.501147	1.183002	0.971971	0.334518	5.738105
	最小值	-3.003873	-3.144776	-0.646068	-0.796375	-0.370026	0.169433	-0.217205	-3.144776
	均值	-0.066762	-0.125589	0.346547	0.099411	0.775478	0.731173	0.158606	-2.97e-08
	标准差	0.777043	0.582275	1.140353	0.418311	0.608249	0.264317	0.158606	0.734241
	样本量	132	214	52	40	7	10	6	461
	比例	0.286334	0.464208	0.112798	0.086768	0.015184	0.021692	0.013015	1

文化企业并购绩效的变动趋势均是一致的。从并购当年控制链层级分布与并购绩效的关系整体来看，全样本有两个区间并购绩效为负，五个区间并购绩效为正；国有文化企业并购样本有两个区间并购绩效为负，五个区间并购绩效为正；而非国有文化企业并购样本则有两个区间并购绩效为负，四个区间并购绩效为正，另外一个区间则没有样本存在。而且全样本和非国有文化企业并购样本整体均值为负，国有文化企业并购样本整体均值为正。因此，从这个角度来说，并购当年国有文化企业并购绩效较好。

（2）并购后一年控制链层级与并购绩效。从表 5 – 18 中可以看出，从全样本来看，并购后一年控制链层级为 4 层的文化企业并购绩效最高，控制链层级为 5 层的文化企业并购绩效最低，但由于并购后一年控制链层级为 5 层的文化企业只有 5 家，代表性不强，而控制链层级为 7 层的文化企业也只有 17 家，代表性也不强。控制链层级为 1 层的并购样本文化企业并购绩效次低。随着并购样本终极控股股东的控制链层级的递增，并购后一年文化企业并购绩效呈现先上升后下降的两次反复的变动趋势，即"M"形的变动趋势。

从表 5 – 18 中还可以看出，按照终极控股股东的性质分样本来看，对非国有文化企业并购样本来说，并购后一年控制链层级为 3 层的文化企业并购绩效最高，控制链层级为 1 层的文化企业并购绩效最低。随着并购样本终极控股股东的控制链层级的递增，并购后一年非国有文化企业并购绩效先上升后又下降，出现了倒"V"形的变化状态；对国有文化企业来说，并购后一年控制链层级为 3 层的文化企业并购绩效最高，控制链层级为 1 层的文化企业并购绩效最低。随着并购样本终极控股股东的控制链层级的递增，并购后一年国有文化企业并购绩效呈现先上升后下降之后再上升的"N"形的变动趋势。从并购后一年控制链层级分布与并购绩效的关系整体来看，全样本有三个区间并购绩效为负，四个区间并购绩效为正；国有文化企业并购样本有四个区间并购绩效为负，三个区间并购绩效为正；而非国有文化企业并购样本则有一个区间并购绩效为负，四个区间并购绩效为正，另外两个区间则没有样本存在。而且全样本和国有文化企业并购样本整体均值为负，非国有文化企业并购样本整体均值为正。因此，从这个角度来说，并购后一年非国有文化企业并购绩效较好。

表5-18　并购后一年控制链层级与并购绩效

控制链层级		1	2	3	4	5	6	7	全部
非国有文化企业	最大值	1.666891	1.489869	2.838724	2.541530	—	0.093586	—	2.838724
	最小值	-2.671476	-1.162596	-1.274264	-0.547051	—	0.001876	—	-2.671476
	均值	-0.132865	0.050621	0.537492	0.509080	—	0.038033	—	0.007981
	标准差	0.601566	0.547415	0.994232	0.589950	—	0.032019	—	0.623111
	样本量	126	88	10	17	0	6	0	247
	占非国有文化企业比例	0.510121	0.356275	0.040486	0.068826	0	0.024291	0	1
	占全部样本比例	0.273319	0.190889	0.021692	0.036876	0	0.013015	0	0.535792
国有文化企业	最大值	-0.103349	2.354439	0.988236	1.278961	0.079105	0.150398	-0.017693	2.354439
	最小值	-0.479959	-3.148695	-0.988705	-0.660192	-0.410734	0.150398	-0.473819	-3.148695
	均值	-0.236155	-0.007480	0.154041	0.099599	-0.184745	0.150398	-0.182213	-0.009211
	标准差	0.120047	0.700699	0.534894	0.404831	0.218935		0.208870	0.608446
	样本量	12	135	25	19	5	1	17	214
	占国有文化企业比例	0.056075	0.630841	0.116822	0.088785	0.023364	0.004673	0.079439	1
	占全部样本比例	0.02603	0.292842	0.054230	0.041215	0.010846	0.002169	0.036876	0.464208

续表

控制链层级		1	2	3	4	5	6	7	全部
全部	最大值	1.666891	2.354439	2.838724	2.54153	0.079105	0.150398	-0.017693	2.838724
	最小值	-2.671476	-3.148695	-1.274264	-0.660192	-0.410734	0.001876	-0.473819	-3.148695
	均值	-0.141846	0.015448	0.263598	0.292965	-0.184745	0.054085	-0.182213	$-1.34e-08$
	标准差	0.576363	0.643896	0.703215	0.535138	0.218935	0.051556	0.208870	0.615739
	样本量	138	223	35	36	5	7	17	461
	比例	0.299349	0.483731	0.075922	0.078091	0.010846	0.015184	0.036876	1

（3）并购后两年控制链层级与并购绩效。从表5-19中可以看出，从全样本来看，并购后两年控制链层级为7层的文化企业并购绩效最高，控制链层级为5层的文化企业并购绩效最低，但由于并购后两年控制链层级为5层的文化企业只有6家，控制链层级为7层的文化企业也只有11家企业，代表性均不强，控制链层级为8层的并购样本文化企业并购绩效次高，但并购后两年控制链层级为8层的文化企业只有1家，基本没有代表性，并购后两年并购绩效再次高的就是控制链层级为4层的文化企业，控制链层级为3层的并购样本文化企业并购绩效次低。随着并购样本终极控股股东的控制链层级的递增，并购后两年文化企业并购绩效呈现先上升后下降的三次反复的变动趋势。

从表5-19中还可以看出，按照终极控股股东的性质分样本来看，对非国有文化企业并购样本来说，并购后两年控制链层级为4层的文化企业并购绩效最高，控制链层级为5层的文化企业并购绩效最低，但由于并购后两年控制链层级为5层的非国有文化企业只有1家，没有代表性，控制链层级为3层的并购样本文化企业并购绩效次高，而由于并购后两年控制链层级为3层的文化企业也只有8家，代表性也不强，控制链层级为2层的并购样本文化企业并购绩效再次高。随着控制链层级的递增，在并购后两年，非国有文化企业并购绩效先上升又下降，出现了两次半的反复；对国有文化企业来说，并购后两年控制链层级为7层的文化企业并购绩效最高，控制链层级为1层的文化企业并购绩效最低。随着并购样本终极控股股东的控制链层级的递增，并购后两年国有文化企业并购绩效呈现先上升后下降的三次反复的变动趋势。从并购后两年控制链层级分布与并购绩效的关系整体来看，全样本有三个区间并购绩效为负，五个区间并购绩效为正；国有文化企业并购样本有两个区间并购绩效为负，六个区间并购绩效为正；而非国有文化企业并购样本则有三个区间并购绩效为负，三个区间并购绩效为正，另外两个区间则没有样本存在。而且全样本和国有文化企业并购样本整体均值为负，非国有文化企业并购样本整体均值为正。因此，从这个角度来说，并购后两年非国有文化企业并购绩效较好。

综上所述，非国有文化企业并购以后的并购绩效整体逐年变好，国有文化企业并购以后的并购绩效整体逐年变差，这可能是因为并购以后，国家对国有企业的扶持力度减小。

表5-19　并购后两年控制链层级与并购绩效

控制链层级		1	2	3	4	5	6	7	8	全部
非国有文化企业	最大值	4.669546	0.872119	0.787124	3.639317	-0.567100	0.247672	—	—	4.669546
	最小值	-1.581166	-1.089363	-2.146159	-0.471695	-0.567100	0.122089	—	—	-2.146159
	均值	-0.008466	0.021571	-0.154993	0.444660	-0.567100	0.153708	—	—	0.030319
	标准差	0.764668	0.416627	0.900600	1.219611		0.047362	—	—	0.703596
	样本量	127	89	8	17	1	6	0	0	248
	占非国有文化企业比例	0.512097	0.358871	0.032258	0.068548	0.004032	0.024194	0	0	1
	占全部样本本比例	0.275488	0.193059	0.017354	0.036876	0.002169	0.013015	0	0	0.537961
国有文化企业	最大值	-0.045027	1.476778	0.467896	0.519469	-0.239140	-0.239513	0.366943	0.135658	1.476778
	最小值	-0.685703	-3.145759	-0.563778	-1.634464	-0.519256	-0.495184	-0.049652	0.135658	-3.145759
	均值	-0.476418	-0.002157	-0.038289	-0.028962	-0.365803	-0.367349	0.329071	0.135658	-0.035301
	标准差	0.147833	0.576338	0.234013	0.432594	0.127737	0.180787	0.125608		0.505312
	样本量	14	126	22	32	5	2	11	1	213
	占国有文化企业比例	0.065728	0.591549	0.103286	0.150235	0.023474	0.009390	0.051643	0.004695	1
	占全部样本本比例	0.030369	0.273319	0.047722	0.069414	0.010846	0.004338	0.023861	0.002169	0.462039

146

控制链层级		1	2	3	4	5	6	7	8	全部
全部	最大值	4.669546	1.476778	0.787124	3.639317	-0.239140	0.247672	0.366943	0.135658	4.669546
	最小值	-1.581166	-3.145759	-2.146159	-1.634464	-0.567102	-0.495184	-0.049652	0.135658	-3.145759
	均值	-0.054929	0.007665	-0.069410	0.135356	-0.399353	0.023444	0.329071	0.135658	-2.57e-08
	标准差	0.740269	0.515303	0.488046	0.817655	0.140737	0.253870	0.125608	0	0.620137
	样本量	141	215	30	49	6	8	11	1	461
	比例	0.305857	0.466377	0.065076	0.106291	0.013015	0.017354	0.023861	0.002169	1

5.3.2　相关性分析

1. 并购当年变量之间的相关性分析

从表 5 – 20 中可以看出，文化企业并购当年并购绩效与终极控股股东性质呈正相关但不显著，说明相对非国有文化企业来说，国有文化企业并购当年并购绩效较高但不明显。文化企业并购当年并购绩效与终极控股股东的控制权在 0.05 的水平上呈显著负相关，说明文化企业终极控股股东的控制权越高，并购当年并购绩效越低。文化企业并购当年并购绩效与终极控股股东的现金流权在 0.05 的水平上呈显著负相关，说明文化企业终极控股股东的现金流权越高，并购当年并购绩效显著越低。文化企业并购当年并购绩效与两权分离度呈正相关但不显著，说明两权分离度越高，并购当年的并购绩效越好，但不明显。在并购当年，并购绩效与控制链层级呈显著正相关，这说明了控制链层级越高，在当年的并购绩效就明显越好。在并购当年，文化企业的并购绩效与股权制衡度呈显著正相关，这说明文化企业的股权制衡度越高，在当年的并购绩效就越好。文化企业并购当年并购绩效与可持续增长率在 0.01 的水平上呈显著正相关，说明文化企业可持续增长率越高，并购当年并购绩效越好。

从表 5 – 20 中可以看出，除了终极控股股东的控制权与现金流权之间的关系外，其余解释变量之间的相关系数都小于 0.5，这表明，这些变量之间没有显著的共线性。但终极控制股东的控制权与现金流权之间呈显著正相关，且相关系数为 0.936，说明控制权越高的企业，现金流权也越高；因此，终极控制股东的控制权与现金流权之间存在显著的共线性问题，在检验时需要将其分开。

2. 并购后一年变量之间的相关性分析

从表 5 – 21 中可以看出，文化企业并购后一年并购绩效与终极控股股东性质呈负相关但不显著，说明相对非国有文化企业来说，国有文化企业并购后一年并购绩效较低但不明显。文化企业并购后一年并购绩效与终极控股股东的控制权在 0.01 的水平上呈显著负相关，说明文化企

表 5-20　并购当年变量之间的相关性

指标		当年并购绩效	性质	控制权	现金流权	两权分离	控制链层级	股权制衡度	资产规模	资产负债率	可持续增长率
当年并购绩效	Pearson 相关性	1	0.057	-0.103**	-0.113**	0.050	0.204***	0.100**	0.046	0.049	0.524***
	显著性（双侧）		0.218	0.026	0.015	0.285	0.000	0.033	0.324	0.295	0.000
性质	Pearson 相关性	0.057	1	-0.001	0.046	-0.132***	0.299***	-0.132***	-0.062	-0.009	0.167***
	显著性（双侧）	0.218		0.985	0.327	0.004	0.000	0.005	0.182	0.852	0.000
控制权	Pearson 相关性	-0.103**	-0.001	1	0.936***	-0.037	-0.170***	-0.209***	0.019	-0.100**	-0.015
	显著性（双侧）	0.026	0.985		0.000	0.422	0.000	0.000	0.680	0.032	0.748
现金流权	Pearson 相关性	-0.113**	0.046	0.936***	1	-0.387***	-0.311***	-0.205***	0.039	-0.121***	-0.047
	显著性（双侧）	0.015	0.327	0.000		0.000	0.000	0.000	0.398	0.009	0.316
两权分离	Pearson 相关性	0.050	-0.132***	-0.037	-0.387***	1	0.435***	0.033	-0.061	0.081*	0.094**
	显著性（双侧）	0.285	0.004	0.422	0.000		0.000	0.475	0.188	0.082	0.045
控制链层级	Pearson 相关性	0.204***	0.299***	-0.170***	-0.311***	0.435***	1	0.075	-0.065	0.118***	0.062
	显著性（双侧）	0.000	0.000	0.000	0.000	0.000		0.109	0.166	0.011	0.187
股权制衡度	Pearson 相关性	0.100**	-0.132***	-0.209***	-0.205***	0.033	0.075	1	0.019	0.031	0.051
	显著性（双侧）	0.033	0.005	0.000	0.000	0.475	0.109		0.689	0.514	0.272

续表

指标		当年并购绩效	性质	控制权	现金流权	两权分离	控制链层级	股权制衡度	资产规模	资产负债率	可持续增长率
资产规模	Pearson 相关性	0.046	-0.062	0.019	0.039	-0.061	-0.065	0.019	1	0.090*	0.174***
	显著性（双侧）	0.324	0.182	0.680	0.398	0.188	0.166	0.689		0.053	0.000
资产负债率	Pearson 相关性	0.049	-0.009	-0.100**	-0.121***	0.081*	0.118*	0.031	0.090*	1	0.069
	显著性（双侧）	0.295	0.852	0.032	0.009	0.082	0.011	0.514	0.053		0.141
可持续增长率	Pearson 相关性	0.524***	0.167***	-0.015	-0.047	0.094**	0.062	0.051	0.174***	0.069	1
	显著性（双侧）	0.000	0.000	0.748	0.316	0.045	0.187	0.272	0.000	0.141	

样本量 = 461

注：* 表示在 0.1 水平（双侧）上显著相关；** 表示在 0.05 水平（双侧）上显著相关；*** 表示在 0.01 水平（双侧）上显著相关。

表 5－21　　并购后一年变量之间的相关性

指标		后一年并购绩效	性质	控制权	现金流权	两权分离	控制链层级	股权制衡度	资产规模	资产负债率	可持续增长率
后一年并购绩效	Pearson 相关性	1	-0.014	-0.153***	-0.132***	-0.049	0.085*	-0.033	-0.175***	0.198***	-0.200***
	显著性（双侧）		0.765	0.001	0.004	0.296	0.069	0.479	0.000	0.000	0.000
性质	Pearson 相关性	-0.014	1	-0.061	-0.001	-0.179***	0.346***	-0.148***	0.361***	0.132***	0.057
	显著性（双侧）	0.765		0.194	0.986	0.000	0.000	0.001	0.000	0.005	0.219
控制权	Pearson 相关性	-0.153***	-0.061	1	0.947***	0.059	-0.259***	-0.436***	-0.069	-0.248***	-0.022
	显著性（双侧）	0.001	0.194		0.000	0.204	0.000	0.000	0.141	0.000	0.634
现金流权	Pearson 相关性	-0.132***	-0.001	0.947***	1	-0.266***	-0.378***	-0.473***	-0.015	-0.272***	-0.022
	显著性（双侧）	0.004	0.986	0.000		0.000	0.000	0.000	0.743	0.000	0.635
两权分离	Pearson 相关性	-0.049	-0.179***	0.059	-0.266***	1	0.396***	0.161***	-0.158***	0.101**	0.002
	显著性（双侧）	0.296	0.000	0.204	0.000		0.000	0.001	0.001	0.030	0.965
控制链层级	Pearson 相关性	0.085	0.346***	-0.259***	-0.378***	0.396***	1	0.282***	0.173***	0.058	-0.021
	显著性（双侧）	0.069	0.000	0.000	0.000	0.000		0.000	0.000	0.214	0.659
股权制衡度	Pearson 相关性	-0.033	-0.148***	-0.436***	-0.473***	0.161***	0.282***	1	0.041	0.010	0.019
	显著性（双侧）	0.479	0.001	0.000	0.000	0.001	0.000		0.374	0.838	0.682

续表

指标		后一年并购绩效	性质	控制权	现金流权	两权分离	控制链层级	股权制衡度	资产规模	资产负债率	可持续增长率
资产规模	Pearson 相关性	-0.175 ***	0.361 ***	-0.069	-0.015	-0.158 ***	0.173 ***	0.041	1	0.285 ***	0.143 ***
	显著性（双侧）	0.000	0.000	0.141	0.743	0.001	0.000	0.374		0.000	0.002
资产负债率	Pearson 相关性	0.198 ***	0.132 ***	-0.248 ***	-0.272 ***	0.101 **	0.058	0.010	0.285 ***	1	0.132 ***
	显著性（双侧）	0.000	0.005	0.000	0.000	0.030	0.214	0.838	0.000		0.005
可持续增长率	Pearson 相关性	-0.200 ***	0.057	-0.022	-0.022	0.002	-0.021	0.019	0.143 ***	0.132 ***	1
	显著性（双侧）	0.000	0.219	0.634	0.635	0.965	0.659	0.682	0.002	0.005	

样本量=461

注：* 表示在 0.1 水平（双侧）上显著相关；** 表示在 0.05 水平（双侧）上显著相关；*** 表示在 0.01 水平（双侧）上显著相关。

业终极控股股东的控制权越高，并购后一年并购绩效明显越低，并且该影响比并购当年更大。文化企业并购后一年并购绩效与终极控股股东的现金流权在0.01的水平上呈显著负相关，说明文化企业终极控股股东的现金流权越高，并购后一年并购绩效显著越低，并且该影响比并购当年更大。文化企业并购后一年并购绩效与两权分离度呈负相关但不显著，这说明两权分离度越高，文化企业在并购后一年的并购绩效越差，但不明显。文化企业并购后一年并购绩效与终极控股股东的控制链层级呈正相关但不显著，说明终极控股股东的控制链层级越高，并购后一年并购绩效越好，但变化不明显。文化企业并购后一年并购绩效与企业资产规模呈显著负相关，说明文化企业资产规模越大，并购后一年并购绩效明显越差。文化企业在并购后一年，并购绩效与资产负债率为显著正相关关系，这说明在后一年，对文化企业来说，资产负债率越高，并购绩效就明显越好。文化企业并购后一年并购绩效与可持续增长率在0.01的水平上呈显著负相关，说明文化企业可持续增长率越高，并购后一年并购绩效明显越差。

从表5-21中可以看出，除了终极控股股东的控制权与现金流权之间的关系外，其余解释变量之间的相关系数都小于0.5，这表明，这些变量之间没有显著的共线性。但是控制权与现金流权之间为显著正相关关系，相关系数为0.947，这说明控制权越高的企业，它的现金流权也越高；因此，终极控股股东的控制权与现金流权之间存在显著的共线性问题，在检验时需要将其分开。

3. 并购后两年变量之间的相关性分析

从表5-22中可以看出，文化企业并购后两年并购绩效与终极控股股东性质呈负相关但不显著，说明相对非国有文化企业来说，国有文化企业并购后两年并购绩效较低但不明显。文化企业并购后两年并购绩效与终极控股股东的控制权在0.01的水平上呈显著负相关，说明文化企业终极控股股东的控制权越高，并购后两年并购绩效明显越低，并且该影响也比并购当年更大。文化企业并购后两年并购绩效与终极控股股东的现金流权在0.01的水平上呈显著负相关，说明文化企业终极控股股东的现金流权越高，并购后两年并购绩效显著越低，并且该影响也比并购当年更大。在并购后的两年，文化企业和两权分离并没有显著的正相

表5－22　并购后两年变量之间的相关性

指标		后两年并购绩效	性质	控制权	现金流权	两权分离度	控制链层级	股权制衡度	资产规模	资产负债率	可持续增长率
后两年并购绩效	Pearson 相关性	1	-0.053	-0.166***	-0.161***	0.041	0.082*	0.095**	0.059	0.170***	0.073
	显著性（双侧）		0.258	0.000	0.001	0.374	0.080	0.042	0.207	0.000	0.117
性质	Pearson 相关性	-0.053	1	0.031	-0.008	-0.120***	0.357***	-0.094**	0.331***	0.029	0.084*
	显著性（双侧）	0.258		0.512	0.864	0.010	0.000	0.044	0.000	0.538	0.072
控制权	Pearson 相关性	-0.166***	0.031	1	0.948***	-0.318***	-0.341***	-0.489***	-0.026	-0.264***	0.119***
	显著性（双侧）	0.000	0.512		0.000	0.000	0.000	0.000	0.579	0.000	0.010
现金流权	Pearson 相关性	-0.161***	-0.008	0.948***	1	0.001	-0.200***	-0.447***	-0.088*	-0.237***	0.143***
	显著性（双侧）	0.001	0.864	0.000		0.981	0.000	0.000	0.059	0.000	0.002
两权分离	Pearson 相关性	0.041	-0.120***	-0.318***	0.001	1	0.477***	0.205***	-0.181***	0.126***	0.051
	显著性（双侧）	0.374	0.010	0.000	0.981		0.000	0.000	0.000	0.007	0.273
控制链层级	Pearson 相关性	0.082*	0.357***	-0.341***	-0.200***	0.477***	1	0.322***	0.104**	0.003	0.032
	显著性（双侧）	0.080	0.000	0.000	0.000	0.000		0.000	0.025	0.944	0.489
股权制衡度	Pearson 相关性	0.095**	-0.094**	-0.489***	-0.447***	0.205***	0.322***	1	0.085*	0.010	-0.055
	显著性（双侧）	0.042	0.044	0.000	0.000	0.000	0.000		0.067	0.831	0.241

续表

指标		后两年并购绩效	性质	控制权	现金流权	两权分离度	控制链层级	股权制衡度	资产规模	资产负债率	可持续增长率
资产规模	Pearson 相关性	0.059	0.331***	-0.026	-0.088*	-0.181***	0.104**	0.085*	1	0.305***	0.222***
	显著性（双侧）	0.207	0.000	0.579	0.059	0.000	0.025	0.067		0.000	0.000
资产负债率	Pearson 相关性	0.170***	0.029	-0.264***	-0.237***	0.126***	0.003	0.010	0.305***	1	-0.044
	显著性（双侧）	0.000	0.538	0.000	0.000	0.007	0.944	0.831	0.000		0.343
可持续增长率	Pearson 相关性	0.073	0.084*	0.119***	0.143***	0.051	0.032	-0.055	0.222***	-0.044	1
	显著性（双侧）	0.117	0.072	0.010	0.002	0.273	0.489	0.241	0.000	0.343	

样本量=461

注：* 表示在 0.1 水平（双侧）上显著相关；** 表示在 0.05 水平（双侧）上显著相关；*** 表示在 0.01 水平（双侧）上显著相关。

关关系。这表明，两权分离越高，并购后两年并购绩效也就越高，但是并不明显。文化企业并购后两年并购绩效与终极控股股东的控制链层级在 0.1 的水平上呈显著正相关，说明终极控股股东的控制链层级越高，并购后两年并购绩效明显越好。文化企业并购后两年并购绩效与企业资产负债率在 0.01 的水平上呈显著正相关，说明文化企业资产负债率越高，并购后两年并购绩效越好。

从表 5 – 22 中还可以看出，除了终极控股股东的控制权与现金流权之间的关系外，其余解释变量之间的相关系数都小于 0.5，这表明，这些变量之间没有显著的共线性。但终极控制股东的控制权与现金流权之间在 0.01 的水平上显著正相关，相关系数为 0.948，说明控制权越高的企业，往往现金流权也越高；因此，终极控制股东的控制权与现金流权之间存在显著的共线性问题，在检验时需要将其分开。

5.3.3 回归结果及分析

为了分析和检验文化企业终极控股股东的各方面特征对并购绩效的具体影响和作用，本书分别从控制权、现金流权、两权分离度以及控制链层级方面分析其对文化企业并购绩效的作用。

1. 并购当年终极控股股东对文化企业并购绩效影响的全样本回归结果分析

由表 5 – 23 可知，并购当年并购样本文化企业终极控股股东的控制权与企业并购绩效在 0.05 的水平上显著负相关，说明并购样本文化企业终极控股股东的控制权越高，并购当年文化企业并购绩效明显越低，这说明并购样本文化企业终极控股股东的控制权对并购当年企业并购绩效的负向影响较大。在并购当年，并购企业终极控制人的现金流权与并购绩效之间存在显著的负相关关系，这说明现金流权越高，并购当年文化企业并购绩效明显越低，这说明现金流权对当年企业并购绩效带来的负向影响相对比较大。在并购当年，两权分离度与并购绩效为负相关但不显著，这说明两权分离度越高，并购绩效越低，但不明显，也就是说，两权分离度对当年的并购绩效并没有明显的影响作用。并购当年并购样本文化企业终极控股股东的控制链层级与企业并购绩效在 0.01 的水平上显著正相关，说明并购样本文化企业终极控股股东的控制链层级越多，并购当年文化企业并购绩效明显越高。这说明并购样本文化企业终极控股股东的控制链层级对并购当年企业并购绩效正向影响较大。这可能是因为很多文化企业由文化事业单位改制而来，控制链层级越多的文化企业，受行政干预越少，所执行的行政职能越弱，越有利于其自主采取措施提高企业绩效，因此也更有利于文化企业并购绩效的提高。

表 5 - 23　　　　　　　　　　并购当年全样本回归结果

变量	模型（1）map0	模型（2）map0	模型（3）map0	模型（4）map0
cr	−0.003890 ** （−2.02）			
cfr		−0.003230 * （−1.81）		
sep			−0.000768 （−0.15）	
layer				0.099100 *** （4.21）
ebd	0.046400 （1.38）	0.048200 （1.44）	0.060600 * （1.84）	0.050900 （1.57）
ass	−0.033700 （−1.13）	−0.032300 （−1.09）	−0.036000 （−1.21）	−0.024900 （−0.85）
alr	0.016400 （0.17）	0.014600 （0.15）	0.036400 （0.38）	−0.011900 （−0.13）
susgr	4.337000 *** （13.09）	4.315000 *** （13.00）	4.344000 *** （12.98）	4.250000 *** （12.99）
常量	0.471000 （0.73）	0.405000 （0.63）	0.349000 （0.54）	−0.080800 （−0.13）
样本量	461	461	461	461

注：括号内为 t 统计量。* 表示在 0.1 水平（双侧）上显著相关，** 表示在 0.05 水平（双侧）上显著相关，*** 表示在 0.01 水平（双侧）上显著相关。

从表 5 - 23 中还可以看出，在并购当年，股权制衡度只有在和两权分离度放在一起进行回归时，才与并购绩效呈现显著的正相关关系，这说明此时终极控股股东的股权制衡度可以明显提高并购样本文化企业并购绩效，而且还说明股权制衡度在两权分离度对并购样本文化企业的负向影响中起到了一定的制衡作用。

2. 并购后一年终极控股股东对文化企业并购绩效影响的全样本回归结果分析

由表 5 - 24 可知，在并购后一年，控制权与文化企业并购绩效在 0.01 的水平上显著负相关，这说明控制权越高，并购后一年文化企业的并购绩效明显越低，说明控制权对后一年的并购绩效带来的负向影响作用比较大。并购后一年现金流权与文化企业并购绩效在 0.05 的水平上显著负相关，这说明现金流权越高，并购后一年文化企业并购绩效明显越低，这说明并购样本文化企业终极控股股东的现金流权对并购后一年企业并购绩效的负向影响较大。并购后一年两权分离度和并购绩效在 0.01 的水平上显著负相关，这说明两权分离度越高，后一年并购绩效明显越低，这说明两权分离度对并购后一年文化企业并购绩效的负向影响较大。并购后一年并购样本文化企业终极控股股东的控制链层级与企业并购绩效在 0.01 的水平上显著正相关，说明并购样本文化企业终极控股股东的控制链层级越多，并购后一年文化企业并购绩效明显越高，这说明并购样本文化企业终极控股股东的控制链层级对并购后一年企业并购绩效的正向影响较大。

157

表 5 - 24　　　　　　　　并购后一年全样本回归结果

变量	模型（1） map1	模型（2） map1	模型（3） map1	模型（4） map1
cr	- 0.005200 *** （- 2.98）			
cfr		- 0.003490 ** （- 1.98）		
sep			- 0.012500 *** （- 2.65）	

变量	模型（1） map1	模型（2） map1	模型（3） map1	模型（4） map1
layer				0.054600 *** （2.68）
ebd	− 0.059100 * （− 1.80）	− 0.048500 （− 1.43）	− 0.001670 （− 0.06）	− 0.038300 （− 1.25）
ass	− 0.141000 *** （− 4.96）	− 0.137000 *** （− 4.78）	− 0.159000 *** （− 5.45）	− 0.155000 *** （− 5.39）
alr	0.784000 *** （5.40）	0.805000 *** （5.43）	0.957000 *** （6.75）	0.893000 *** （6.38）
susgr	− 1.632000 *** （− 4.65）	− 1.641000 *** （− 4.65）	− 1.644000 *** （− 4.67）	− 1.602000 *** （− 4.55）
常量	3.249000 *** （5.23）	3.070000 *** （4.96）	3.354000 *** （5.32）	3.182000 *** （5.13）
样本量	461	461	461	461

注：括号内为 t 统计量。* 表示在 0.1 水平（双侧）上显著相关，** 表示在 0.05 水平（双侧）上显著相关，*** 表示在 0.01 水平（双侧）上显著相关。

从表 5 – 24 中还可以看出，并购后一年终极控股股东的股权制衡度仅在与终极控股股东的控制权一起回归时，与文化企业并购绩效在 0.1 的水平上显著正相关，说明此时终极控股股东的股权制衡度可以明显提高并购样本文化企业并购绩效，而且还说明在并购后一年股权制衡度在控制权对并购样本文化企业的负向影响中起到一定的制衡作用。

3. 并购后两年终极控股股东对文化企业并购绩效影响的全样本回归结果分析

由表 5 – 25 可知，并购后两年并购样本文化企业终极控股股东的控制权与企业并购绩效在 0.05 的水平上显著负相关，说明并购样本文化企业终极控股股东的控制权越高，并购后两年文化企业并购绩效明显越低，这说明在并购后两年，并购样本的控制权对并购绩效有明显的负向影响作用。在并购后两年，现金流权与并购绩效在 0.05 的水平上呈显著负相关，说明现金流权越高，后两年并购绩效明显越低，这说明并购样本文化企业终极控股股东的现金流权对并购后两年企业并购绩效的负向影响较大。并购后两年并购样本两权分离度与企业并购绩效负相关但不显著，这说明两权分离度越高，文化企业并购绩效越低但不明显，也就是说，并购样本两权分离度对后两年并购绩效的负向影响作用不明显。并购后两年并购样本文化企业终极控股股东的控制链层级与并购绩效正相关但不显著，这说明控制链层级越多，并购后两年文化企业并购绩效越高但不明显，这说明并购样本文化企业终极控股股东的控制链层级对并购后两年企业并购绩效的正向影响不大。

从表5-25中还可以看出，并购后两年文化企业终极控股股东的股权制衡度仅在分别与终极控股股东的两权分离度和控制权层级放在一起进行回归时，分别与并购绩效显著正相关，这说明此时终极控股股东的股权制衡度可以明显提高并购样本文化企业并购绩效，而且还说明在并购后两年股权制衡度在终极控股股东的两权分离度和控制链层级对并购样本文化企业的负向影响中起到一定的制衡作用。

表5-25　　　　　　　　并购后两年全样本回归结果

变量	模型（1）map2	模型（2）map2	模型（3）map2	模型（4）map2
cr	-0.004420** (-2.27)			
cfr		-0.004110** (-2.15)		
sep			-0.001400 (-0.26)	
layer				0.025000 (1.12)
ebd	0.032200 (0.92)	0.028600 (0.79)	0.070300** (2.17)	0.056500* (1.71)
ass	-0.016400 (-0.53)	-0.009270 (-0.30)	-0.018300 (-0.56)	-0.018600 (-0.59)

续表

变量	模型（1） map2	模型（2） map2	模型（3） map2	模型（4） map2
alr	0.463000 *** （3.09）	0.444000 *** （2.90）	0.554000 *** （3.70）	0.549000 *** （3.76）
susgr	0.755000 ** （2.22）	0.710000 ** （2.10）	0.673000 * （1.96）	0.647000 * （1.91）
常量	0.285000 （0.42）	0.116000 （0.17）	0.101000 （0.14）	0.063800 （0.09）
样本量	461	461	461	461

注：括号内为 t 统计量。* 表示在 0.1 水平（双侧）上显著相关，** 表示在 0.05 水平（双侧）上显著相关，*** 表示在 0.01 水平（双侧）上显著相关。

4. 连续三年终极控股股东对文化企业并购绩效影响的全样本回归结果综合分析

综合表 5 - 23、表 5 - 24、表 5 - 25 连续三年终极控股股东对文化企业并购绩效影响的全样本回归结果可以看出，连续三年终极控股股东的控制权分别与文化企业并购绩效在 0.05、0.01 和 0.05 的水平上显著负相关，说明文化企业并购后，终极控股股东持有文化企业的控制权比例越高，文化企业并购绩效明显越低，假设 1 得到验证；连续三年终极控股股东的现金流权分别与文化企业并购绩效在 0.1、0.05 和 0.05 的水平上显著负相关，说明文化企业并购后，终极控股股东持有文化企业的现金流权比例越高，文化企业并购绩效明显越低，假设 2 得到验证；连续三年，两权分离度均与并购绩效负相关，并且在并购后一年，二者相关的显著性水平为 0.01，这说明在并购行为发生之后，终极控股股东持有文化企业的控制权比例和现金流权比例的两权分离度越高，文化企业并购绩效越低，假设 3 得到验证；连续三年终极控股股东的控制链层级均与文化企业并购绩效正相关，并且在并购当年和并购后一年，二者相关的显著性水平都是 0.01，这说明文化企业并购后，终极控股股东与上市文化企业之间的控制链层级越多，文化企业并购绩效越高，假设 4 得到验证。

5.3.4　稳健性检验

为了进一步验证文化企业终极控股股东的各方面具体特征对并购绩效的具体影响作用，使前文的结论更加可靠，本书进一步把研究样本按照终极控股股东的性质分成国有文化企业和非国有文化企业两组，分组进行回归分析检验。

1. 并购当年按照终极控股股东的性质分样本稳健性检验回归结果分析

表 5 – 26 为并购当年并购样本终极控股股东的各方面特征对文化企业并购绩效影响的分样本稳健性检验的回归结果。

从表 5 – 26 中可以看出，在并购当年，对国有文化企业并购样本来说，控制权、现金流权以及两权分离等各方面具体特征对并购绩效均没有产生比较明显的影响作用，这可能是国有文化企业在并购当年受政府的行政干预较多，导致企业自身公司治理发挥的作用较小。而并购当年非国有文化企业并购样本的控制权与文化企业并购绩效在 0.1 的水平上显著负相关，说明并购当年非国有文化企业控制权越高，企业并购绩效越低，这说明非国有文化企业并购样本终极控股股东的控制权对并购当年企业并购绩效的负向影响较大。这可能是政府对非国有文化企业的行政干预较少，导致终极控股股东更多地利用其控制权侵害企业利益，从而使中小股东利益受损。从表 5 – 26 中还可以看出，无论国有文化企业还是非国有文化企业，并购样本控制链层级均与企业并购绩效在 0.01 的显著性水平上正相关，这说明并购当年国有文化企业和非国有文化企业终极控股股东的控制链层级越高，文化企业并购绩效越高，也就是说，并购当年国有文化企业和非国有文化企业并购样本终极控股股东的控制链层级对企业并购绩效的正向影响均很大。这可能是因为文化企业并购样本终极控股股东的控制链层级越多，所受行政干预越少，企业自身越关注其经营管理状况，并越有可能自主采取一定的激励或考核措施，进而促进企业提高其绩效。

从表 5 – 26 中还可以看出，文化企业的股权制衡度与国有文化企业并购样本的控制权、现金流权、两权分离度一起影响企业并购绩效的过程中，均与企业并购绩效在 0.05 的显著性水平上正相关；与国有文化

162

表 5-26　并购当年按照终极控股股东性质分样本稳健性检验回归结果

变量	国有文化企业				非国有文化企业			
	模型 (1) map0	模型 (2) map0	模型 (3) map0	模型 (4) map0	模型 (1) map0	模型 (2) map0	模型 (3) map0	模型 (4) map0
cr	-0.002990 (-1.22)				-0.005110* (-1.87)			
cfr		-0.003370 (-1.54)				-0.003930 (-1.51)		
sep			0.011200 (1.49)				-0.004180 (-0.65)	
layer				0.097000*** (3.05)				0.138000*** (4.10)
ebd	0.140000** (2.36)	0.140000** (2.36)	0.144000** (2.44)	0.112000* (1.90)	0.025600 (0.64)	0.030900 (0.77)	0.048700 (1.26)	0.035200 (0.94)
ass	0.023200 (0.43)	0.029600 (0.54)	0.029500 (0.54)	0.019100 (0.36)	-0.010900 (-0.30)	-0.010900 (-0.30)	-0.010900 (-0.30)	0.000464 (0.01)
alr	-0.727000*** (-2.81)	-0.730000*** (-2.85)	-0.636000** (-2.52)	-0.702000*** (-2.84)	0.056900 (0.55)	0.048500 (0.46)	0.082300 (0.78)	0.001070 (0.01)

续表

变量	国有文化企业				非国有文化企业			
	模型（1）map0	模型（2）map0	模型（3）map0	模型（4）map0	模型（1）map0	模型（2）map0	模型（3）map0	模型（4）map0
susgr	7.218000*** (14.91)	7.212000*** (14.93)	7.210000*** (14.92)	7.283000*** (15.36)	2.802000*** (6.39)	2.733000*** (6.23)	2.808000*** (6.24)	2.666000*** (6.23)
常量	-0.937000 (-0.83)	-1.067000 (-0.94)	-1.256000 (-1.08)	-1.218000 (-1.10)	0.156000 (0.19)	0.094700 (0.12)	-0.064600 (-0.08)	-0.538000 (-0.68)
样本量	179	179	179	179	282	282	282	282

注：括号内为t统计量。* 表示在0.1水平（双侧）上显著相关，** 表示在0.05水平（双侧）上显著相关，*** 表示在0.01水平（双侧）上显著相关。

企业的控制链层级一起影响企业并购绩效的过程中，和企业并购绩效均为显著正相关，表明国有文化企业股权制衡度在国有文化企业并购过程中发挥了应有作用。而股权制衡度与非国有文化企业并购样本的控制权、现金流权、两权分离度以及控制链层级一起影响企业并购绩效时，均与企业并购绩效呈正相关，但不显著，这说明非国有文化企业的股权制衡度在非国有企业发挥了正向的作用，但不明显。因此，从股权制衡度的角度来说，国有文化企业并购样本的公司治理效果较好。

2. 并购后一年按照终极控股股东的性质分样本稳健性检验回归结果分析

表 5–27 为并购后一年并购样本文化企业终极控股股东的各方面特征对并购绩效影响的分样本稳健性检验回归分析结果。

从表 5–27 中可以看出，对于国有文化企业来说，并购后一年企业并购样本的控制权与文化企业并购绩效在 0.1 的水平上显著负相关，说明并购后一年国有文化企业控制权越高，企业并购绩效明显越低，这说明国有文化企业并购样本终极控股股东的控制权对并购后一年企业并购绩效的负向影响较大。并购后一年国有文化企业并购样本的现金流权与文化企业并购绩效负相关但不显著，说明并购后一年国有文化企业现金流权越高，企业并购绩效越低但不明显，这说明国有文化企业并购样本终极控股股东的现金流权对并购后一年企业并购绩效的负向影响不大。在并购后一年，对国有文化企业并购样本来说，两权分离度和并购绩效显著负相关，这说明，对于国有文化企业来说，并购之后一年的两权分离度越高，并购绩效明显越低。也就是说，两权分离度对并购后一年企业并购绩效的负向影响作用比较大。并购后一年国有文化企业并购样本的控制链层级与文化企业并购绩效在 0.01 的水平上显著正相关，说明并购后一年国有文化企业控制链层级越高，企业并购绩效明显越高，这说明国有文化企业并购样本终极控股股东的控制链层级对并购后一年企业并购绩效的正向影响较大。对于非国有文化企业并购样本来说，并购后一年企业并购样本的控制权与文化企业并购绩效在 0.05 的水平上显著负相关，说明并购后一年非国有文化企业控制权越高，企业并购绩效明显越低，这说明非国有文化企业并购样本终极控股股东的控制权对并购后一年企业并购绩效的负向影响比国有文化企业更大。

表5-27　并购后一年按照终极控股股东性质分样本稳健性检验回归结果

变量	国有文化企业				非国有文化企业			
	模型（1）map1	模型（2）map1	模型（3）map1	模型（4）map1	模型（1）map1	模型（2）map1	模型（3）map1	模型（4）map1
cr	-0.004470* (-1.90)				-0.007010** (-2.51)			
cfr		-0.003540 (-1.43)				-0.004910* (-1.76)		
sep			-0.017300* (-1.96)				-0.009560 (-1.57)	
layer				0.082200*** (2.62)				0.110000*** (3.00)
ebd	-0.062900 (-1.17)	-0.061300 (-1.03)	0.048300 (0.95)	-0.093800* (-1.70)	-0.045100 (-1.03)	-0.030400 (-0.70)	-0.006110 (-0.15)	-0.013400 (-0.33)
ass	-0.180000*** (-4.52)	-0.181000*** (-4.51)	-0.190000*** (-4.77)	-0.202000*** (-5.05)	-0.134000*** (-3.00)	-0.126000*** (-2.79)	-0.149000*** (-3.22)	-0.128000*** (-2.88)
alr	1.132000*** (4.60)	1.168000*** (4.65)	1.363000*** (6.12)	1.493000*** (6.53)	0.639000*** (3.47)	0.623000*** (3.29)	0.783000*** (4.15)	0.575000*** (3.09)

166

续表

变量	国有文化企业				非国有文化企业			
	模型（1）map1	模型（2）map1	模型（3）map1	模型（4）map1	模型（1）map1	模型（2）map1	模型（3）map1	模型（4）map1
susgr	-3.637000*** (-6.25)	-3.629000*** (-6.20)	-3.528000*** (-6.07)	-3.749000*** (-6.45)	-0.730000 (-1.62)	-0.776000* (-1.71)	-0.876000* (-1.95)	-0.621000 (-1.38)
常量	4.180000*** (4.68)	4.134000*** (4.61)	4.072000*** (4.58)	4.157000*** (4.70)	3.119000*** (3.25)	2.832000*** (2.96)	3.108000*** (3.17)	2.488000*** (2.63)
样本量	214	214	214	214	247	247	247	247

注：括号内为 t 统计量。* 表示在 0.1 水平（双侧）上显著相关，** 表示在 0.05 水平（双侧）上显著相关，*** 表示在 0.01 水平（双侧）上显著相关。

从表 5 - 27 中还可以看出，并购后一年非国有文化企业并购样本的现金流权与文化企业并购绩效在 0.1 的水平上显著负相关，说明并购后一年非国有文化企业现金流权越高，企业并购绩效明显越低，这说明非国有文化企业并购样本终极控股股东的现金流权对并购后一年企业并购绩效的负向影响较大，而且比国有文化企业更大。在并购后一年，对于非国有文化企业并购样本来说，两权分离度与并购绩效呈不显著的负相关关系，这说明并购之后一年的两权分离度越高，并购绩效越低，但不明显。也就是说，在并购后一年，非国有样本两权分离度对并购绩效的负向影响作用并不明显，并且远远低于国有样本。并购后一年非国有文化企业并购样本的控制链层级与文化企业并购绩效在 0.01 的水平上显著正相关，说明并购后一年非国有文化企业控制链层级越高，企业并购绩效明显越高，这说明非国有文化企业并购样本终极控股股东的控制链层级对并购后一年企业并购绩效的正向影响较大，这点和国有文化企业一致。从系数大小来判断，非国有文化企业控制链层级对企业并购绩效的影响系数比国有文化企业大，因此，可以说非国有文化企业的正向影响作用也稍大。控制链层级对各类企业并购绩效产生明显正向影响的原因也可能与并购当年相似，即经营决策往往都有一定的持续性。

3. 并购后两年按照终极控股股东的性质分样本稳健性检验回归结果分析

表 5 - 28 为并购后两年并购样本文化企业终极控股股东的各方面特征对并购绩效影响作用的分样本稳健性检验回归分析结果。

从表 5 - 28 中可以看出，对于国有文化企业来说，并购后两年终极控股股东的控制权与文化企业并购绩效在 0.01 的水平上显著负相关，说明并购后两年国有文化企业控制权越高，企业并购绩效明显越低，这说明国有文化企业并购样本终极控股股东的控制权对并购后两年企业并购绩效的负向影响较大。并购后两年国有文化企业并购样本的现金流权与并购绩效在 0.01 的水平上显著负相关，这说明在并购后两年，国有文化企业的现金流权越高，并购绩效明显越低，也就是说，国有文化企业并购样本终极控股股东的现金流权对并购后两年企业并购绩效的负向影响较大。在并购后两年，对国有样本来说，两权分离度和并购绩效在 0.01 的显著性水平上负相关，这说明在之后两年，国有样本两权分离

表 5 - 28　并购后两年按照终极控股股东性质分样本稳健性检验回归结果

变量	国有文化企业				非国有文化企业			
	模型（1）map2	模型（2）map2	模型（3）map2	模型（4）map2	模型（1）map2	模型（2）map2	模型（3）map2	模型（4）map2
cr	-0.007870 *** (-3.70)				-0.000424 (-0.11)			
cfr		-0.006890 *** (-2.97)				-0.002180 (-0.61)		
sep			-0.024900 *** (-3.23)				0.008930 (1.13)	
layer				0.027300 (0.85)				0.051300 (1.25)
ebd	-0.017600 (-0.38)	-0.027500 (-0.52)	0.169000 *** (3.77)	0.058900 (1.19)	0.036400 (0.69)	0.029200 (0.56)	0.040200 (0.80)	0.032700 (0.65)
ass	-0.021200 (-0.54)	-0.014400 (-0.36)	-0.058500 (-1.44)	-0.029200 (-0.72)	0.023000 (0.45)	0.025700 (0.50)	0.040400 (0.76)	0.028100 (0.55)
alr	0.153000 (0.64)	0.166000 (0.67)	0.636000 *** (2.86)	0.546000 ** (2.41)	0.527000 *** (2.60)	0.494000 ** (2.37)	0.464000 ** (2.23)	0.495000 ** (2.46)

续表

变量	国有文化企业				非国有文化企业			
	模型 (1) map2	模型 (2) map2	模型 (3) map2	模型 (4) map2	模型 (1) map2	模型 (2) map2	模型 (3) map2	模型 (4) map2
susgr	1.334000** (2.17)	1.259000** (2.03)	1.364000** (2.20)	1.066000* (1.65)	0.480000 (1.07)	0.503000 (1.14)	0.388000 (0.88)	0.492000 (1.13)
常量	0.600000 (0.68)	0.403000 (0.46)	0.861000 (0.96)	0.221000 (0.24)	-0.714000 (-0.64)	-0.697000 (-0.64)	-1.122000 (-0.98)	-0.920000 (-0.84)
样本量	213	213	213	213	248	248	248	248

注：括号内为 t 统计量。* 表示在 0.1 水平（双侧）上显著相关，** 表示在 0.05 水平（双侧）上显著相关，*** 表示在 0.01 水平（双侧）上显著相关。

度越高，企业并购绩效显著越低，这说明国有文化企业并购样本终极控股股东的两权分离度对并购后两年企业并购绩效的负向影响较大。并购后两年国有文化企业并购样本的控制链层级与文化企业并购绩效正相关但不显著，说明并购后两年国有文化企业控制链层级越高，企业并购绩效越高但不明显，这说明国有文化企业并购样本终极控股股东的控制链层级对并购后两年企业并购绩效的正向影响不大。对于非国有文化企业并购样本来说，并购后两年企业并购样本的控制权和现金流权均与文化企业并购绩效负相关但不显著，说明并购后两年非国有文化企业控制权或现金流权越高，企业并购绩效越低但不明显，这说明非国有文化企业并购样本终极控股股东的控制权和现金流权对并购后两年企业并购绩效的负向影响比国有文化企业小。在并购后两年，非国有文化企业并购样本的两权分离度与并购绩效为正相关但不显著，这说明在并购后两年，两权分离度越高，企业并购绩效越高，但不明显。也就是说，在并购之后两年，非国有文化企业样本两权分离度对并购绩效的正向影响作用不明显，而且远远低于国有样本。并购后两年非国有文化企业并购样本的控制链层级与文化企业并购绩效正相关但不显著，说明并购后两年国有文化企业控制链层级越高，企业并购绩效越高但不明显，这说明国有文化企业并购样本终极控股股东的控制链层级对并购后两年企业并购绩效的正向影响不大，这点和国有文化企业一致。从系数大小来判断，非国有文化企业控制链层级对企业并购绩效的影响系数比国有文化企业大，因此，非国有文化企业的正向影响作用也比国有文化企业稍微大一点。

4. 连续三年按照终极控股股东的性质分样本稳健性检验回归结果分析

综合表 5 – 26、表 5 – 27、表 5 – 28 连续三年按照终极控股股东的性质分样本稳健性检验回归结果可以看出，对文化企业来说，国有和非国有性质终极控股股东各自对并购绩效的具体影响作用有明显差异。

国有文化企业连续三年终极控股股东的控制权均与文化企业并购绩效负相关，并且在并购后一年和并购后两年，分别与文化企业并购绩效在 0.1 和 0.01 的水平上显著负相关，这说明国有文化企业并购后，终极控股股东持有文化企业的控制权比例越高，文化企业并购绩效越低。国有文化企业连续三年终极控股股东的现金流权均与文化企业并购绩效负相关，并且在并购后两年，与文化企业并购绩效在 0.01 的水平上显著负相关，说明文化企业并购后，终极控股股东持有文化企业的现金流权比例越高，文化企业并购绩效越低。在并购当年，对国有文化企业来说，两权分离度与并购绩效正相关但不显著，在并购后一年和后两年，二者则分别在 0.1 和 0.01 的显著性水平上负相关。这说明在并购当年，两权分离度对并购绩效的具体影响作用并不是很明显，在并购后一年和并购后两年，终极控股股东持有文化企业的控制权比例和现金流权比例的两权分离度越高，文化企业并购绩效越低。终极控股股东与上市文化企业之间的控制链层级连续三年均与并购绩效正相关，并且在并购当年和并购后一年，二者均在 0.01 的显著性水平上正相关，说明文化企业并购后，终极控股股东与上市文化企业之间的控制链层级越多，文化企业并购绩效越高。

非国有文化企业连续三年终极控股股东的控制权均与文化企业并购绩效负相关，并且在并购后一年和并购后两年，分别与文化企业并购绩效在 0.1 和 0.05 的水平上显著负相关，这说明非国有文化企业并购后，终极控股股东持有文化企业的控制权比例越高，文化企业并购绩效越低。终极控股股东的现金流权连续三年均与并购绩效呈负相关，并且在之后一年，二者在 0.1 的显著性水平上负相关，这说明非国有文化企业在并购发生之后，终极控股股东持有文化企业的现金流权比例越高，文化企业并购绩效越低。对非国有样本来说，两权分离度连续三年均对并购绩效没有特别显著的影响作用。非国有文化企业终极控股股东与上市文化企业之间的控制链层级连续三年与文化企业并购绩效正相关，并且在并购当年和并购后一年，二者均在 0.01 的水平上显著正相关，说明非国有文化企业并购后，终极控股股东与上市文化企业之间的控制链层级越多，文化企业并购绩效越高。

通过国有文化企业和非国有文化企业分组稳健性检验结果可知，首先，从整体上来看，对两类不同性质的文化企业来说，终极控股股东的控制权、现金流权、两权分离度以及控制链层级等方面的特征对并购绩效影响的回归分析检验结果，与全样本回归分析检验结果的影响方向基本一致，只是显著性水平有差别，说明稳健性检验结果总体来说是可靠的；其次，国有和非国有样本各自的控制权、现金流权、两权分离度以及控制链层级等各方面的具体特征对并购绩效的影响作用大小之所以会有所不同，主要是由于两类企业性质不同。国有文化企业除了控制链层级之外，其他指标主要在并购当年对文化企业并购绩效影响不明显，而非国有文化企业终极控股股东的各项特征在并购后两年，对文化企业并购绩效均无明显影响，这可能是因为在并购当年，国有文化企业受国家政策和政府干预较多，自身终极控股股东的特征对文化企业并购绩效的影响无法体现出来；而非国有文化企业在并购当年受国家政策和政府干预较少，终极控股股东在并购时发挥了应有的作用，但随着时间的延续，非国有文化企业终极控股股东的作用逐渐减弱。

5.4 研 究 结 论

5.4.1 终极控股股东的控制权比例越高，文化企业并购绩效越低

在文化企业发生并购行为过程中，文化企业终极控股股东的控制权比例越高，一方面，他们就越有能力影响企业的并购决策；另一方面，他们通过并购来侵占公司和中小投资者利益进而获取控制权私有收益的动机也越强，就越可能通过影响文化企业并购决策来侵占文化企业或其他股东利益，文化企业并购绩效也就越低。

5.4.2 终极控股股东的现金流权比例越高，文化企业并购绩效越低

在目前我国文化企业并购中，文化企业并购行为并未增加企业实际财富或者价值，当终极控股股东无法直接从文化企业并购中获利，就会通过影响文化企业股利分配决策，从高分红（掠夺性分红）中获利，从而损害公司价值，降低文化企业并购绩效。因此，终极控股股东持有文化企业的现金流权比例越高，就越有动机去通过影响企业的股利决策来获取特定的收益，文化企业并购绩效也就会越低。

5.4.3　终极控股股东的两权分离度越高，文化企业并购绩效越低

当文化企业发生并购行为时，如果两权之间发生分离，终极控股股东为获取私有收益，就有可能采取措施以侵占公司或其他投资者的利益。而且两权之间分离度越大，终极控股股东侵占公司或其他投资者利益的成本相对就会越低，此时，其侵占企业或其他投资者利益的动机也就会越强烈，企业价值就很有可能会受到减损，文化企业并购绩效也就越低。

5.4.4　终极控股股东的控制链层级越多，文化企业并购绩效越高

在现阶段的中国文化企业并购过程中，文化企业的终极控股股东会试图通过影响或干预企业并购决策，来侵占企业或其他股东财富，而控制链层级可以在一定程度上限制终极控股股东在文化企业并购过程中的这种行为。而且控制链层级越多，终极控股股东影响或干预文化企业的成本越高，控制链层级的保护作用就越明显，文化企业并购绩效也越高。

5.4.5　不同性质终极控股股东对文化企业并购绩效影响不同

按照终极控股股东性质不同，文化企业可以分为国有和非国有两类。两类不同性质的文化企业，受国家政策和政府干预影响程度不同，导致其终极控股股东对并购绩效的影响有所不同。在并购当年，国有文化企业控制权对并购绩效的具体影响作用并不明显，而非国有文化企业控制权则显著负向影响企业并购绩效；在并购后一年，国有文化企业现金流权对并购绩效影响不明显，两权分离度显著负向影响并购绩效，而非国有文化企业控制权、现金流权对并购绩效的影响则正好相反；在并购后两年，国有文化企业的控制权、现金流权、两权分离度均显著负向影响并购绩效，而非国有文化企业控制权、现金流权、两权分离度对并购绩效的影响则均不显著。

第6章　制度环境在终极控股股东影响文化企业并购绩效中的作用研究

6.1　理论分析与研究假设

良好的制度环境可以有效地约束终极控股股东损害中小股东利益的行为。学者们研究发现，制度环境对终极控股股东的掏空行为有显著影响，制度环境越好，终极控股股东发生掏空行为的概率就越低（刘际陆，2012），也就是说，良好的制度环境能抑制终极控股股东占用上市资金（黎尧，2013）、攫取控制权私人收益（Doidge et al.，2009），因此能够在一定程度上削弱终极控股股东的掏空行为（唐跃军，2007；肖作平等，2012），降低终极控股股东的掏空程度（付强，2015）。这是因为良好的制度环境使终极控股股东占用上市公司资金的成本增加（La Porta et al.，2000；Nenova，2003），使得终极控股股东获取控制权私利的动机和能力受到削弱（Haw et al.，2004）。同时，在制度环境更完善的地区，信息披露机制更加严格规范，信息披露也更加充分完善，终极控股股东和外部投资者之间的信息不对称程度也就更小。因此，从这个角度来说，这也可以在一定程度上降低二者之间产生的代理冲突（涂瑞，2014）。在文化企业并购过程中，当终极控股股东通过影响或干预企业并购决策影响企业并购行为，进而侵占公司和其他股东利益时，并购绩效必然会降低；与此同时，终极控股股东的这种行为也必然会受到外部制度环境条件的影响和制约。

6.1.1　制度环境在终极控股股东的控制权影响文化企业并购绩效中的作用

如第 5 章所述，对于文化企业终极控股股东来说，其控制权与并购绩效负相关。终极控股股东持有文化企业的控制权比例越高，文化企业并购绩效越低。因为对于文化企业的终极控股股东来说，他持有的控制权越多，就越有能力影响企业的并购决策，通过影响和干预文化企业并购决策侵占公司和中小股东利益进而获取控制权私有收益的动机也越强，就越有可能做出损毁企业价值或其他股东利益的"掏空行为"，即通过影响和干预文化企业并购决策来侵占文化企业或其他股东利益，此时文化企业并购绩效也就越低。而市场化程度越高的地区，制度环境越好，这会在一定程度上稀释终极控股股东的控制权（刘际陆，2012），从而约束终极控股股东的掏空行为（刘际陆，2012；张宏亮等，2009）。

随着文化企业所在地区制度环境的改善，企业的政府干预特征减弱，现代企业制度更加健全，产品和要素市场竞争更加有序，法律制度更加完善。当制度环境较完善时，一方面，文化企业在这种较完善的制度环境下进行并购，往往会取得较好的效果，终极控股股东就可以直接从企业的并购行为获利；另一方面，在这种较完善的制度环境下，为了文化企业的可持续发展和自身的持久获利，终极控股股东往往会做出更加有利于企业整体利益的并购决策，减弱其"掏空行为"。这种情况表现在文化企业并购过程中，终极控股股东就会减少通过影响和干预企业并购决策而侵占企业和其他股东利益的行为，因此终控制权对并购绩效的负向影响作用也会被减弱。由此提出如下假设 1。

假设 1：制度环境可以减弱终极控股股东的控制权对文化企业并购绩效的负向影响。

6.1.2　制度环境在终极控股股东的现金流权影响文化企业并购绩效中的作用

根据第 5 章通过理论和实证分析得到的结果，终极控股股东的现金流权与文化企业并购绩效负相关。终极控股股东持有文化企业的现金流权比例越高，文化企业并购绩效越低。这是因为在目前我国文化企业并购中，文化企业并购行为并未实际增加企业财富或者价值，因此终极控股股东无法直接从文化企业并购中获利，为了凭借其持有企业的现金流权比例获取更多的收益，终极控股股东就会通过影响和干预文化企业股利分配决策实施其"掏空行为"，即通过文化企业进行高分红（掠夺性分红）获利，从而损害文化企业和其他中小股东利益，降低文化企业并购绩效。持有文化企业的现金流权比例越高，就越有动机通过影响企业股利决策来获取收益，文化企业并购绩效就越低。而制度环境的改善可以有效促进终极控股股东的现金流权与会计稳健性的正相关关系（陈昱彤，2017），使得企业的各项决策和行为更加稳健，这在一定程度上会影响企业的一些重大决策、限制终极控股股东的掏空行为（Durnev et al.，2005）。

随着所在地区制度环境的改善，文化企业在实施并购行为的过程中，终极控股股东凭借其持有文化企业的现金流权比例通过文化企业进行高分红（掠夺性分红）获利的成本会越来越高。这是因为在制度环境越来越完善的情况下，相关法律法规越来越健全，终极控股股东的行为也会受到越来越多的约束，一些有损企业价值的股利分配政策会受到法律制度的制约。因此，终极控股股东的现金流权对文化企业并购绩效的负向影响也会被减弱。由此提出如下假设2。

假设2：制度环境可以减弱终极控股股东的现金流权对文化企业并购绩效的负向影响。

6.1.3 制度环境在终极控股股东的控制链层级影响文化企业并购绩效中的作用

如第5章所述，对于文化企业终极控股股东来说，其控制链层级与并购绩效正相关。终极控股股东与上市文化企业之间的控制链层级越多，文化企业并购绩效越高。这是因为在现阶段的中国文化企业并购过程中，文化企业的终极控股股东为了获取控制权私有收益，会试图通过影响和干预企业并购决策，进而侵占企业或其他中小股东财富。这时候终极控股股东的控制链层级则成了终极控股股东影响和干预企业并购决策的障碍，可以在一定程度上限制终极控股股东在文化企业并购过程中的这种"掏空行为",进而起到保护企业或其他股东利益的作用。终极控股股东需要通过层层控制链来实施自己的这种行为,因此终极控股股东与文化企业之间的控制链层级越多,终极控股股东影响和干预文化企业并购决策的成本越高,控制链层级的这种保护作用就越明显,文化企业并购绩效也就越高。

随着所在地区制度环境进一步改善,在法律制度规范等作用下,文化企业的终极控股股东与其他中小投资者的信息不对称有所减弱,其实施"掏空行为"侵占企业和其他中小投资者利益的成本也会有所增加,因此其获取控制权私利的动机和能力也会受到削弱(Haw et al.,2004),也就是说,制度环境的改善可以从某种意义上减弱终极控股股东对其他中小投资者的利益侵占行为,二者之间的代理冲突自然就会随之减小。在这种情况下,终极控股股东与上市文化企业之间控制链层级带来的保护作用就没有那么明显,也自然就会减弱。由此提出如下假设3。

假设3:制度环境可以减弱终极控股股东的控制链层级对文化企业并购绩效的正向影响。

6.2 实证研究设计

6.2.1 数据来源与样本筛选

本章下面进行实证分析所需要的用来衡量制度环境指标变量的相关数据来自王小鲁等著的《中国分省份市场化指数报告(2016)》。该市场化指数构成体系,主要包括一个总指数、五个二级分指数和一系列三级分指数。这里选用其中的一个总指标和五个二级分指标来衡量制度环境。总指标即市场化指数;五个二级指标包括政府和市场之间的关系、非国有经济、产品以及要素市场的情况与市场中介组织和法律制度环境这五个方面的情况。

其他数据来源与样本筛选与第5章相同,这里不再重复。

6.2.2 变量界定

本章的实证研究变量分为被解释变量、解释变量和控制变量三种类型。其中，这里的被解释变量是指文化企业并购绩效；解释变量主要包括制度环境和控制权、现金流权以及控制链层级四个变量；控制变量主要包括股权制衡度、资产规模、资产负债率、可持续增长率等变量。

其中，解释变量比第五章增加了制度环境变量。制度环境分别用六个指标来衡量，即一个总指标和五个二级分指标。一个总指标为市场化指数（mindex），五个二级分指标包括政府与市场的关系（srgm）、非国有经济的发展（snsed）、产品市场的发育程度（spmd）、要素市场的发育程度（sefmd）、市场中介组织的发育和法律制度环境（smlie）。制度环境各指标的具体数据采用《中国分省份市场化指数报告（2016）》中各指标的具体得分数值。但该报告中数据截止到 2014 年，由于并购样本选到 2015 年，相关数据到并购后两年，也就是 2017 年，也就是说，目前该报告中尚缺少 2015 年、2016 年和 2017 年这三年的制度环境各指标的具体数据。因此本书根据各指标 2008~2014 年的变动趋势计算出 2015 年、2016 年和 2017 年的制度环境数据，以供研究使用。具体做法是：首先计算出各指标 2008~2014 年的年均变化值，然后用上一年的数据加上该指标的年均变化值，即可得到该指标该年的数据。比如要计算 2015 年某指标的数据，就用 2014 年该指标的数据加上该指标 2008 年到 2014 年间的年均变化值计算得到。依此类推，就可以计算得出某指标 2016 年和 2017 年这两年的数据。

其他变量均与第 5 章相同，这里不再重复。本章用到的变量具体如表 6-1 所示。

表 6-1　　　　　　　　　　变量一览

	变量名	变量定义
被解释变量	并购绩效（map）	map0 表示并购当年绩效与并购前一年绩效的差额 map1 表示并购后一年绩效与并购前一年绩效的差额 map2 表示并购后两年绩效与并购前一年绩效的差额

续表

	变量名	变量定义
解释变量	制度环境（ins）	mindex 表示市场化指数 srgm 表示政府与市场的关系 snsed 表示非国有经济的发展 spmd 表示产品市场的发育程度 sefmd 表示要素市场的发育程度 smlie 表示市场中介组织的发育与法律制度环境 各制度环境变量的具体数据采用《中国分省份市场化指数报告（2016）》中各指标的得分数值
	控制权（cr）	$cr = \sum\limits_{i=1}^{n} \min(c_{i1}, c_{i2}, \cdots, c_{im})$
	现金流权（cfr）	$cfr = \sum\limits_{i=1}^{n} \prod\limits_{j=1}^{m} c_{ij}$
	控制链层级（layer）	控制链层级为从终极控股股东到文化企业的控制链层数
控制变量	股权制衡度（ebd）	股权制衡度 $= \dfrac{第二至第十大股东的持股比例之和}{第一大股东持股比例}$
	资产规模（ass）	资产规模 = 期末总资产的自然对数
	资产负债率（Lev）	资产负债率 $= \dfrac{期末负债}{期末资产}$
	可持续增长率（grow）	可持续增长率 $= \dfrac{净资产收益率 \times 收益留存率}{1 - 净资产收益率 \times 收益留存率}$

179

6.2.3　实证研究模型

为了检验制度环境在文化企业终极控股股东的各方面特征影响并购绩效中的具体作用，本章构建了多元线性回归模型（6-1）~模型（6-3），分别考察和分析制度环境在文化企业终极控股股东的控制权、现金流权和控制链层级影响并购绩效中的具体作用。

$$map_t = \alpha_0 + \alpha_1 \times ins + \alpha_2 \times cr_t + \alpha_3 \times ins\_cr_t + \alpha_4 \times ebd_t$$
$$+ \alpha_5 \times ass_t + \alpha_6 \times alr_t + \alpha_7 \times susgr_t \qquad (6-1)$$

$$map_t = \alpha_0 + \alpha_1 \times ins + \alpha_2 \times cfr_t + \alpha_3 \times ins\_cfr_t + \alpha_4 \times ebd_t$$
$$+ \alpha_5 \times ass_t + \alpha_6 \times alr_t + \alpha_7 \times susgr_t \qquad (6-2)$$

$$map_t = \alpha_0 + \alpha_1 \times ins + \alpha_2 \times layer_t + \alpha_3 \times ins\_layer_t + \alpha_4 \times ebd_t$$
$$+ \alpha_5 \times ass_t + \alpha_6 \times alr_t + \alpha_7 \times susgr_t \qquad (6-3)$$

6.3　实　证　分　析

6.3.1　描述性统计

1. 并购样本总体描述性统计及分析

（1）并购当年并购样本总体描述性统计及分析。如表 6 - 2 所示，并购当年并购样本所在地区市场化指数评分的最大值为 10.110000，最小值为 3.630000，均值为 7.961822，标准差为 1.674249，表明并购当年并购样本文化企业所在地区之间的市场化指数评分差别较大。政府与市场的关系评分的最大值为 9.650000，最小值为 4.080000，均值为 7.063384，标准差为 1.318770，表明并购样本企业所在地区之间的政府与市场的关系评分差别较大，但相对市场化指数评分来说差别相对较小。非国有经济的发展评分最大值为 10.430000，最小值为 2.440000，均值为 7.977462，标准差为 1.703692，表明并购当年并购样本企业所在地区之间的非国有经济的发展评分差别较大。产品市场的发育程度评分最大值为 9.660000，最小值为 4.560000，均值为 7.775098，标准差为 1.468767，表明并购当年并购样本企业所在地区之间的产品市场的发育程度评分差别较大。要素市场的发育程度评分的最大值为 13.070000，最小值为 2.140000，均值为 7.279783，标准差为 2.892357，表明并购当年并购样本企业所在地区之间的要素市场的发育程度评分差别比前四个方面都大。市场中介组织的发育和法律制度环境评分的最大值为 17.540000，最小值为 0.630000，均值为 9.686182，标准差为 4.561759，表明在所有这六个衡量制度环境变量的指标中，从总体上来说，市场中介组织和法律制度环境的评分是最高的，但同时，在并购当年，各个文化企业所在地区之间的市场中介组织和法律制度环境评分的差别也是最大的。

并购当年并购样本的其余变量的描述性统计分析与第 5 章一致，这里不再重复。

表6-2　　　　　　　　并购当年全样本描述性统计

变量	样本量	均值	标准差	最小值	最大值
map0	461	-2.97e-08	0.734241	-3.144776	5.738105
mindex	461	7.961822	1.674249	3.630000	10.110000
srgm	461	7.063384	1.318770	4.080000	9.650000
snsed	461	7.977462	1.703692	2.440000	10.430000
spmd	461	7.775098	1.468767	4.560000	9.660000
sefmd	461	7.279783	2.892357	2.140000	13.070000
smlie	461	9.686182	4.561759	0.630000	17.540000
cr	461	0.398748	0.155347	0.085400	0.757800
cfr	461	0.364060	0.168357	0.045000	0.757800
sep	461	0.034691	0.059326	0	0.277200
layer	461	2.197397	1.232739	1	7
ebd	461	0.921615	0.885858	0.041900	5.550800
ass	461	21.849870	0.998052	18.341300	25.470500
alr	461	0.356785	0.309283	0.033200	5.422500
susgr	461	0.085539	0.089220	-0.603227	0.690734

（2）并购后一年并购样本总体描述性统计及分析。如表6-3所示，并购后一年并购样本所在地区市场化指数评分的最大值为10.440000，最小值为4.230000，均值为8.256182，标准差为1.720771，表明并购后一年并购样本文化企业所在地区之间的市场化指数评分差别较大，而且并购后一年均值和标准差均比并购当年大。政府与市场的关系评分的最大值为9.520000，最小值为4.080000，均值为7.008308，标准差为1.361907，表明并购样本企业所在地区之间的政府与市场的关系评分差别较大，但相对并购当年市场化指数评分来说均值略微降低，但波动性略微提高。非国有经济的发展评分最大值为10.520000，最小值为2.440000，均值为8.238872，标准差为1.651792，表明并购后一年并购样本企业所在地区之间的非国有经济的发展评分差别较大，而且与并购当年相比，总体评分有所提高，波动性有所降低。产品市场的发育程度评分最大值为9.660000，最小值为4.340000，均值为7.766529，标准差为1.622664，表

明并购后一年并购样本企业所在地区之间的产品市场的发育程度评分差别较大，而且与并购当年相比，评分略微降低，但波动性却有些增加。要素市场的发育程度评分的最大值为13.900000，最小值为2.410000，均值为7.750390，标准差为3.056421，表明并购后一年并购样本企业所在地区之间的要素市场的发育程度评分差别比前四个方面都大，而且与并购当年相比，评分有所提高，同时波动性也有所提高。市场中介组织的发育和法律制度环境评分的最大值为18.900000，最小值为1.480000，均值为10.482890，标准差为4.889044，表明在所有这六个衡量制度环境变量的指标中，从总体上来说，市场中介组织和法律制度环境的评分是最高的，但同时，在并购后一年，各个文化企业所在地区之间的市场中介组织和法律制度环境评分的差别也是最大的。而且，与并购当年相比，在并购后一年，从总体上来说，市场中介组织和法律制度环境在得分上有所升高，在波动性方面也有所加大。

　　并购后一年并购样本的其余变量的描述性统计分析与第 5 章一致，这里不再重复。

182

表 6 – 3   并购后一年全样本描述性统计

变量	样本量	均值	标准差	最小值	最大值
map1	461	− 1.34e − 08	0.615739	− 3.148700	2.838724
mindex	461	8.256182	1.720771	4.230000	10.440000
srgm	461	7.008308	1.361907	4.080000	9.520000
snsed	461	8.238872	1.651792	2.440000	10.520000
spmd	461	7.766529	1.622664	4.340000	9.660000
sefmd	461	7.750390	3.056421	2.410000	13.900000
smlie	461	10.482890	4.889044	1.480000	18.900000
cr	461	0.391301	0.175323	0.071400	0.771300
cfr	461	0.363431	0.181543	0.035500	0.771300
sep	461	0.027872	0.058637	0	0.391800
layer	461	2.210412	1.382020	1	7
ebd	461	0.933765	0.903305	0.044100	5.438200

变量	样本量	均值	标准差	最小值	最大值
ass	461	22. 172620	0. 980460	18. 69917	25. 70923
alr	461	0. 362403	0. 198907	0. 021593	1. 515541
susgr	461	0. 089365	0. 076688	- 0. 303170	0. 690734

（3）并购后两年并购样本总体描述性统计及分析。表6-4所示，并购后两年并购样本所在地区市场化指数评分的最大值为10.770000，最小值为3.550000，均值为8.545597，标准差为1.780620，表明并购后两年并购样本文化企业所在地区之间的市场化指数评分差别较大，而且在并购后两年，市场化指数评分的均值和标准差和并购当年及并购后一年相比均较大。政府与市场的关系评分的最大值为9.050000，最小值为3.860000，均值为6.916226，标准差为1.433269，表明并购样本企业所在地区之间的政府与市场的关系评分差别较大，但相对并购后一年市场化指数评分来说均值有所降低，波动性有所提高。非国有经济的发展评分最大值为10.6200，最小值为2.760000，均值为8.505575，标准差为1.607335，表明并购后两年并购样本企业所在地区之间的非国有经济的发展评分差别较大，而且与并购后一年相比，总体评分有所提高，波动性有所降低。产品市场的发育程度评分最大值为9.660000，最小值为4.130000，均值为7.770412，标准差为1.728069，表明并购后两年并购样本企业所在地区之间的产品市场的发育程度评分差别较大，而且与并购后一年相比，总体评分和波动性略有增加。要素市场的发育程度评分的最大值为14.740000，最小值为2.700000，均值为8.226443，标准差为3.233035，表明并购后两年并购样本企业所在地区之间的要素市场的发育程度评分差别比前四个方面都大，而且与并购后一年相比，评分有所提高，同时波动性也有所提高。对市场中介组织的发育和法律制度环境来说，其评分的最大值是20.250000，最小值是0.690000，均值是11.292670，标准离差是5.251448，表明在所有这六个衡量制度环境变量的指标中，从总体上来说，市场中介组织和法律制度环境的评分是最高的，但同时在并购后两年，各个文化企业所在地区之间的市场中介组织和法律制度环境评分的差别也是最大的。而且与并购后一年相比，在并购后两年，从总体上来说，市场中介组织和法律制

度环境在得分上有所升高，在波动性方面也有所加大。

并购后两年并购样本的其余变量的描述性统计分析与第 5 章一致，这里不再重复。

表 6 - 4   全样本并购后两年全样本描述性统计

变量	样本量	均值	标准差	最小值	最大值
map2	461	− 2.57e − 08	0.620137	− 3.145760	4.669546
mindex	461	8.545597	1.780620	3.550000	10.770000
srgm	461	6.916226	1.433269	3.860000	9.050000
snsed	461	8.505575	1.607335	2.760000	10.620000
spmd	461	7.770412	1.728069	4.130000	9.660000
sefmd	461	8.226443	3.233035	2.700000	14.740000
smlie	461	11.292670	5.251448	0.690000	20.250000
cr	461	0.379684	0.169497	0.071400	0.771300
cfr	461	0.351275	0.178751	0.021066	0.771300
sep	461	0.028401	0.056954	0	0.323308
layer	461	2.212581	1.350658	1	8
ebd	461	0.970289	0.910801	0.017900	5.398276
ass	461	22.375860	0.987148	18.699170	26.105300
alr	461	0.355301	0.205532	0.021593	1.504571
susgr	461	0.071393	0.086750	− 0.603230	0.318566

2. 并购样本按照终极控股股东性质分样本描述性统计及分析

（1）并购当年并购样本按照终极控股股东性质分样本描述性统计及分析。从表 6 - 5 按照并购当年并购样本终极控股股东性质分样本描述性统计结果来看，国有文化企业所在地区的市场化指数评分的最大值为 10.110000，最小值为 3.630000，均值为 8.389218，标准差为 1.385342，非国有文化企业所在地区的市场化指数评分的最大值为 10.110000，最小值为 4.230000，均值为 7.690532，标准差为 1.784040。这表明从总体上来看，相对于非国有文化企业来说，国有文化企业所在地区的市场化

表6-5　按照并购当年并购样本终极控股股东性质分样本描述性统计

变量	并购当年非国有文化企业				并购当年国有文化企业			
	均值	标准差	最小值	最大值	均值	标准差	最小值	最大值
map0	-0.033564	0.672169	-3.003873	4.614354	0.052877	0.821800	-3.144776	5.738105
mindex	7.690532	1.784040	4.230000	10.110000	8.389218	1.385342	3.630000	10.110000
srgm	6.955426	1.407573	4.110000	9.650000	7.233464	1.148551	4.080000	9.220000
snsed	7.844787	1.840229	2.440000	10.430000	8.186480	1.443323	3.140000	10.160000
spmd	7.785567	1.303416	4.560000	9.660000	7.758603	1.700758	4.560000	9.660000
sefmd	6.862057	2.658668	2.140000	13.070000	7.937877	3.122275	3.030000	13.070000
smlie	8.994255	4.603558	0.630000	17.540000	10.776260	4.285832	0.710000	17.540000
cr	0.398859	0.144108	0.085400	0.725200	0.398574	0.171991	0.113700	0.757800
cfr	0.357927	0.152334	0.045000	0.725200	0.373723	0.190949	0.077800	0.757800
sep	0.040933	0.060231	0	0.242100	0.024857	0.056652	0	0.277200
layer	1.904255	1.110312	1	6	2.659218	1.276874	1	7
ebd	1.014568	0.980780	0.047500	5.550800	0.775176	0.688612	0.041900	5.068400
ass	21.899290	1.048617	18.341300	25.470500	21.772020	0.910146	19.087200	23.596600
alr	0.358923	0.361629	0.050500	5.422500	0.353416	0.201826	0.033200	0.736700
susgr	0.073697	0.087783	-0.603227	0.336522	0.104195	0.088511	-0.073585	0.690734
样本量	282				179			

指数评分较高，而且国有文化企业所在地区之间的市场化指数评分的差异较大。

国有文化企业所在地区的政府与市场的关系评分的最大值为9.220000，最小值为4.080000，均值为7.233464，标准差为1.148551，非国有文化企业所在地区的政府与市场的关系评分的最大值为9.650000，最小值为4.110000，均值为6.955426，标准差为1.407573。这表明从总体来看，相对于非国有文化企业来说，从总体上来说，国有文化企业所在地区的政府与市场的关系评分较高，而且评分之间的差异也较小。

国有文化企业所在地区的非国有经济的发展评分的最大值为10.160000，最小值为3.140000，均值为8.18648，标准差为1.443323，非国有文化企业所在地区的非国有经济的发展评分的最大值为10.430000，最小值为2.440000，均值为7.844787，标准差为1.840229。这表明从总体来看，相对于非国有文化企业来说，国有文化企业所在地区的非国有经济的发展评分较高，而且国有文化企业所在地区之间的非国有经济的发展评分的差异较小。

国有文化企业所在地区的产品市场的发育程度评分的最大值为9.660000，最小值为4.560000，均值为7.758603，标准差为1.700758，非国有文化企业所在地区的产品市场的发育程度评分的最大值为9.660000，最小值为4.560000，均值为7.785567，标准差为1.303416。这表明从总体来看，相对于非国有文化企业来说，国有文化企业所在地区的产品市场的发育程度评分较低，而且国有文化企业所在地区之间的产品市场的发育程度评分的差异较大。

国有文化企业所在地区的要素市场的发育程度评分的最大值为13.070000，最小值为3.030000，均值为7.937877，标准差为3.122275，非国有文化企业所在地区的要素市场的发育程度评分的最大值是13.070000，最小值是2.140000，平均值是6.862057，标准离差是2.658668。这表明从总体来看，相对于非国有文化企业来说，国有文化企业所在地区的要素市场的发育程度评分较高，但国有文化企业所在地区之间的要素市场的发育程度评分的差异也较大。国有文化企业所在地区的市场中介组织的发育与法律制度环境评分的最大值为17.540000，最小值为0.710000，均值为10.776260，标准差为4.285832，非国有文化企业所在地区的市场中介组织的发育与法律制度环境评分的最大值为

17.540000，最小值为 0.630000，均值为 8.994255，标准差为 4.603558。这表明从总体来看，相对于非国有文化企业来说，国有文化企业所在地区的市场中介组织的发育与法律制度环境评分较高，而且国有文化企业所在地区之间的市场中介组织的发育与法律制度环境评分的差异也较小。

并购当年其他变量按照并购样本终极控股股东性质分样本描述性统计分析结果与第 5 章一致，这里不再重复。

（2）并购后一年并购样本按照终极控股股东性质分样本描述性统计及分析。如表 6 - 6 所示，国有文化企业所在地区的市场化指数评分的最大值为 10.440000，最小值为 4.360000，均值为 7.412336，标准差为 1.854194，非国有文化企业所在地区的市场化指数评分的最大值为 10.440000，最小值为 4.230000，均值为 8.987287，标准差为 1.184886。这表明从总体上来看，相对于非国有文化企业来说，国有文化企业所在地区的市场化指数评分较低，而且国有文化企业所在地区之间的市场化指数评分的差异较大。与并购当年相比，国有文化企业所在地区的市场化指数评分总体有所降低，而且波动性有所提高；而非国有文化企业所在地区的市场化指数评分则有所增加，评分的波动性却有所降低。

国有文化企业所在地区的政府与市场的关系评分的最大值为 9.220000，最小值为 4.080000，均值为 6.701636，标准差为 1.486425，非国有文化企业所在地区的政府与市场的关系评分的最大值为 9.520000，最小值为 4.650000，均值为 7.274008，标准差为 1.184289。这表明从总体来看，相对于非国有文化企业来说，国有文化企业所在地区的政府与市场的关系评分较低，而且国有文化企业所在地区之间的政府与市场的关系评分的差异较大。与并购当年相比，从总体上来看，国有文化企业所在地区的政府与市场的关系评分有所降低，而且波动性有所提高；非国有文化企业所在地区的政府与市场的关系评分有所提高，而且波动性有所降低。

国有文化企业所在地区的非国有经济的发展评分的最大值为 10.380000，最小值为 2.440000，均值为 7.818879，标准差为 1.862537，非国有文化企业所在地区的非国有经济的发展评分的最大值为 10.520000，最小值为 2.760000，均值为 8.602753，标准差为 1.346046。这表明从总体来看，相对于非国有文化企业来说，国有文化企业所在地区的非国有经济的发展评分较低，而且国有文化企业所在地区之间的非国有经济的发

表6-6 按照并购后一年终极控股股东性质分样本描述性统计

变量	并购后一年非国有文化企业描述性统计				并购后一年国有文化企业描述性统计			
	均值	标准差	最小值	最大值	均值	标准差	最小值	最大值
mapl	0.007981	0.623111	-2.671480	2.838724	-0.009211	0.608446	-3.148700	2.354439
mindex	8.987287	1.184886	4.230000	10.440000	7.412336	1.854194	4.360000	10.440000
srgm	7.274008	1.184289	4.650000	9.520000	6.701636	1.486425	4.080000	9.220000
snsed	8.602753	1.346046	2.760000	10.520000	7.818879	1.862537	2.440000	10.380000
spmd	7.556073	1.906409	4.340000	9.660000	8.009439	1.173992	4.340000	9.660000
sefmd	8.782065	3.163412	3.360000	13.900000	6.559626	2.440939	2.410000	13.900000
smlie	12.691260	3.723498	2.000000	18.900000	7.933972	4.840008	1.480000	18.900000
cr	0.401185	0.150602	0.090900	0.725200	0.379892	0.199860	0.071400	0.771300
cfr	0.363568	0.152492	0.043600	0.725200	0.363272	0.210522	0.035500	0.771300
sep	0.037618	0.065238	0	0.272900	0.016622	4.767276	0	0.391800
layer	1.765182	1.078957	1	6	2.724299	1.511666	1	7
ebd	1.058000	0.949258	0.078300	5.438200	0.790372	0.826386	0.044100	3.998400
ass	21.843180	0.918091	18.699170	23.901560	22.55285	0.911844	20.689490	25.709230
alr	0.338002	0.219927	0.021593	1.515541	0.390567	0.167615	0.050828	0.748730
susgr	0.085272	0.086560	-0.303170	0.690734	0.094089	0.063289	-0.113390	0.256926
样本量	247				214			

展评分的差异较大。与并购当年相比，从总体上来看，国有文化企业所在地区的非国有经济的发展评分有所降低，而且波动性有所提高；非国有文化企业所在地区的非国有经济的发展评分有所提高，而且波动性有所降低。

国有文化企业所在地区的产品市场的发育程度评分的最大值为 9.660000，最小值为 4.340000，均值为 8.009439，标准差为 1.173992，非国有文化企业所在地区的产品市场的发育程度评分的最大值为 9.660000，最小值为 4.340000，均值为 7.556073，标准差为 1.906409。这表明从总体来看，相对于非国有文化企业来说，国有文化企业所在地区的产品市场的发育程度评分较高，而且国有文化企业所在地区之间的产品市场的发育程度评分的差异较小。与并购当年相比，从总体上来看，国有文化企业所在地区的产品市场的发育程度评分有所提高，而且波动性有所降低；非国有文化企业所在地区的产品市场的发育程度评分有所降低，而且波动性有所提高。

国有文化企业所在地区的要素市场的发育程度评分的最大值为 13.900000，最小值为 2.410000，均值为 6.559626，标准差为 2.440939，非国有文化企业所在地区的要素市场的发育程度评分的最大值为 13.900000，最小值为 3.360000，均值为 8.782065，标准差为 3.163412。这表明从总体来看，相对于非国有文化企业来说，国有文化企业所在地区的要素市场的发育程度评分较低，但国有文化企业所在地区之间的要素市场的发育程度评分的差异也较小。与并购当年相比，从总体上来看，国有文化企业所在地区的要素市场的发育程度评分有所降低，而且波动性也有所降低；非国有文化企业所在地区的要素市场的发育程度评分有所提高，而且波动性也有所提高。

国有文化企业所在地区的市场中介组织的发育与法律制度环境评分的最大值为 18.900000，最小值为 1.480000，均值为 7.933972，标准差为 4.840008，非国有文化企业所在地区的市场中介组织的发育与法律制度环境评分的最大值为 18.900000，最小值为 2.000000，均值为 12.691260，标准差为 3.723498。这表明从总体来看，相对于非国有文化企业来说，国有文化企业所在地区的市场中介组织的发育与法律制度环境评分较低，而且国有文化企业所在地区之间的市场中介组织的发育与法律制度环境评分的差异也较大。从总体上来看，与并购当年相比，在并购后一年，国有文化企业所在地区市场中介组织与法律制度环境评分相对比较低，而且在不同地区之间评分的波动性也比较大；非国有文化企业所在地区的市场中介组织的发育与法律制度环境评分有所提高，而且波动性有所降低。

并购后一年其他变量按照并购样本终极控股股东性质分样本描述性统计分析结果与第 5 章一致，这里不再重复。

（3）并购后两年并购样本按照终极控股股东性质分样本描述性统计及分析。如表 6－7 所示，并购后两年国有文化企业所在地区的市场化指数评分的最大值为 10.770000，最小值为 3.550000，均值为7.680469，标准差为1.921045，非国有文化企业所在地区的市场化指数评分的最大值为10.770000，最小值为4.600000，均值为9.288629，标准差为1.239976。这表明从总体上来看，相对于非国有文化企业来说，国有文化企业所在地区的市场化指数评分较低，但国有文化企业所在地区之间的市场化指数评分的差异较大。与并购后一年相比，国有文化企业所在地区的市场化指数评分总体有所提高，而且波动性也有所提高；非国有文化企业所在地区的市场化指数也是如此。国有文化企业所在地区的政府与市场的关系评分的最大值为8.710000，最小值为3.860000，均值为6.619859，标准差为1.498188，非国有文化企业所在地区的政府与市场的关系评分的最大值为9.050000，最小值为4.590000，均值为7.170766，标准差为1.326061。这表明从总体来看，相对于非国有文化企业来说，国有文化企业所在地区的政府与市场的关系评分较低，而且国有文化企业所在地区之间的政府与市场的关系评分的差异较大。与并购后一年相比，从总体上来看，国有文化企业所在地区的政府与市场的关系评分有所降低，而且波动性有所提高；非国有文化企业所在地区的政府与市场的关系评分情况也和国有文化企业基本一致。

国有文化企业所在地区的非国有经济的发展评分的最大值为10.620000，最小值为2.760000，均值为8.164601，标准差为1.826611，非国有文化企业所在地区的非国有经济的发展评分的最大值为10.620000，最小值为3.430000，均值为8.798427，标准差为1.327152。这表明从总体来看，相对于非国有文化企业来说，国有文化企业所在地区的非国有经济的发展评分较低，而且国有文化企业所在地区之间的非国有经济的发展

表6-7 并购后两年按照终极控股股东性质分样本描述性统计

变量	并购后两年非国有文化企业描述性统计				并购后两年国有文化企业描述性统计			
	均值	标准差	最小值	最大值	均值	标准差	最小值	最大值
map2	0.030319	0.703596	-2.146160	4.669546	-0.035300	0.505312	-3.145760	1.476778
mindex	9.288629	1.239976	4.600000	10.770000	7.680469	1.921045	3.550000	10.770000
srgm	7.170766	1.326061	4.590000	9.050000	6.619859	1.498188	3.860000	8.710000
snsed	8.798427	1.327152	3.430000	10.620000	8.164601	1.826611	2.760000	10.620000
spmd	7.491290	2.043036	4.130000	9.660000	8.095399	1.191297	4.130000	9.660000
sefmd	9.284516	3.373531	3.510000	14.740000	6.994507	2.566306	2.700000	14.740000
smlie	13.685730	3.983503	1.630000	20.250000	8.506385	5.181813	0.690000	20.250000
cr	0.380937	0.130615	0.114600	0.664100	0.378226	0.206049	0.071400	0.771300
cfr	0.346209	0.136828	0.037640	0.650200	0.357173	0.217834	0.021066	0.771300
sep	0.034728	0.059327	0	0.316157	0.021053	0.053260	0	0.323308
layer	1.766129	1.091809	1	6	2.732394	1.436956	1	8
ebd	1.049444	0.901108	0.086040	5.398276	0.878127	0.915462	0.017900	3.998374
ass	22.073580	0.978380	18.699170	24.281880	22.727810	0.876241	20.779740	26.105300
alr	0.349835	0.238128	0.021593	1.504571	0.361666	0.159744	0.042400	0.698911
susgr	0.064667	0.106617	-0.603230	0.318566	0.079224	0.054502	-0.020610	0.271614
样本量	248				213			

191

评分的差异较大。与并购后一年相比，从总体上来看，国有文化企业所在地区的非国有经济的发展评分有所增加，而且波动性有所降低；非国有文化企业所在地区的非国有经济的发展评分也是如此。

国有文化企业所在地区的产品市场的发育程度评分的最大值为9.660000，最小值为4.130000，均值为8.095399，标准差为1.191297，非国有文化企业所在地区的产品市场的发育程度评分的最大值为9.660000，最小值为4.130000，均值为7.491290，标准差为2.043036。这表明从总体来看，相对于非国有文化企业来说，国有文化企业所在地区的产品市场的发育程度评分较高，而且国有文化企业所在地区之间的产品市场的发育程度评分的差异较小。与并购后一年相比，从总体上来看，国有文化企业所在地区的产品市场的发育程度评分有所提高，而且波动性也有所增加；非国有文化企业所在地区的产品市场的发育程度评分有所降低，但波动性有所提高。

国有文化企业所在地区的要素市场的发育程度评分的最大值为14.740000，最小值为2.700000，均值为6.994507，标准差为2.566306，非国有文化企业所在地区的要素市场的发育程度评分的最大值为14.740000，最小值为3.510000，均值为9.284516，标准差为3.373531。这表明从总体来看，相对于非国有文化企业来说，国有文化企业所在地区的要素市场的发育程度评分较低，但国有文化企业所在地区之间的要素市场的发育程度评分的差异也较小。与并购后一年相比，从总体上来看，国有文化企业所在地区的要素市场的发育程度评分有所提高，而且波动性也有所提高；非国有文化企业所在地区的要素市场的发育程度评分有所提高，而且波动性也有所提高。

国有文化企业所在地区的市场中介组织的发育与法律制度环境评分的最大值为20.250000，最小值为0.690000，均值为8.506385，标准差为5.181813，非国有文化企业所在地区的市场中介组织的发育与法律制度环境评分的最大值为20.250000，最小值为1.630000，均值为13.685730，标准差为3.983503。这表明从总体来看，相对于非国有文化企业来说，国有文化企业所在地区的市场中介组织的发育与法律制度环境评分较低，而且国有文化企业所在地区之间的市场中介组织的发育与法律制度环境评分的差异也较大。从总体上来看，与并购后一年相比，在并购后两年，国有文化企业所在地区市场中介组织与法律制度环境评分有所提高，而且不同地区之间评分的波动性也相对比较大；非国有文化企业所在地区的市场中介组织与法律制度环境评分及其波动性情况也和国有企业的情况基本一致。

并购后两年其他变量按照并购样本终极控股股东性质分样本描述性统计分析结果与第 5 章一致，这里不再重复。

6.3.2　相关性分析

1. 并购当年变量之间的相关性分析

表 6 - 8 是并购当年，文化企业的并购绩效、制度环境、终极控股股东特征以及其他变量之间的相关系数矩阵。

从表 6 - 8 中可以看出，文化企业并购当年并购绩效与市场化指数评分正相关但不显著，说明市场化指数评分的提高可以提高文化企业并购当年的并购绩效，但提高不明显。文化企业并购当年并购绩效与政府与市场的关系评分负相关但不显著，说明政府与市场的关系评分越高，文化企业并购当年并购绩效越低，但变化不明显。文化企业并购当年并购绩效与非国有经济的发展评分正相关但不显著，说明非国有经济的发展评分越高，文化企业并购当年并购绩效越高，但提高不明显。文化企业并购当年并购绩效与产品市场的发育程度评分负相关但不显著，说明产品市场的发育程度评分越高，文化企业并购当年并购绩效越低，但影响不明显。文化企业并购当年并购绩效与要素市场的发展程度评分在 10% 的水平上显著正相关，说明文化企业并购样本所在地区要素市场的发展程度可以显著提高并购当年的并购绩效。在并购当年，从整体上来说，文化企业并购绩效与市场中介组织的发育与法律制度环境评分呈现不显著的正相关关系，这说明市场中介组织的发育与法律制度环境评分越高，文化企业并购当年并购绩效越高，但提高不明显。文化企业并购当年并购绩效与终极控股股东的控制权在 5% 的水平上显著负相关，说明文化企业终极控股股东的控制权越高，并购当年并购绩效明显越低。文化企业并购当年并购绩效与终极控股股东的现金流权在 5% 的水平上显著负相关，说明文化企业终极控股股东的现金流权越高，并购当年并购绩效显著越低。在并购当年，从整体上来说，文化企业的并购绩效与

表6-8 并购当年变量之间的相关性

变量		map0	mindex	srgm	snsed	spmd	sefmd	smile	cr	cfr	layer	ebd	ass	alr	susgr
map0	Pearson 相关性	1	0.056	-0.037	0.004	-0.051	0.088*	0.076	-0.103**	-0.113**	0.204***	0.100**	0.046	0.049	0.524***
	显著性（双侧）		0.228	0.429	0.937	0.270	0.058	0.103	0.026	0.015	0.000	0.033	0.324	0.295	0.000
mindex	Pearson 相关性	0.056	1	0.664***	0.694***	0.094**	0.646***	0.943***	0.102**	0.108**	0.090*	-0.170***	0.053	-0.154***	0.076
	显著性（双侧）	0.228		0.000	0.000	0.044	0.000	0.000	0.029	0.020	0.054	0.000	0.253	0.001	0.103
srgm	Pearson 相关性	-0.037	0.664***	1	0.669***	0.529***	0.076	0.465***	0.153***	0.197***	-0.081*	-0.226***	-0.117**	-0.118**	0.056
	显著性（双侧）	0.429	0.000		0.000	0.000	0.103	0.000	0.001	0.000	0.081	0.000	0.012	0.012	0.227
snsed	Pearson 相关性	0.004	0.694***	0.669***	1	0.548***	0.009	0.521***	0.196***	0.207***	-0.131***	-0.138***	0.057	-0.204***	0.132***
	显著性（双侧）	0.937	0.000	0.000		0.000	0.849	0.000	0.000	0.000	0.005	0.003	0.220	0.000	0.004
spmd	Pearson 相关性	-0.051	0.094**	0.529***	0.548***	1	-0.570***	-0.153***	0.172***	0.253***	-0.184***	-0.155***	-0.091*	-0.045	-0.025
	显著性（双侧）	0.270	0.044	0.000	0.000		0.000	0.001	0.000	0.000	0.000	0.001	0.052	0.338	0.590

续表

变量		map0	mindex	srgm	snsed	spmd	sefmd	smlie	cr	cfr	layer	ebd	ass	alr	susgr
sefmd	Pearson相关性	0.088*	0.646***	0.076	0.009	-0.570***	1	0.712***	-0.085*	-0.102**	0.235***	0.008	0.111**	-0.085*	0.027
	显著性（双侧）	0.058	0.000	0.103	0.849	0.000		0.000	0.069	0.029	0.000	0.859	0.017	0.067	0.558
smlie	Pearson相关性	0.076	0.943***	0.465***	0.521***	-0.153***	0.712***	1	0.074	0.053	0.148***	-0.148***	0.074	-0.100**	0.065
	显著性（双侧）	0.103	0.000	0.000	0.000	0.001	0.000		0.113	0.259	0.001	0.001	0.112	0.031	0.161
cr	Pearson相关性	-0.103**	-0.102**	0.153***	0.196***	0.172***	-0.085*	0.074	1	0.936***	-0.170***	-0.209***	0.019	-0.100**	-0.015
	显著性（双侧）	0.026	0.029	0.001	0.000	0.000	0.069	0.113		0.000	0.000	0.000	0.680	0.000	0.748
cfr	Pearson相关性	-0.113**	0.108**	0.197***	0.207***	0.253***	-0.102**	0.053	0.936***	1	-0.311***	-0.205***	0.039	-0.121***	-0.047
	显著性（双侧）	0.015	0.020	0.000	0.000	0.000	0.029	0.259	0.000		0.000	0.000	0.398	0.009	0.316
layer	Pearson相关性	0.204***	0.090*	-0.081*	-0.131**	-0.184***	0.235***	0.148**	-0.170***	-0.311***	1	0.075	-0.065	0.118**	0.062
	显著性（双侧）	0.000	0.054	0.081	0.005	0.000	0.000	0.001	0.000	0.000		0.109	0.166	0.011	0.187

续表

变量		map0	mindex	stgm	snsed	spmd	sefmd	smlie	cr	cfr	layer	ebd	ass	alr	susgr
ebd	Pearson相关性	0.100**	-0.170***	-0.226***	-0.138***	-0.155***	0.008	-0.148***	-0.209***	-0.205***	0.075	1	0.019	0.031	0.051
	显著性（双侧）	0.033	0.000	0.000	0.003	0.001	0.859	0.001	0.000	0.000	0.109		0.689	0.514	0.272
ass	Pearson相关性	0.046	0.053	-0.117**	0.057	-0.091*	0.111**	0.074	0.019	0.039	-0.065	0.019	1	0.090*	0.174***
	显著性（双侧）	0.324	0.253	0.012	0.220	0.052	0.017	0.112	0.680	0.398	0.166	0.689		0.053	0.000
alr	Pearson相关性	0.049	-0.154***	-0.118**	-0.204***	-0.045	-0.085*	-0.100**	-0.100**	-0.121***	0.118**	0.031	0.090*	1	0.069
	显著性（双侧）	0.295	0.001	0.012	0.000	0.338	0.067	0.031	0.032	0.009	0.011	0.514	0.053		0.141
susgr	Pearson相关性	0.524***	0.076	0.056	0.132**	-0.025	0.027	0.065	-0.015	-0.047	0.062	0.051	0.174***	0.069	1
	显著性（双侧）	0.000	0.103	0.227	0.004	0.590	0.558	0.161	0.748	0.316	0.187	0.272	0.000	0.141	

样本量=461

注：*** 表示在0.01水平（双侧）上显著相关；** 表示在0.05水平（双侧）上显著相关；* 表示在0.1水平（双侧）上显著相关。

终极控股股东的控制链层级在1%的显著性水平上正相关，这说明在并购当年，控制链层级越高，并购绩效明显越好。在并购当年，从整体上来说，文化企业的并购绩效与企业股权制衡度在5%的显著性水平上正相关，这说明在并购当年，文化企业的股权制衡度越高，并购绩效越好。文化企业并购当年并购绩效与可持续增长率在1%的水平上显著正相关，说明文化企业可持续增长率越高，并购当年并购绩效明显越高。

从表6-8中还可以看出，对于解释变量之间的相关性，制度环境变量中，市场化指数评分与其余五个二级指标变量均在1%的水平上存在显著的相关性，并且与市场中介组织的发育与法律制度环境评分的相关系数达到0.943，这是因为市场化指数评分指标就是根据这五个二级指标计算出来的。因此市场化指数指标与这些二级指标之间存在显著的共线性问题，在检验时需要将其分开。

对于终极控股股东的特征变量，除了终极控股股东的控制权与现金流权之间的关系外，其余变量之间的相关系数都小于0.5，这表明，这些变量之间没有显著的共线性。但终极控制股东的控制权与现金流权之间显著正相关，且相关系数为0.936，说明控制权越高的企业，往往现金流权也越高，因此，终极控制股东的控制权与现金流权之间存在显著的共线性问题，在检验时需要将其分开。

2. 并购后一年变量之间的相关性分析

表6-9是文化企业并购后一年并购绩效、制度环境、终极控股股东特征以及其他变量的相关系数矩阵。

从表6-9中可以看出，文化企业并购后一年并购绩效与市场化指数评分负相关但不显著，说明市场化指数评分的提高可以降低文化企业并购后一年的并购绩效，但影响不明显。文化企业并购后一年并购绩效与政府与市场的关系评分正相关但不显著，说明政府与市场的关系评分越高，文化企业并购后一年并购绩效越高，但变化不明显。文化企业并购后一年并购绩效与非国有经济的发展评分在1%的水平上显著正相关，说明非国有经济的发展评分越高，文化企业并购后一年并购绩效明显越高。文化企业并购后一年并购绩效与产品市场的发育程度评分在5%的水平上显著正相关，说明产品市场的发育程度评分越高，文化企业并购后一年并购绩效越高。文化企业并购后一年并购绩效与要素市场

表6-9　　并购后一年变量之间的相关性

变量		map1	mindex	srgm	snsed	spmd	sefmd	smlie	cr	cfr	layer	ebd	ass	alr	susgr
map1	Pearson相关性	1	-0.071	0.022	-0.150***	0.095**	-0.027	-0.094**	-0.153***	-0.132***	0.085*	-0.033	-0.175***	0.198***	-0.200***
	显著性（双侧）		0.128	0.632	0.001	0.041	0.559	0.043	0.001	0.004	0.069	0.479	0.000	0.000	0.000
mindex	Pearson相关性	-0.071	1	0.669***	0.688***	-0.010	0.642***	0.944***	0.373***	0.330***	-0.256***	-0.14***	0.063	-0.190***	0.108***
	显著性（双侧）	0.128		0.000	0.000	0.836	0.000	0.000	0.000	0.000	0.000	0.003	0.177	0.000	0.020
srgm	Pearson相关性	0.022	0.669***	1	0.698***	0.477***	0.062	0.471***	0.407***	0.341***	-0.104**	-0.182***	-0.176***	-0.241***	0.145***
	显著性（双侧）	0.632	0.000		0.000	0.000	0.186	0.000	0.000	0.000	0.025	0.000	0.000	0.000	0.000
snsed	Pearson相关性	-0.150***	0.688***	0.698***	1	0.495***	-0.004	0.512***	0.338***	0.261***	0.004	-0.064	0.048	-0.245***	0.140***
	显著性（双侧）	0.001	0.000	0.000		0.000	0.940	0.000	0.000	0.000	0.933	0.172	0.307	0.000	0.003
spmd	Pearson相关性	0.095**	-0.010	0.477***	0.495***	1	-0.651***	-0.252***	0.120**	0.082*	0.029	-0.140***	-0.122***	-0.084*	-0.025
	显著性（双侧）	0.041	0.836	0.000	0.000		0.000	0.000	0.010	0.077	0.535	0.003	0.009	0.071	0.592

续表

变量		map1	mindex	srgm	snsed	spmd	sefmd	smlie	cr	cfr	layer	ebd	ass	alr	susgr
sefmd	Pearson相关性	-0.027	0.642***	0.062	-0.004	-0.651***	1	0.710***	0.101**	0.122***	-0.229***	0.019	0.189***	-0.062	0.033
	显著性（双侧）	0.559	0.000	0.186	0.940	0.000		0.000	0.031	0.009	0.000	0.689	0.000	0.182	0.480
smlie	Pearson相关性	-0.094**	0.944***	0.471***	0.512***	-0.252***	0.710***	1	0.315***	0.282***	-0.288***	-0.135***	0.074	-0.111**	0.093**
	显著性（双侧）	0.043	0.000	0.000	0.000	0.000	0.000		0.000	0.000	0.000	0.004	0.111	0.017	0.045
cr	Pearson相关性	-0.153***	0.373***	0.407***	0.338***	0.120**	0.101**	0.315***	1	0.947***	-0.259***	-0.436***	-0.069	-0.248***	-0.022
	显著性（双侧）	0.001	0.000	0.000	0.000	0.010	0.031	0.000		0.000	0.000	0.000	0.141	0.000	0.634
cfr	Pearson相关性	-0.132***	0.330***	0.341***	0.261***	0.082*	0.122***	0.282***	0.947***	1	-0.378***	-0.473***	-0.015	-0.272***	-0.022
	显著性（双侧）	0.004	0.000	0.000	0.000	0.077	0.009	0.000	0.000		0.000	0.000	0.743	0.000	0.635
layer	Pearson相关性	0.085*	-0.256***	-0.104**	0.004	0.029	-0.229***	-0.288***	-0.259***	-0.378***	1	0.282***	0.173***	0.058	-0.021
	显著性（双侧）	0.069	0.000	0.025	0.933	0.535	0.000	0.000	0.000	0.000		0.000	0.000	0.214	0.659

续表

变量		mapl	mindex	srgm	snsed	spmd	sefmd	smlie	cr	cfr	layer	ebd	ass	alr	susgr
ebd	Pearson 相关性	-0.033	-0.140***	-0.182***	-0.064	-0.140***	0.019	-0.135***	-0.436***	-0.473***	0.282***	1	0.041	0.010	0.019
	显著性（双侧）	0.479	0.003	0.000	0.172	0.003	0.689	0.004	0.000	0.000	0.000		0.374	0.838	0.682
ass	Pearson 相关性	-0.175***	0.063	-0.176***	0.048	-0.122***	0.189***	0.074	-0.069	-0.015	0.173***	0.041	1	0.285***	0.143***
	显著性（双侧）	0.000	0.177	0.000	0.307	0.009	0.000	0.111	0.141	0.743	0.000	0.374		0.000	0.002
alr	Pearson 相关性	0.198***	-0.190***	-0.241***	-0.245***	-0.084*	-0.062	-0.111**	-0.248***	-0.272***	0.058	0.010	0.285***	1	0.132***
	显著性（双侧）	0.000	0.000	0.000	0.000	0.071	0.182	0.017	0.000	0.000	0.214	0.838	0.000		0.005
susgr	Pearson 相关性	-0.200***	0.108**	0.145***	0.140***	-0.025	0.033	0.093**	-0.022	-0.022	-0.021	0.019	0.143***	0.132***	1
	显著性（双侧）	0.000	0.020	0.002	0.003	0.592	0.480	0.045	0.634	0.635	0.659	0.682	0.002	0.005	

样本量=461

注：*** 表示在 0.01 水平（双侧）上显著相关；** 表示在 0.05 水平（双侧）上显著相关；* 表示在 0.1 水平（双侧）上显著相关。

的发展程度评分负相关但不显著，说明文化企业并购样本所在地区要素市场的发展程度评分越高，文化企业并购后一年的并购绩效越低，但影响不明显。在并购后一年，文化企业的并购绩效与市场中介组织的发育与法律制度环境评分在 5% 的水平上显著负相关，这说明对文化企业来说，在并购后一年，市场中介组织与法律制度环境评分越高并购绩效下降越明显。文化企业并购后一年并购绩效与终极控股股东的控制权效在 1% 的水平上显著负相关，说明文化企业终极控股股东的控制权越高，并购后一年并购绩效明显越低。文化企业并购后一年并购绩效与终极控股股东的现金流权在 1% 的水平上显著负相关，说明文化企业终极控股股东的现金流权越高，并购后一年并购绩效明显越低。文化企业并购后一年并购绩效与终极控股股东的控制链层级在 10% 的水平上显著正相关，说明终极控股股东的控制链层级越多，并购后一年并购绩效明显越好。文化企业并购后一年并购绩效与企业资产规模在 1% 的水平上显著负相关，说明文化企业资产规模越高，并购后一年并购绩效越差。文化企业并购后一年并购绩效与资产负债率在 1% 的水平上显著正相关，说明文化企业资产负债率越高，并购后一年并购绩效明显越高。这可能是因为企业利用了较多的财务杠杆作用所致。文化企业并购后一年并购绩效与可持续增长率在 1% 的水平上显著负相关，说明文化企业可持续增长率越高，并购后一年并购绩效明显越低。

从表 6-9 中还可以看出，对于解释变量之间的相关性，制度环境变量中，市场化指数评分与除了产品市场的发育程度评分之外的其余四个二级指标变量均在 1% 的水平上存在显著的相关性，并且与市场中介组织的发育与法律制度环境评分的相关系数达到 0.944，这是因为市场化指数评分指标就是根据这五个二级指标计算出来的。因此市场化指数指标与这些二级指标之间存在显著的共线性问题，在检验时需要将其分开。

对于终极控股股东的特征变量，除了终极控股股东的控制权与现金流权之间的关系外，其余变量之间的相关系数都小于 0.5，这表明，这些变量之间没有显著的共线性。但是控制权与现金流权之间呈显著正相关，而且系数为 0.947，这说明控制权越高的企业，现金流权往往也会随之越高，因此，终极控制股东的控制权与现金流权之间存在显著的共线性问题，在检验时需要将其分开。

3. 并购后两年变量之间的相关性分析

表 6-10 是文化企业并购后两年并购绩效、终极控股股东各方面特征以及其他变量之间的相关系数矩阵。

从表 6-10 中可以看出，文化企业并购后两年并购绩效与市场化指数评分正相关但不显著，说明市场化指数评分的提高可以提高文化企业并购后两年的并购绩效，但影响不明显。在并购后两年，从整体上来说，文化企业的并购绩效与政府与市场的关系、非国有经济的发展、产品市场的发育程度这三个变量的评分之间呈现不显著的负相关关系，这说明在并购后两年，这三个变量得分越高，并购绩效越低，但变化不明显。在并购后两年，从整体上来说，文化企业并购绩效与要素市场和市场中介组织与法律制度环境这两个变量的评分呈现不显著的正相关关系，这说明，在并购后两年，这两个变量得分越高，并购绩效越高，但影响不明显。在并购后两年，文化企业并购绩效与控制权、现金流权分别均在 1% 的水平上显著负相关，这说明控制权、现金流权越高，并购后两年并购绩效均明显越低。文化企业并购后两年并购绩效与终极控股股东的控制链层级在 10% 的水平上显著正相关，说明终极控股股东的控制链层级越多，并购后两年并购绩效明显越好。在并购后两年，文化企业并购绩效与股权制衡度在 5% 的水平上呈现显著的正相关关系，这说明在并购后两年，从整体上来说，股权制衡度越高，并购绩效也明显会随之越高。这说明股权制衡发挥了应有的作用。文化企业并购后两年并购绩效与资产负债率在 1% 的水平上显著正相关，说明文化企业资产负债率越高，并购后两年并购绩效明显越高。这可能是因为企业利用了较多的财务杠杆作用所致。

从表 6-10 中还可以看出，对于解释变量之间的相关性，制度环境变量中，市场化指数评分与除了产品市场的发育程度之外的其余四个二级指标变量均在 1% 的水平上存在显著的相关性，并且与市场中介组织的发育与法律制度环境评分的相关系数达到 0.941，这是因为市场化指数评分指标就是根据这五个二级指标计算出来的，因此市场化指数指标与这些二级指标之间存在显著的共线性问题，在检验时需要将其分开。

对于终极控股股东的特征变量，除了终极控股股东的控制权与现金流权之间的关系外，其余变量之间的相关系数都小于 0.5，这表明，这

表6-10　　并购后两年变量之间的相关性

变量		map2	mindex	srgm	snsed	spmd	sefmd	smlie	cr	cfr	layer	ebd	ass	alr	susgr
map2	Pearson 相关性	1	0.011	-0.028	-0.044	-0.026	0.043	0.024	-0.161**	-0.166***	0.082*	0.095**	0.059	0.170***	0.073
	显著性（双侧）		0.807	0.547	0.347	0.576	0.359	0.604	0.001	0.000	0.080	0.042	0.207	0.000	0.117
mindex	Pearson 相关性	0.011	1	0.658***	0.665***	-0.050	0.632***	0.941***	0.351***	0.345***	-0.270***	-0.153***	0.087*	-0.147***	0.083*
	显著性（双侧）	0.807		0.000	0.000	0.284	0.000	0.000	0.000	0.000	0.000	0.001	0.063	0.002	0.075
srgm	Pearson 相关性	-0.028	0.658***	1	0.740***	0.526***	0.004	0.443***	0.450***	0.413***	-0.072	-0.203***	-0.176***	-0.271***	0.083*
	显著性（双侧）	0.547	0.000		0.000	0.000	0.934	0.000	0.000	0.000	0.122	0.000	0.000	0.000	0.075
snsed	Pearson 相关性	-0.044	0.665***	0.740***	1	0.495***	-0.040	0.479***	0.336***	0.291***	0.000	-0.012	0.035	-0.279***	0.089*
	显著性（双侧）	0.347	0.000	0.000		0.000	0.389	0.000	0.000	0.000	0.998	0.802	0.452	0.000	0.057
spmd	Pearson 相关性	-0.026	-0.050	0.526***	0.495***	1	-0.681***	-0.296***	0.173***	0.142***	0.073	-0.137***	-0.162***	-0.132***	-0.046
	显著性（双侧）	0.576	0.284	0.000	0.000		0.000	0.000	0.000	0.002	0.119	0.003	0.000	0.005	0.324

续表

变量		map2	mindex	srgm	snsed	spmd	sefmd	smlie	cr	cfr	layer	ebd	ass	alr	susgr
sefmd	Pearson 相关性	0.043	0.632***	0.004	-0.040	-0.681***	1	0.695***	0.043	0.086*	-0.241***	0.008	0.229***	0.030	-0.002
	显著性（双侧）	0.359	0.000	0.934	0.389	0.000		0.000	0.353	0.065	0.000	0.869	0.000	0.521	0.966
smlie	Pearson 相关性	0.024	0.941***	0.443***	0.479***	-0.296***	0.695***	1	0.280***	0.278***	-0.315***	-0.158***	0.100**	-0.060	0.106**
	显著性（双侧）	0.604	0.000	0.000	0.000	0.000	0.000		0.000	0.000	0.000	0.001	0.032	0.199	0.023
cr	Pearson 相关性	-0.161***	0.351***	0.450***	0.336***	0.173***	0.043	0.280***	1	0.948***	-0.200***	-0.447***	-0.088*	-0.237***	0.143***
	显著性（双侧）	0.001	0.000	0.000	0.000	0.000	0.353	0.000		0.000	0.000	0.000	0.059	0.000	0.000
cfr	Pearson 相关性	-0.166***	0.345***	0.413***	0.291***	0.142***	0.086*	0.278***	0.948***	1	-0.341***	-0.489***	-0.026	-0.264***	0.119***
	显著性（双侧）	0.000	0.000	0.000	0.000	0.002	0.065	0.000	0.000		0.000	0.000	0.579	0.000	0.000
layer	Pearson 相关性	0.082*	-0.270***	-0.072	0.000	0.073	-0.241***	-0.315***	-0.200***	-0.341***	1	0.322***	0.104**	0.003	0.032
	显著性（双侧）	0.080	0.000	0.122	0.998	0.119	0.000	0.000	0.000	0.000		0.000	0.025	0.944	0.489

续表

变量		map2	mindex	srgm	snsed	spmd	sefmd	smlie	cr	cfr	layer	ebd	ass	alr	susgr
ebd	Pearson 相关性	0.095**	-0.153***	-0.203***	-0.012	-0.137***	0.008	-0.158***	-0.447***	-0.489***	0.322***	1	0.085*	0.010	-0.055
	显著性（双侧）	0.042	0.001	0.000	0.802	0.003	0.869	0.001	0.000	0.000	0.000		0.067	0.831	0.241
ass	Pearson 相关性	0.059	0.087*	-0.176***	0.035	-0.162***	0.229***	0.100**	-0.088*	-0.026	0.104**	0.085*	1	0.305***	0.222***
	显著性（双侧）	0.207	0.063	0.000	0.452	0.000	0.000	0.032	0.059	0.579	0.025	0.067		0.000	0.000
alr	Pearson 相关性	0.170***	-0.147***	-0.271***	-0.279***	-0.132***	0.030	-0.060	-0.237***	-0.264***	0.003	0.010	0.305***	1	-0.044
	显著性（双侧）	0.000	0.002	0.000	0.000	0.005	0.521	0.199	0.000	0.000	0.944	0.831	0.000		0.343
susgr	Pearson 相关性	0.073	0.083*	0.083*	0.089*	-0.046	-0.002	0.106**	0.143***	0.119***	0.032	-0.055	0.222***	-0.044	1
	显著性（双侧）	0.117	0.075	0.075	0.057	0.324	0.966	0.023	0.002	0.010	0.489	0.241	0.000	0.343	

样本量=461

注：*** 表示在 0.01 水平（双侧）上显著相关；** 表示在 0.05 水平（双侧）上显著相关；* 表示在 0.1 水平（双侧）上显著相关。

些变量之间没有显著的共线性。但终极控股股东的控制权和现金流权之间呈现显著的正相关关系，且二者的相关系数为 0.948，这说明控制权越高的企业，往往现金流权也越高，因此，终极控股股东的控制权与现金流权之间存在显著的共线性问题，在检验时需要将其分开。

6.3.3 回归结果及分析

1. 市场化指数对终极控股股东与文化企业并购绩效关系的影响

（1）并购当年回归结果及分析。从表 6 − 11 并购当年市场化指数对终极控股股东与文化企业并购绩效关系影响的回归分析结果可知：

在市场化指数对终极控股股东的控制权与并购当年文化企业并购绩效关系的调节作用分析中，市场化指数与并购当年文化企业并购绩效在 5% 的水平上显著负相关，说明市场化指数越高，并购当年文化企业并购绩效显著越低；控制权与并购当年文化企业并购绩效在 1% 的水平上呈现显著的负相关关系，这说明在并购当年，从整体上来说，控制权越大，并购绩效明显越低；但是二者的交乘项在并购当年和文化企业并购绩效呈现显著正相关，这说明市场化指数减弱了文化企业终极控股股东的控制权对并购绩效的负向影响作用。假设 1 得到验证。

在市场化指数对终极控股股东的现金流权与并购当年文化企业并购绩效关系的调节作用分析中，市场化指数与并购当年文化企业并购绩效在 5% 的水平上显著负相关，说明市场化指数越高，并购当年文化企业并购绩效显著越低；文化企业终极控股股东的现金流权与并购当年的并购绩效在 1% 的显著性水平上负相关，这说明文化企业终极控股股东的现金流权越大，并购当年的并购绩效明显越低。但二者的交乘项与并购当年并购绩效在 1% 的显著性水平上正相关，这说明市场化指数减弱了文化企业终极控股股东的现金流权对并购绩效的负向影响。假设 2 得到验证。

在市场化指数对终极控股股东的控制链层级与并购当年文化企业并购绩效关系的调节作用分析中，市场化指数与并购当年文化企业并购绩效正相关但不显著，说明市场化指数越高，并购当年文化企业并购绩效越高但不显著；终极控股股东的控制链层级均与并购当年文化企业并购

表6-11 市场化指数对终极控股股东与文化企业并购绩效之间关系影响的回归结果

变量	并购当年回归结果			并购后一年回归结果			并购后两年回归结果		
	模型(1) map0	模型(2) map0	模型(3) map0	模型(1) map1	模型(2) map1	模型(3) map1	模型(1) map2	模型(2) map2	模型(3) map2
mindex	-0.119000** (-2.51)	-0.085000** (-2.12)	0.038800 (0.98)	-0.057100 (-1.60)	-0.070300** (-2.16)	0.063800* (1.87)	0.011500 (0.32)	-0.014300 (-0.45)	0.093100*** (2.63)
cr	-0.033900*** (-3.46)			-0.025600*** (-3.29)			-0.010700 (-1.29)		
mindex_cr	0.003710*** (3.11)			0.002440*** (2.59)			0.000631 (0.65)		
cfr		-0.028300*** (-3.18)			-0.027000*** (-3.51)			-0.018100** (-2.18)	
mindex_cfr		0.003090*** (2.86)			0.002830*** (3.08)			0.001540 (1.62)	
layer			0.228000 (1.58)			0.206000** (2.09)			0.275000** (2.47)
mindex_layer			-0.015200 (-0.91)			-0.018700 (-1.51)			-0.029100** (-2.21)
ebd	0.052300 (1.55)	0.048300 (1.43)	0.050700 (1.53)	-0.064400** (-1.97)	-0.060800* (-1.79)	-0.047100 (-1.49)	0.032700 (0.94)	0.022500 (0.62)	0.035000 (1.00)

续表

变量	并购当年回归结果			并购后一年回归结果			并购后两年回归结果		
	模型（1）map0	模型（2）map0	模型（3）map0	模型（1）map1	模型（2）map1	模型（3）map1	模型（1）map2	模型（2）map2	模型（3）map2
ass	-0.034800*** (-1.18)	-0.038200 (-1.29)	-0.031100 (-1.04)	-0.155000*** (-5.42)	-0.155000*** (-5.34)	-0.167000*** (-5.66)	-0.028300 (-0.89)	-0.024100 (-0.76)	-0.033500 (-1.05)
alr	0.014200 (0.15)	0.001720 (0.02)	-0.010300 (-0.11)	0.809000*** (5.55)	0.854000*** (5.74)	0.978000*** (6.65)	0.501000*** (3.32)	0.489000*** (3.18)	0.633000*** (4.24)
susgr	4.297000*** (13.04)	4.297000*** (12.99)	4.304000*** (12.81)	-1.649000*** (-4.68)	-1.647000*** (-4.67)	-1.748000*** (-4.85)	0.768000** (2.26)	0.723000** (2.14)	0.552000 (1.63)
常量	1.451000** (1.97)	1.227000* (1.69)	-0.272000 (-0.40)	4.011000*** (5.76)	4.010000*** (5.75)	2.890000*** (4.52)	0.467000 (0.61)	0.570000 (0.76)	-0.421000 (-0.60)
样本量									

注：括号内为t统计量。* 表示在10%的水平上显著，** 表示在5%的水平上显著，*** 表示在1%的水平上显著。

绩效正相关但不显著，说明终极控股股东的控制链层级越多，文化企业并购当年的并购绩效越高。市场化指数与终极控股股东的控制链层级的交乘项与并购当年文化企业并购绩效负相关，这说明市场化指数减弱了终极控股股东的控制链层级对文化企业并购绩效的正向影响。假设3得到验证。

（2）并购后一年回归结果及分析。从表6－11并购后一年市场化指数对终极控股股东与文化企业并购绩效关系影响的回归分析结果可知：

在市场化指数对终极控股股东的控制权与并购后一年文化企业并购绩效关系的调节作用分析中，市场化指数与并购后一年文化企业并购绩效负相关但不显著，说明市场化指数越高，并购后一年文化企业并购绩效越低但不明显；文化企业终极控股股东的控制权与并购后一年的并购绩效在1%的水平上显著负相关，这说明在并购后一年，从整体上来说，控制权比例越大，并购绩效明显越低。但是市场化指数与终极控股股东控制权的交乘项与并购后一年文化企业并购绩效显著正相关，这说明市场化指数显著减弱了终极控股股东的控制权对文化企业并购绩效的负向影响。假设1得到验证。

在市场化指数对终极控股股东的现金流权与并购后一年文化企业并购绩效关系的调节作用分析中，市场化指数与并购后一年文化企业并购绩效在5%的水平上显著负相关，说明市场化指数越高，并购后一年文化企业并购绩效显著越低；终极控股股东的现金流权与并购后一年文化企业并购绩效在1%的水平上显著负相关，说明终极控股股东的现金流权越大，文化企业并购后一年的并购绩效显著越低。但二者的交乘项与并购后一年文化企业并购绩效在1%的水平上显著正相关，这说明市场化指数显著减弱了终极控股股东的现金流权对文化企业并购绩效的负向影响。假设2得到验证。

在市场化指数对终极控股股东的控制链层级与并购后一年文化企业并购绩效关系的调节作用分析中，市场化指数与并购后一年文化企业并购绩效在10%的水平上显著正相关，说明市场化指数越高，并购后一年文化企业并购绩效显著越高；终极控股股东的控制链层级与并购后一年文化企业并购绩效在5%的水平上显著正相关，说明终极控股股东的控制链层级越多，文化企业并购后一年的并购绩效明显越高。但市场化指数与终极控股股东的控制链层级的交乘项与并购后一年文化企业并购绩效负相关但不显著，这说明市场化指数减弱了终极控股股东的两权分离度和控制链层级对文化企业并购绩效的正向影响。假设 3 得到验证。

（3）并购后两年回归结果及分析。从表 6 – 11 并购后两年市场化指数在终极控股股东影响文化企业并购绩效过程中的作用的回归分析结果可知：

在市场化指数对终极控股股东的控制权与并购后两年文化企业并购绩效关系的调节作用分析中，市场化指数与并购后两年文化企业并购绩效正相关但不显著，控制权和并购后两年文化企业并购绩效呈现负相关但不显著，市场化指数和控制权的交乘项与并购后两年文化企业并购绩效呈现出不显著正相关关系，这说明加入市场化指数这个制度环境因素后，对文化企业来说，控制权对并购绩效的影响作用以及市场化指数对控制权与并购绩效之间关系的影响作用均不明显。假设 1 此时没有得到验证。

在市场化指数对终极控股股东的现金流权与并购后两年文化企业并购绩效之间关系影响的调节作用分析中，市场化指数与并购后两年文化企业并购绩效负相关但不显著，说明市场化指数越高，并购后两年文化企业并购绩效越低但不明显；终极控股股东的现金流权与并购后两年文化企业并购绩效在 5% 的水平上显著负相关，说明终极控股股东的现金流权越大，文化企业并购后两年的并购绩效显著越低。但二者的交乘项与并购后两年文化企业并购绩效正相关但不显著，说明市场化指数减弱了终极控股股东的现金流权对文化企业并购绩效的负向影响。假设 2 得到验证。

在市场化指数对终极控股股东的控制链层级与并购后两年文化企业并购绩效关系的调节作用分析中，市场化指数与并购后两年文化企业并购绩效在 1% 的水平上显著正相关，说明市场化指数越高，并购后两年文化企业并购绩效显著越高；终极控股股东的控制链层级与并购后两年文化企业并购绩效在 5% 的显著性水平上正相关，说明在并购后两年，从整体上来说，控制链层级越多，并购绩效明显越高。但市场化指数与终极控股股东的控制链层级的交乘项与并购后两年文化企业并购绩效在 5% 的水平上显著负相关，这说明在并购后两年，市场化指数明显减弱了两权分离与控制链层级对并购绩效的正向影响作用。假设 3 得到验证。

（4）连续三年市场化指数对终极控股股东与文化企业并购绩效关系影响的回归结果综合分析。综合表 6 - 11 连续三年市场化指数对终极控股股东与文化企业并购绩效关系影响的回归分析结果可以看出：

连续三年终极控股股东的控制权均与文化企业并购绩效负相关，其中并购当年和并购后一年二者均在 1% 的水平上显著负相关，说明文化企业并购后，终极控股股东持有文化企业的控制权比例越高，文化企业并购绩效越低。市场化指数与终极控股股东的控制权的交乘项则连续三年均与文化企业并购绩效正相关，其中并购当年和并购后一年二者均在 1% 的水平上显著正相关，这表明在并购当年和并购后一年，市场化指数可以减弱终极控股股东的控制权对文化企业并购绩效的负向影响作用。假设 1 在并购当年和并购后一年得到验证，在并购后第二年没有得到验证。

连续三年现金流权均分别与并购绩效显著负相关，这说明在实施并购活动之后，终极控股股东持有文化企业的现金流权比例越高，文化企业并购绩效越低。市场化指数与终极控股股东的现金流权的交乘项则连续三年均与文化企业并购绩效正相关，其中并购当年和并购后一年二者均在 1% 的水平上显著正相关，这表明市场化指数可以减弱终文化企业极控股股东的现金流权对并购绩效的负向影响作用。假设 2 得到验证。

连续三年终极控股股东的控制链层级均与文化企业并购绩效正相关，其中在并购后一年和后两年二者均显著正相关，这说明文化企业实施并购活动之后，终极控股股东的控制链层级越多，并购绩效越高。市场化指数与终极控股股东和文化企业之间的控制链层级的交乘项则连续三年均与文化企业并购绩效负相关，其中并购后两年二者在 5% 的水平上显著负相关，这表明市场化指数可以减弱终极控股股东的控制权对文化企业并购绩效的正向影响。假设 3 得到验证。

2. 政府与市场的关系在终极控股股东影响文化企业并购绩效中的作用

（1）并购当年回归结果及分析。从表 6 - 12 并购当年政府与市场的关系对终极控股股东与文化企业并购绩效关系的影响的回归分析结果可知：

在政府与市场的关系对终极控股股东的控制权与并购当年文化企业

211

并购绩效关系的调节作用分析中，政府与市场的关系评分与并购当年文化企业并购绩效在5%的水平上显著负相关，说明政府与市场的关系评分越高，并购当年文化企业并购绩效显著越低；控制权与并购当年文化企业并购绩效在5%的水平上显著负相关，这说明，从整体上来说，在并购当年，控制权越大，并购绩效则明显越低。但在并购当年，二者的交乘项与并购绩效显著正相关，这说明，从整体上来说，政府与市场的关系在并购当年度非常明显地减弱了控制权对并购绩效的负向影响作用。假设1得到验证。

在政府与市场的关系对终极控股股东的现金流权与并购当年文化企业并购绩效关系的调节作用分析中，政府与市场的关系评分与并购当年文化企业并购绩效在1%的显著性水平上负相关，这说明在并购当年，从整体上来说，政府与市场的关系评分越高，并购当年文化企业并购绩效显著越低；文化企业终极控股股东的现金流权与并购当年的并购绩效在1%的显著性水平上负相关，这说明在并购当年，从整体上来说，现金流权越大，并购绩效明显越低；但是二者的交乘项则在并购当年度和并购绩效显著正相关，这说明政府与市场的关系减弱了文化企业终极控股股东的现金流权对并购绩效的负向影响作用。假设2得到验证。

在政府与市场的关系在文化企业终极控股股东的控制链层级影响并购当年的并购绩效的调节作用分析中，政府与市场的关系评分与并购当年文化企业并购绩效负相关但不显著，说明政府与市场的关系评分越高，并购当年文化企业并购绩效越低但不显著；终极控股股东的控制链层级与并购当年文化企业并购绩效正相关但不显著，说明终极控股股东的控制链层级越多，文化企业并购当年的并购绩效越高但不明显。但政府与市场的关系与终极控股股东的控制链层级的交乘项与并购当年文化企业并购绩效正相关但不显著，这说明在并购当年，从整体上来说，政府与市场的关系略微增强了文化企业终极控股股东的控制链层级对并购绩效的正向影响作用。假设3此时没有得到验证。

（2）并购后一年回归结果及分析。从表6-12并购后一年政府与市场的关系对终极控股股东与文化企业并购绩效关系的影响的回归分析结果可知：

表 6－12　政府与市场的关系对终极控股股东与文化企业并购绩效关系的影响回归结果

变量	并购当年回归结果			并购后一年回归结果			并购后两年回归结果		
	模型（1）map0	模型（2）map0	模型（3）map0	模型（1）map1	模型（2）map1	模型（3）map1	模型（1）map2	模型（2）map2	模型（3）map2
srgm	-0.143000 ** (-2.28)	-0.157000 *** (-2.96)	-0.033700 (-0.69)	-0.026300 (-0.54)	-0.076500 * (-1.71)	0.075200 * (1.72)	0.058300 (1.18)	0.010000 (0.22)	0.048000 (1.15)
cr	-0.024600 ** (-2.28)			-0.025700 *** (-3.00)			-0.001110 (-0.12)		
srgm_cr	0.002990 * (1.97)			0.002680 ** (2.22)			-0.000650 (-0.49)		
cfr		-0.028900 *** (-2.98)			-0.032300 *** (-3.84)			-0.010100 (-1.10)	
srgm_cfr		0.003720 *** (2.72)			0.003970 *** (3.36)			0.000719 (0.56)	
layer			0.074000 (0.54)			0.149000 (1.35)			0.129000 (1.13)
srgm_layer			0.003240 (0.17)			-0.014300 (-0.87)			-0.015600 (-0.93)
ebd	0.035700 (1.04)	0.037300 (1.10)	0.042000 (1.26)	-0.058000 * (-1.79)	-0.051700 (-1.54)	-0.031000 (-0.99)	0.033000 (0.94)	0.027300 (0.75)	0.054700 (1.60)

213

续表

变量	并购当年回归结果			并购后一年回归结果			并购后两年回归结果		
	模型（1）map0	模型（2）map0	模型（3）map0	模型（1）map1	模型（2）map1	模型（3）map1	模型（1）map2	模型（2）map2	模型（3）map2
ass	-0.038500 (-1.29)	-0.041300 (-1.38)	-0.028300 (-0.94)	-0.138000*** (-4.80)	-0.146000*** (-4.99)	-0.148000*** (-5.11)	-0.008460 (-0.27)	-0.005420 (-0.17)	-0.016000 (-0.51)
alr	-0.001400 (-0.01)	-0.005760 (-0.06)	-0.022500 (-0.24)	0.83900*** (5.80)	0.87800*** (5.96)	0.987000*** (6.71)	0.496000*** (3.27)	0.479000*** (3.10)	0.588000*** (3.89)
susgr	4.402000*** (13.26)	4.379000*** (13.21)	4.283000*** (12.95)	-1.741000*** (-4.85)	-1.670000*** (-4.67)	-1.807000*** (-4.95)	0.707000** (2.06)	0.699000** (2.05)	0.606000* (1.77)
常量	1.571000** (1.97)	1.680000** (2.17)	0.246000 (0.34)	3.394000*** (4.47)	3.780000*** (4.95)	2.481000*** (3.50)	-0.253000 (-0.31)	-0.021000 (-0.03)	-0.328000 (-0.43)
样本量					461				

注：括号内为 t 统计量。* 表示在 10% 的水平上显著，** 表示在 5% 的水平上显著，*** 表示在 1% 的水平上显著。

在政府与市场的关系对终极控股股东的控制权与并购后一年文化企业并购绩效关系的调节作用分析中，政府与市场的关系评分与并购后一年文化企业并购绩效负相关但不显著，说明政府与市场的关系评分越高，并购后一年文化企业并购绩效越低但不明显；终极控股股东的控制权与并购后一年文化企业并购绩效在1%的显著性水平上负相关，这说明在并购后一年，从整体上来说，文化企业终极控股股东的控制权越大，并购绩效明显越低。但在并购后一年，二者的交乘项与并购绩效在5%的水平上呈现显著的正相关关系，这说明在并购后一年，从整体上来说，政府与市场的关系明显减弱了文化企业终极控股股东的控制权对并购绩效的负向影响作用。假设1得到验证。

在政府与市场的关系对现金流权影响并购之后一年并购绩效的调节作用分析过程中，政府与市场的关系与并购后一年文化企业并购绩效在10%的水平上显著负相关，说明政府与市场的关系越高，并购后一年文化企业并购绩效显著越低；终极控股股东现金流权与并购后一年文化企业并购绩效在1%水平上显著正相关，说明终极控股股东现金流权越大，并购后一年的并购绩效显著越高。但在并购后一年，二者的交乘项与并购绩效在5%的水平上呈现显著的负相关关系，这说明在并购后一年，从整体上来说，政府与市场的关系明显减弱了现金流权对并购绩效的正向影响作用。假设2得到验证。

在政府与市场的关系对终极控股股东的控制链层级与并购后一年文化企业并购绩效关系的调节作用分析中，政府与市场的关系评分与并购后一年文化企业并购绩效在10%的水平上显著正相关，说明政府与市场的关系评分越高，并购后一年文化企业并购绩效显著越高；但终极控股股东的控制链层级与并购后一年文化企业并购绩效正相关但不显著，政府与市场的关系与终极控股股东的控制链层级的交乘项与并购后一年文化企业并购绩效负相关但不显著。这说明在并购后一年，在加入政府与市场的关系这个因素之后，文化企业终极控股股东的控制链层级对并购绩效的影响作用以及政府与市场的关系在控制链层级影响并购绩效中的作用均不大。假设3没有得到验证。

（3）并购后两年回归结果及分析。从表6-12并购后两年政府与市场的关系对终极控股股东与文化企业并购绩效关系影响的回归分析结果可知：

在政府与市场的关系对终极控股股东的控制权与并购后两年文化企业并购绩效关系的调节作用分析中，政府与市场的关系评分与并购后两年文化企业并购绩效正相关但不显著，说明政府与市场的关系评分越高，并购后两年文化企业并购绩效越高但不明显；终极控股股东的控制权与并购后两年文化企业并购绩效负相关但不显著，说明终极控股股东的控制权越大，文化企业并购后两年的并购绩效越低但不明显。二者的交乘项与并购后两年文化企业并购绩效负相关但不显著，这说明在并购后两年，从整体上来说，政府与市场的关系略微增强了文化企业终极控股股东的控制权对并购绩效的负向影响作用。假设 1 没有得到验证。

在政府与市场的关系对现金流权影响并购后两年并购绩效过程中的调节作用分析中，政府与市场的关系与并购后两年文化企业并购绩效正相关但不显著，说明政府与市场的关系越高，并购后两年文化企业并购绩效越高但不明显；终极控股股东的现金流权与并购后两年文化企业并购绩效负相关但不显著，说明终极控股股东的现金流权越大，文化企业并购后两年的并购绩效越低但不明显。二者的交乘项与并购后两年文化企业并购绩效正相关但不显著，这说明政府与市场的关系减弱了终极控股股东的现金流权对文化企业并购绩效的负向影响。假设 2 基本得到验证。

在政府与市场的关系在文化企业终极控股股东的控制链层级影响并购后两年并购绩效过程中的调节作用分析中，政府与市场的关系评分与并购后两年文化企业并购绩效正相关但不显著，说明政府与市场的关系评分越高，并购后两年文化企业并购绩效越高但不明显；终极控股股东的控制链层级与并购后两年文化企业并购绩效正相关但不显著，说明终极控股股东的控制链层级越多，文化企业并购后两年的并购绩效越高但不明显。政府与市场的关系与终极控股股东的控制链层级的交乘项与并购后两年文化企业并购绩效负相关但不显著，这说明在并购后两年，从整体上来说，政府与市场的关系略微减弱了文化企业终极控股股东的控制链层级对并购绩效的正向影响作用。假设 3 基本得到验证。

（4）连续三年政府和市场的关系在终极控股股东影响文化企业并购绩效中调节作用回归结果综合分析。综合表 6 – 12 连续三年政府与市场的关系对终极控股股东与文化企业并购绩效关系影响的回归分析结果可以看出：

连续三年终极控股股东的控制权均与文化企业并购绩效负相关，其中并购当年和并购后一年二者均在 5% 的水平上显著负相关，说明文化企业并购后，终极控股股东持有文化企业的控制权比例越高，文化企业并购绩效越低。政府与市场的关系与终极控股股东的控制权的交乘项在并购当年和并购后一年均在 5% 的水平上显著正相关，在并购后两年二者关系则不显著，这表明在并购当年和后一年，政府和市场的关系可以减弱控制权对并购绩效的负向影响作用。假设 1 在并购当年和并购后一年得到验证，在并购后两年没有得到验证。

连续三年终极控股股东的现金流权均与文化企业并购绩效负相关，其中并购当年和并购后一年二者均在 1% 的水平上显著负相关，说明文化企业并购后，终极控股股东持有文化企业的现金流权比例越高，文化企业并购绩效越低。政府与市场的关系与终极控股股东的现金流权的交乘项则连续三年均与文化企业并购绩效正相关，其中并购当年和并购后一年二者均在 1% 的水平上显著正相关，这表明在并购当年和并购后一年，从整体上来说，政府与市场的关系可以减弱文化企业终极控股股东的现金流权对并购绩效的负向影响作用。假设 2 在并购当年和并购后一年得到验证，在并购后两年没有得到验证。

连续三年终极控股股东的控制链层级均与文化企业并购绩效正相关但不显著，与不考虑政府与市场的关系相比（具体见第 5 章），控制链层级对并购绩效的正向影响作用被减弱。政府与市场的关系与终极控股股东和文化企业之间的控制链层级的交乘项在并购当年与文化企业并购绩效正相关但不显著，这说明加入政府与市场的关系这个制度环境因素后，文化企业终极控股股东的控制链层级对并购绩效的具体影响作用以及政府与市场的关系在控制链层级影响并购绩效中的调节作用均不大，没有发挥明显的逆向调节作用。假设 3 没有得到验证。

3. 非国有经济的发展在终极控股股东影响文化企业并购绩效中的作用

（1）并购当年回归结果及分析。从表 6 - 13 非国有经济的发展在终极控股股东影响文化企业并购绩效中的调节作用回归分析结果可知：

在非国有经济的发展对终极控股股东的控制权与并购当年文化企业并购绩效关系的调节作用分析中，非国有经济的发展评分与并购当年文化企业并购绩效在 10% 的水平上显著负相关，说明非国有经济的发展评分越高，并购当年文化企业并购绩效显著越低；文化企业终极控股股东的控制权与并购当年的并购绩效在10%的显著性水平上负相关，这说明在并购当年，从整体上来说，文化企业终极控股股东的控制权越大，并购绩效明显越低。但在并购当年，二者的交乘项与并购绩效呈现不显著的正相关关系，这说明非国有经济的发展减弱了终极控股股东的控制权对文化企业并购绩效的负向影响。假设1得到验证。

在非国有经济的发展对终极控股股东的现金流权与并购当年文化企业并购绩效关系的调节作用分析中，非国有经济的发展与并购当年文化企业并购绩效在5%的水平上显著负相关，说明非国有经济的发展评分越高，并购当年文化企业并购绩效显著越低；文化企业终极控股股东的现金流权与并购当年并购绩效在5%的显著性水平上负相关，这说明在并购当年，从整体上来说，文化企业终极控股股东的现金流权越大，并购绩效明显越低；但是二者的交乘项与并购当年度并购绩效呈现显著正相关，这说明非国有经济的发展显著减弱了终极控股股东的现金流权对文化企业并购绩效的负向影响。假设2得到验证。

在非国有经济的发展在文化企业终极控股股东的控制链层级影响并购当年的并购绩效过程中的调节作用分析中，非国有经济的发展评分与并购当年文化企业并购绩效正相关但不显著，说明非国有经济的发展评分越高，并购当年文化企业并购绩效越高但不显著；终极控股股东的控制链层级与并购当年文化企业并购绩效在5%的水平上显著正相关，说明终极控股股东的控制链层级越多，文化企业并购当年的并购绩效显著越高。但是非国有经济的发展与终极控股股东的控制链层级的交乘项与并购当年文化企业并购绩效在10%的水平上呈现显著的正相关关系，这说明非国有经济的发展显著减弱了终极控股股东的控制链层级对文化企业并购绩效的正向影响。假设3得到验证。

（2）并购后一年回归结果及分析。从表6-13非国有经济的发展在文化企业终极控股股东影响并购后一年的并购绩效过程中的调节作用的回归分析结果可知，在加入非国有经济的发展这个因素后，在并购后一年，控制权、现金流权、控制链层级等方面特征对并购绩效的影响作用以及非国有经济的发展对二者之间关系的影响作用均不大。这说明此时非国有经济的发展没发挥相应的调节作用，三个假设在并购后一年均没有得到验证。

表6－13　非国有经济的发展对终极控股股东与文化企业并购绩效关系的影响回归结果

变量	并购当年回归结果			并购后一年回归结果			并购后两年回归结果		
	模型（1）map0	模型（2）map0	模型（3）map0	模型（1）map1	模型（2）map1	模型（3）map1	模型（1）map2	模型（2）map2	模型（3）map2
snsed	-0.089100* (-1.80)	-0.088700** (-2.11)	0.044800 (1.16)	-0.026800 (-0.71)	-0.044500 (-1.27)	0.024400 (0.59)	0.026300 (0.66)	-0.005380 (-0.15)	0.019300 (0.44)
cr	-0.018200* (-1.87)			-0.011200 (-1.35)			-0.001960 (-0.21)		
snsed_cr	0.001820 (1.53)			0.000710 (0.75)			-0.000338 (-0.32)		
cfr		-0.018600** (-2.14)			-0.012100 (-1.47)			-0.009140 (-1.00)	
snsed _cfr		0.001960* (1.85)			0.001040 (1.10)			0.000536 (0.53)	
layer			0.315000** (2.51)			0.218000 (1.51)			0.101000 (0.62)
snsed_layer			-0.027700* (-1.77)			-0.019300 (-1.14)			-0.008820 (-0.47)
ebd	0.037800 (1.12)	0.038900 (1.15)	0.048400 (1.48)	-0.059000* (-1.79)	-0.049500 (-1.46)	-0.039200 (-1.27)	0.027900 (0.79)	0.026100 (0.71)	0.057700* (1.74)

续表

变量	并购当年回归结果			并购后一年回归结果			并购后两年回归结果		
	模型（1）map0	模型（2）map0	模型（3）map0	模型（1）map1	模型（2）map1	模型（3）map1	模型（1）map2	模型（2）map2	模型（3）map2
ass	-0.034300 (-1.16)	-0.035100 (-1.18)	-0.038600 (-1.27)	-0.142000*** (-4.95)	-0.139000*** (-4.79)	-0.150000*** (-5.16)	-0.018700 (-0.59)	-0.012100 (-0.38)	-0.016300 (-0.51)
alr	-0.009410 (-0.10)	-0.017500 (-0.18)	-0.032000 (-0.33)	0.765000*** (5.10)	0.772000*** (5.06)	0.852000*** (5.83)	0.495000*** (3.20)	0.457000*** (2.90)	0.546000*** (3.55)
susgr	4.397000*** (13.14)	4.399000*** (13.11)	4.377000*** (13.12)	-1.578000*** (-4.35)	-1.535000*** (-4.22)	-1.564000*** (-4.37)	0.744000** (2.18)	0.719000** (2.11)	0.628000* (1.83)
常量	1.191000 (1.55)	1.164000 (1.57)	-0.136000 (-0.21)	3.486000*** (5.00)	3.474000*** (4.94)	2.862000*** (3.97)	0.125000 (0.16)	0.235000 (0.31)	-0.150000 (-0.18)
样本量	461								

注：括号内为 t 统计量。* 表示在 10% 的水平上显著，** 表示在 5% 的水平上显著，*** 表示在 1% 的水平上显著。

（3）并购后两年回归结果及分析。从表6－13并购后两年非国有经济的发展在终极控股股东影响文化企业并购绩效过程中的调节作用的回归分析结果可知，在加入非国有经济的发展这个因素后，在并购后两年，文化企业终极控股股东的控制权、现金流权、控制链层级等方面的特征对并购绩效的影响以及非国有经济的发展对二者之间关系的影响均不大。这说明此时非国有经济的发展没发挥相应的调节作用，三个假设在并购后两年均没有得到验证。

（4）连续三年非国有经济的发展在终极控股股东影响文化企业并购绩效中的作用回归结果综合分析。综合表6－13连续三年非国有经济的发展在文化企业终极控股股东影响并购绩效过程中的调节作用回归分析结果可以看出：

连续三年终极控股股东的控制权均与文化企业并购绩效负相关，其中并购当年二者在10%的水平上显著负相关，说明文化企业并购后，终极控股股东持有文化企业的控制权比例越高，文化企业并购绩效越低。在并购当年和并购后一年，非国有经济的发展与文化企业终极控股股东的控制权的交乘项与并购绩效正相关，在并购后两年二者负相关，但均不显著，这表明非国有经济的发展对终极控股股东的控制权与文化企业并购绩效之间关系影响不明显。假设1没有得到验证。

连续三年终极控股股东的现金流权均与文化企业并购绩效负相关，其中并购当年二者在5%的水平上显著负相关，说明文化企业并购后，终极控股股东持有文化企业的现金流权比例越高，文化企业并购绩效越低。非国有经济的发展与终极控股股东的现金流权的交乘项则连续三年均与文化企业并购绩效正相关，其中并购当年二者在10%的水平上显著正相关。这表明非国有经济的发展在并购当年可以减弱终极控股股东的现金流权对文化企业并购绩效的负向影响，在后两年则影响不大。假设2在并购当年得到验证，在并购后一年和并购后两年则没有得到验证。

连续三年终极控股股东的控制链层级均与文化企业并购绩效正相关，其中并购当年二者在5%的水平上显著正相关，说明文化企业并购后，终极控股股东的控制链层级越多，并购绩效越高。非国有经济的发展与终极控股股东和文化企业之间的控制链层级的交乘项则连续三年均与文化企业并购绩效负相关，其中并购当年二者在10%的水平上显著

221

负相关。这表明在并购当年非国有经济的发展可以减弱终极控股股东与上市文化企业之间的控制链层级对文化企业并购绩效的正向影响，而在并购后一年和并购后两年则影响不大。假设 3 在并购年度得到验证，在并购后一年和两年没有得到验证。

4. 产品市场的发育程度在终极控股股东影响文化企业并购绩效中的作用

（1）并购当年回归结果及分析。从表 6 – 14 产品市场的发育程度在终极控股股东影响文化企业并购绩效中的作用回归分析结果可知：

在产品市场的发育程度对文化企业终极控股股东的控制权、现金流权的特征与并购当年并购绩效之间关系的调节作用分析中，在加入产品市场的发育程度这个因素之后，在并购当年，控制权、现金流权对并购绩效的影响作用以及产品市场的发育程度对二者之间关系的影响作用均不大。假设 1、假设 2 在并购当年均没有得到验证。

在产品市场的发育程度在文化企业终极控股股东的控制链层级影响并购当年并购绩效过程中的调节作用分析中，产品市场的发育程度评分与并购当年文化企业并购绩效正相关但不显著，说明产品市场的发育程度评分越高，并购当年文化企业并购绩效越高但不明显；终极控股股东的控制链层级与并购当年文化企业并购绩效在 5% 的水平上显著正相关，说明终极控股股东的控制链层级越多，文化企业并购当年的并购绩效显著越高。产品市场的发育程度与终极控股股东的控制链层级的交乘项与并购当年文化企业并购绩效负相关，这说明产品市场的发育程度减弱了终极控股股东的控制链层级对文化企业并购绩效的正向影响。假设 3 得到验证。

（2）并购后一年及并购后两年回归结果及分析。从表 6 – 14 产品市场的发育程度在文化企业终极控股股东影响并购后一年和后两年并购绩效过程中的调节作用回归分析结果可知，在并购后一年和后两年，在产品市场的发育程度对文化企业终极控股股东的控制权、现金流权、控制链层级等方面的特征影响并购绩效过程中的调节作用分析中，在加入产品市场的发育程度这个因素之后，在并购后一年，控制权、现金流权、控制链层级等各方面的特征对并购绩效的影响作用以及产品市场发育程度对二者之间关系的影响作用均不大。假设 1、假设 2、假设 3 在并购后一年和后两年均没有得到验证。

表6-14　产品市场发育程度在终极控股股东影响文化企业并购绩效中作用回归结果

变量	并购当年回归结果			并购后一年回归结果			并购后两年回归结果		
	模型(1) map0	模型(2) map0	模型(3) map0	模型(1) map1	模型(2) map1	模型(3) map1	模型(1) map2	模型(2) map2	模型(3) map2
spmd	0.017500 (0.31)	-0.020000 (-0.41)	0.048000 (1.10)	0.068500 (1.36)	0.046300 (1.02)	0.001420 (0.04)	0.051000 (1.04)	0.028300 (0.65)	-0.010900 (-0.35)
cr	0.001630 (0.15)			0.001490 (0.15)			0.005230 (0.49)		
spmd_cr	-0.000685 (-0.52)			-0.000849 (-0.69)			-0.001190 (-0.92)		
cfr		-0.005730 (-0.59)			-0.000659 (-0.07)			0.000941 (0.10)	
spmd_cfr		0.000342 (0.28)			-0.000353 (-0.31)			-0.000630 (-0.53)	
layer			0.251000** (2.05)			-0.058900 (-0.54)			-0.029300 (-0.26)
spmd_layer			-0.020300 (-1.27)			0.015300 (1.02)			0.007360 (0.49)
ebd	0.047100 (1.37)	0.046000 (1.35)	0.057300* (1.73)	-0.047900 (-1.43)	-0.039000 (-1.13)	-0.032200 (-1.04)	0.039500 (1.10)	0.032900 (0.89)	0.056700* (1.69)

续表

变量	并购当年回归结果			并购后一年回归结果			并购后两年回归结果		
	模型（1）map0	模型（2）map0	模型（3）map0	模型（1）map1	模型（2）map1	模型（3）map1	模型（1）map2	模型（2）map2	模型（3）map2
ass	-0.034100 (-1.14)	-0.033800 (-1.13)	-0.029900 (-1.01)	-0.134000*** (-4.69)	-0.131000*** (-4.54)	-0.151000*** (-5.22)	-0.011700 (-0.37)	-0.006290 (-0.20)	-0.019400 (-0.61)
alr	0.015500 (0.16)	0.015400 (0.16)	-0.018000 (-0.19)	0.783000*** (5.37)	0.814000*** (5.45)	0.892000*** (6.34)	0.446000*** (2.93)	0.437000*** (2.82)	0.550000*** (3.75)
susgr	4.328000*** (13.02)	4.316000*** (12.98)	4.266000*** (13.02)	-1.652000*** (-4.70)	-1.647000*** (-4.67)	-1.548000*** (-4.35)	0.747000** (2.19)	0.710000** (2.09)	0.661000* (1.94)
常量	0.340000 (0.42)	0.587000 (0.76)	-0.341000 (-0.48)	2.547000*** (3.30)	2.559000*** (3.40)	3.055000*** (4.44)	-0.224000 (-0.27)	-0.175000 (-0.22)	0.159000 (0.21)
样本量				461					

注：括号内为 t 统计量。* 表示在10%的水平上显著，** 表示在5%的水平上显著，*** 表示在1%的水平上显著。

（3）连续三年产品市场发育程度在终极控股股东影响文化企业并购绩效中作用回归结果综合分析。综合表 6－14 连续三年产品市场的发育程度对终极控股股东与文化企业并购绩效关系影响的全样本回归结果可以看出：在并购当年终极控股股东与文化企业之间的控制链层级与文化企业并购绩效在 5% 的水平上显著正相关，产品市场的发育程度与控制链层级的交乘项与文化企业并购绩效负相关，说明产品市场的发育程度可以减弱终极控股股东与文化企业之间的控制链层级对文化企业并购绩效的正向影响，与假设 3 一致。其余影响均不显著。这说明考虑产品市场的发育程度这个因素之后，文化企业终极控股股东的各方面特征对并购绩效的影响作用均被减弱。

5. 要素市场的发育程度对终极控股股东与文化企业并购绩效关系的影响

（1）并购当年回归结果及分析。从表 6－15 并购当年要素市场的发育程度对终极控股股东与文化企业并购绩效关系的影响的回归分析结果可知：

在要素市场的发育程度对终极控股股东的控制权与并购当年文化企业并购绩效关系的调节作用分析中，要素市场的发育程度评分与并购当年文化企业并购绩效负相关但不显著，说明要素市场的发育程度评分越高，并购当年文化企业并购绩效越低但不明显；文化企业终极控股股东的控制权与并购当年的并购绩效在 1% 的显著性水平上负相关，这说明文化企业终极控股股东的控制权越大，并购当年的并购绩效明显越低。二者的交乘项与并购当年文化企业并购绩效显著正相关，这说明要素市场的发育程度明显减弱了终极控股股东的控制权对文化企业并购绩效的负向影响。假设 1 得到验证。

在要素市场发育程度对现金流权影响并购当年并购绩效过程中调节作用分析中，要素市场的发育程度与并购当年文化企业并购绩效负相关但不显著，说明要素市场的发育程度评分越高，并购当年文化企业并购绩效越低但不明显；终极控股股东的现金流权与并购当年文化企业并购绩效在 5% 的水平上显著负相关，说明终极控股股东的现金流权越大，文化企业并购当年的并购绩效明显越低。但是在并购当年，二者的交乘项与并购绩效呈现不显著的正相关关系，这说明要素市场的发育程度减

表6-15　要素市场的发育程度对终极控股股东与文化企业并购绩效关系的影响回归结果

变量	并购当年回归结果			并购后一年回归结果			并购后两年回归结果		
	模型(1) map0	模型(2) map0	模型(3) map0	模型(1) map1	模型(2) map1	模型(3) map1	模型(1) map2	模型(2) map2	模型(3) map2
sefmd	-0.030000 (-1.18)	-0.010900 (-0.50)	0.019300 (0.84)	-0.046200* (-1.95)	-0.038500* (-1.79)	0.040700** (2.50)	-0.012500 (-0.55)	-0.014900 (-0.73)	0.047300*** (2.83)
cr	-0.013100*** (-2.65)			-0.016200*** (-3.65)			-0.009370* (-1.93)		
sefmd_cr	0.001310** (2.10)			0.001590*** (2.63)			0.000675 (1.08)		
cfr		-0.009510** (-2.03)			-0.014000*** (-3.17)			-0.010400** (-2.19)	
sefmd_cfr		0.000907 (1.54)			0.001450** (2.53)			0.000816 (1.39)	
layer			0.124000 (1.61)			0.153000*** (2.85)			0.178000*** (2.87)
sefmd_layer			-0.003630 (-0.43)			-0.011900* (-1.78)			-0.017500** (-2.51)
ebd	0.051400 (1.54)	0.069200** (2.06)	0.048800 (1.48)	-0.062300* (-1.91)	-0.054500 (-1.61)	-0.055200* (-1.76)	0.032400 (0.93)	0.026600 (0.73)	0.031200 (0.92)

续表

变量	并购当年回归结果			并购后一年回归结果			并购后两年回归结果		
	模型（1）map0	模型（2）map0	模型（3）map0	模型（1）map1	模型（2）map1	模型（3）map1	模型（1）map2	模型（2）map2	模型（3）map2
ass	-0.039500*** (-1.33)	-0.040000 (-1.33)	-0.029500 (-0.99)	-0.153000*** (-5.30)	-0.147000*** (-5.05)	-0.174000*** (-5.83)	-0.027300 (-0.85)	-0.019800 (-0.62)	-0.039500* (-1.21)
alr	0.020500 (0.22)	0.076100 (0.79)	0.000473 (0.00)	0.797000*** (5.51)	0.821000*** (5.56)	0.945000*** (6.71)	0.478000*** (3.18)	0.455000*** (2.98)	0.593000*** (4.07)
susgr	4.344000*** (13.19)	4.309000*** (12.90)	4.273000*** (12.89)	-1.689000*** (-4.84)	-1.712000*** (-4.87)	-1.651000*** (-4.70)	0.778000** (2.28)	0.732000** (2.16)	0.661000* (1.96)
常量	0.802000 (1.21)	0.340000 (0.53)	-0.118000 (-0.18)	3.820000*** (5.91)	3.558000*** (5.56)	3.259000*** (5.22)	0.601000 (0.84)	0.452000 (0.65)	0.112000 (0.16)
样本量				461					

注：括号内为t统计量。* 表示在10%的水平上显著，** 表示在5%的水平上显著，*** 表示在1%的水平上显著。

弱了文化企业终极控股股东的现金流权对并购绩效的负向影响作用。假设 2 得到验证。

在要素市场的发育程度在文化企业终极控股股东的控制链层级影响并购当年的并购绩效过程中的调节作用分析中，要素市场的发育程度评分与并购当年文化企业并购绩效正相关但不显著，终极控股股东的控制链层级与并购当年文化企业并购绩效正相关但不显著，要素市场的发育程度与终极控股股东的控制链层级的交乘项与并购当年文化企业并购绩效负相关但不显著，这说明在并购当年，从整体上来说，在加入要素市场的发育程度这个因素之后，文化企业终极控股股东的控制链层级对并购绩效的影响以及要素市场的发育程度对二者之间关系的影响均不大。假设 3 没有得到验证。

（2）并购后一年回归结果及分析。从表 6 - 15 并购后一年要素市场的发育程度对终极控股股东与文化企业并购绩效关系的影响的回归分析结果可知：

在要素市场的发育程度在文化企业终极控股股东的控制权影响并购后一年的并购绩效过程中的调节作用分析中，要素市场的发育程度评分与并购后一年文化企业并购绩效在 10% 的水平上显著负相关，说明要素市场的发育程度评分越高，并购后一年文化企业并购绩效明显越低；文化企业终极控股股东的控制权与并购后一年的并购绩效在 1% 的显著性水平上负相关，这说明在并购后一年，从整体上来说，文化企业终极控股股东的控制权越大，并购绩效明显越低。但是二者的交乘项与并购后一年的并购绩效在 1% 的显著性水平上正相关，这说明要素市场的发育程度明显减弱了终极控股股东的控制权对文化企业并购绩效的负向影响。假设 1 得到验证。

在要素市场的发育程度在文化企业终极控股股东的现金流权影响并购后一年的并购绩效过程中的调节作用分析中，要素市场的发育程度与并购后一年文化企业并购绩效在 10% 的水平上显著负相关，说明要素市场的发育程度评分越高，并购后一年文化企业并购绩效明显越低；终极控股股东的现金流权与并购后一年文化企业并购绩效在 1% 的水平上显著负相关，说明终极控股股东的现金流权越大，文化企业并购后一年的并购绩效明显越低。但是二者的交乘项与并购后一年并购绩效为显著正相关，这说明要素市场的发育程度明显减弱了终极控股股东的现金流权对文化企业并购绩效的负向影响。假设2得到验证。

在要素市场的发育程度对终极控股股东的控制链层级与并购后一年文化企业并购绩效关系的调节作用分析中，要素市场的发育程度评分与并购后一年的并购绩效在5%的显著性水平上正相关，这说明在并购后一年，从整体上来说，要素市场的发育程度评分越高，并购绩效明显越高；终极控股股东的控制链层级与并购后一年文化企业并购绩效在1%的水平上显著正相关，说明终极控股股东的控制链层级越多，文化企业并购后一年的并购绩效明显越高。要素市场的发育程度与终极控股股东的控制链层级的交乘项与并购后一年文化企业并购绩效在10%的水平上显著负相关，这说明要素市场的发育程度明显减弱了终极控股股东的控制链层级对文化企业并购绩效的正向影响。假设3得到验证。

（3）并购后两年回归结果及分析。从表6-15并购后两年要素市场的发育程度对终极控股股东与文化企业并购绩效关系影响的回归分析结果可知：

在要素市场的发育程度在文化企业终极控股股东的控制权影响并购后两年的并购绩效过程中的调节作用分析中，要素市场的发育程度评分与并购后两年文化企业并购绩效负相关但不显著，说明要素市场的发育程度评分越高，并购后两年文化企业并购绩效越低但不明显；文化企业终极控股股东的控制权与并购后两年的并购绩效在10%的显著性水平上负相关，这说明文化企业终极控股股东的控制权越大，并购后两年的并购绩效明显越低。二者的交乘项与并购后两年文化企业并购绩效正相关，这说明要素市场的发育程度减弱了终极控股股东的控制权对文化企业并购绩效的负向影响。假设1得到验证。

在要素市场发育程度对现金流权影响并购后两年并购绩效过程中调节作用分析中，要素市场的发育程度与并购后两年文化企业并购绩效负相关但不显著，说明要素市场的发育程度评分越高，并购后两年文化企业并购绩效越低但不明显；终极控股股东的现金流权与并购后两年文化企业并购绩效在5%的水平上显著负相关，说明终极控股股东的现金流权越大，文化企业并购后两年的并购绩效明显越低。二者的交乘项与并购后两年文化企业并购绩效正相关，这说明，在并购后两年，要素市场发育程度减弱了现金流权对并购绩效负向影响作用。假设2得到验证。

在要素市场的发育程度在文化企业终极控股股东的控制链层级影响

并购后两年的并购绩效过程中的调节作用分析中，要素市场的发育程度评分与并购后两年文化企业并购绩效在1%的水平上显著正相关，说明要素市场的发育程度评分越高，并购后两年文化企业并购绩效明显越高；文化企业终极控股股东的控制链层级与并购后两年的并购绩效在1%的显著性水平上正相关，这说明文化企业终极控股股东的控制链层级越多，并购后两年的并购绩效明显越高。要素市场的发育程度与终极控股股东的控制链层级的交乘项与并购后两年文化企业并购绩效在5%的水平上显著负相关，这说明要素市场的发育程度明显减弱了终极控股股东的控制链层级对文化企业并购绩效的正向影响。假设3得到验证。

（4）连续三年要素市场的发育程度对终极控股股东与文化企业并购绩效关系影响的回归结果综合分析。综合表6-15连续三年要素市场的发育程度对终极控股股东与文化企业并购绩效关系影响的回归分析结果可以看出：

连续三年文化企业终极控股股东的控制权分别在1%、1%、10%的显著性水平上与并购绩效负相关，这说明在文化企业实施并购行为之后，终极控股股东持有文化企业的控制权比例越高，文化企业并购绩效越低。要素市场的发育程度与终极控股股东的控制权的交乘项则连续三年均与文化企业并购绩效正相关，其中并购当年和并购后一年二者分别在5%和1%的水平上显著正相关，这表明要素市场的发育程度可以减弱终极控股股东的控制权对文化企业并购绩效的负向影响，假设1得到验证。

连续三年终极控股股东的现金流权分别在5%、1%和5%的水平上与文化企业并购绩效显著负相关，说明文化企业并购后，终极控股股东持有文化企业的现金流权比例越高，文化企业并购绩效越低。要素市场的发育程度与终极控股股东的现金流权的交乘项则连续三年均与文化企业并购绩效正相关，其中并购后一年二者在5%的水平上显著正相关，这表明在并购当年和后一年，从整体上来说，要素市场发育程度可以减弱现金流权对并购绩效负向影响作用。假设2在并购当年和并购后一年得到验证，在并购后两年没有得到验证。

连续三年文化企业控制链层级均和并购绩效正相关，其中，在并购后一年和两年，二者均在1%的显著性水平上正相关。这说明在文化企业实施并购行为之后，文化企业终极控股股东的控制链层级越多，并购绩效就越高。要素市场的发育程度与终极控股股东与文化企业之间的控制链层级的交乘项则连续三年均与文化企业并购绩效负相关，其中，在并购后一年和后两年，二者均显著负相关，这表明，从整体上来说，要素市场发育程度可以减弱控制权对并购绩效正向影响作用，假设3得到验证。

6. 市场中介组织和法律制度环境在终极控股股东影响文化企业并购绩效中的作用

（1）并购当年回归结果及分析。从表6-16并购当年市场中介组织的发育和法律制度环境在文化企业终极控股股东影响并购绩效过程中的调节作用回归分析结果可知：

在市场中介组织的发育和法律制度环境在文化企业终极控股股东的控制权影响并购当年的并购绩效过程中的调节作用分析中，市场中介组织和法律环境评分与并购当年并购绩效显著负相关，这说明在并购当年，从整体上来说，市场中介组织和法律环境评分越高，并购绩效则明显越低；文化企业终极控股股东的控制权与并购当年的并购绩效在1%的水平上显著负相关，这说明在并购当年，从整体上来说，文化企业终极控股股东的控制权越大，并购绩效明显越低。但是在并购当年，二者的交乘项与并购绩效在1%的显著性水平上正相关，这说明在并购当年，从整体上来说，市场中介组织发育和法律环境明显减弱了控制权对并购绩效负向影响作用。假设1得到验证。

在市场中介组织和法律环境对现金流权影响并购当年并购绩效过程中调节作用分析中，市场中介组织和法律环境与并购当年并购绩效负相关但不显著。这说明市场中介组织的发育和法律制度环境评分越高，并购当年文化企业并购绩效越低但不明显；终极控股股东的现金流权与并购当年文化企业并购绩效在1%的水平上显著负相关，说明终极控股股东的现金流权越大，文化企业并购当年的并购绩效明显越低。但是二者的交乘项与并购当年的并购绩效在5%的显著性水平上正相关，这说明在并购当年，从整体上来说，市场中介组织和法律环境明显减弱了现金流权对并购绩效负向影响作用。假设2得到验证。

在市场中介组织的发育和法律制度环境在文化企业终极控股股东的控制链层级影响并购当年的并购绩效过程中的调节作用分析中，市场中

表6-16　市场中介组织发育和法律制度环境影响在终极控股股东影响文化企业并购绩效中的作用回归结果

变量	并购当年回归结果			并购后一年回归结果			并购后两年回归结果		
	模型 (1) map0	模型 (2) map0	模型 (3) map0	模型 (1) map1	模型 (2) map1	模型 (3) map1	模型 (1) map2	模型 (2) map2	模型 (3) map2
smlie	-0.034200** (-2.02)	-0.021100 (-1.46)	0.008930 (0.63)	-0.023200* (-1.73)	-0.027200** (-2.23)	0.007220 (0.64)	0.001710 (0.13)	-0.005340 (-0.47)	0.024000** (2.08)
cr	-0.015500*** (-3.45)			-0.011500*** (-3.16)			-0.007190* (-1.83)		
smlie_cr	0.001150*** (2.83)			0.000669** (1.98)			0.000207 (0.61)		
cfr		-0.012300*** (-2.95)			-0.010900*** (-3.01)			-0.009400** (-2.38)	
smlie_cfr		0.000887** (2.39)			0.000786** (2.39)			0.000449 (1.36)	
layer			0.117000 (1.62)			0.081600* (1.88)			0.108000** (2.10)
smlie_layer			-0.001860 (-0.31)			-0.003000 (-0.70)			-0.007040 (-1.60)
ebd	0.056600* (1.68)	0.052700 (1.56)	0.054300 (1.64)	-0.062000* (-1.89)	-0.058500* (-1.72)	-0.044900 (-1.39)	0.034300 (0.98)	0.024700 (0.68)	0.037900 (1.06)

续表

变量	并购当年回归结果			并购后一年回归结果			并购后两年回归结果		
	模型(1) map0	模型(2) map0	模型(3) map0	模型(1) map1	模型(2) map1	模型(3) map1	模型(1) map2	模型(2) map2	模型(3) map2
ass	-0.033600 (-1.14)	-0.036800 (-1.24)	-0.028200 (-0.95)	-0.147000*** (-5.12)	-0.147000*** (-5.07)	-0.159000*** (-5.37)	-0.024900 (-0.79)	-0.020500 (-0.64)	-0.031700 (-0.99)
alr	0.018000 (0.19)	0.009440 (0.10)	-0.003160 (-0.03)	0.773000*** (5.32)	0.817000*** (5.52)	0.911000*** (6.33)	0.475000*** (3.17)	0.461000*** (3.01)	0.592000*** (4.02)
susgr	4.259000*** (12.93)	4.266000*** (12.90)	4.252000*** (12.78)	-1.626000*** (-4.62)	-1.621000*** (-4.59)	-1.638000*** (-4.58)	0.738000** (2.17)	0.689000** (2.04)	0.561000 (1.65)
常量	0.812000 (1.24)	0.724000 (1.10)	-0.098900 (-0.15)	3.578000*** (5.58)	3.530000*** (5.46)	3.191000*** (5.13)	0.461000 (0.65)	0.422000 (0.60)	0.071200 (0.11)
样本量				461					

注: 括号内为t统计量。* 表示在10%的水平上显著,** 表示在5%的水平上显著,*** 表示在1%的水平上显著。

233

介组织和法律环境评分和终极控股股东的控制链层级均分别与并购当年并购绩效正相关但不显著，市场中介组织的发育和法律制度环境与终极控股股东的控制链层级的交乘项与并购当年文化企业并购绩效负相关但不显著，这说明在并购当年，从整体上来说，在加入市场中介组织和法律环境这个外部因素之后，控制链层级对并购绩效的影响作用以及市场中介组织和法律环境在二者之间关系中调节作用均不明显。假设3没有得到验证。

（2）并购后一年回归结果及分析。从表6-16并购后一年市场中介组织的发育和法律制度环境在终极控股股东影响文化企业并购绩效过程中的调节作用回归分析结果可知：

在市场中介组织的发育和法律制度环境在文化企业终极控股股东的控制权影响并购后一年的并购绩效过程中的调节作用分析中，市场中介组织和法律环境与并购后一年并购绩效显著负相关，这说明这项外部制度环境越好，并购后一年的并购绩效明显越低；文化企业终极控股股东的控制权与并购后一年的并购绩效在1%的显著性水平上负相关，这说明文化企业终极控股股东的控制权越大，并购后一年的并购绩效明显越低。但是二者的交乘项与并购后一年并购绩效显著正相关，这说明在并购后一年，从整体上来说，市场中介组织和法律环境明显减弱了控制权对并购绩效的负向影响作用。假设1得到验证。

在市场中介组织和法律环境对文化企业现金流权影响并购后一年并购绩效过程中调节作用分析中，市场中介组织和法律环境与并购后一年并购绩效在5%的显著性水平上负相关，这说明这项外部制度环境越好，并购后一年文化企业并购绩效明显越低；终极控股股东的现金流权与并购后一年文化企业并购绩效在1%的水平上显著负相关，说明终极控股股东的现金流权越大，文化企业并购后一年的并购绩效明显越低。但是二者的交乘项与并购后一年并购绩效显著正相关，这说明在并购后一年，从整体上来说，市场中介组织和法律环境明显减弱了现金流权对并购绩效负向影响作用。假设2得到验证。

在市场中介组织的发育和法律制度环境在文化企业终极控股股东的控制链层级影响并购后一年的并购绩效过程中的调节作用分析中，市场中介组织和法律环境评分与并购后一年的并购绩效呈现不显著正相关关系，这说明，在并购后一年，从整体上来说，这项外部制度环境越好，并购绩效越高，但不明显；文化企业终极控股股东的控制链层级与并购后一年的并购绩效在 10% 的显著性水平上正相关，这说明在并购后一年，文化企业终极控股股东的控制链层级越多，并购绩效明显越高。市场中介组织的发育和法律制度环境与终极控股股东的控制链层级的交乘项与并购后一年文化企业并购绩效负相关但不显著，这说明在并购后一年，从整体上来说，市场中介组织和法律环境略微减弱了控制链层级对并购绩效正向影响作用。假设 3 基本得到验证。

（3）并购后两年回归结果及分析。从表 6 - 16 并购后两年市场中介组织的发育和法律制度环境对终极控股股东与文化企业并购绩效关系的影响回归分析结果可知：

在市场中介组织的发育和法律制度环境在文化企业终极控股股东的控制权影响并购后两年的并购绩效过程中的调节作用分析中，市场中介组织和法律环境评分与并购后两年并购绩效呈现不显著正相关关系，这说明，在并购后两年，从整体上来说，市场中介组织和法律环境评分越高，并购绩效越高，但不明显；文化企业终极控股股东的控制权与并购后两年的并购绩效在 10% 的显著性水平上负相关，这说明在并购后两年，从整体上来说，文化企业终极控股股东的控制权越大，并购绩效明显越低。但是二者的交乘项与并购后两年的并购绩效正相关，这说明，市场中介组织和法律环境减弱了控制权对并购绩效负向影响作用。假设 1 得到验证。

在市场中介组织和法律环境在文化企业现金流权影响并购后两年并购绩效过程中调节作用分析中，市场中介组织和法律环境与并购后两年并购绩效呈现负相关但不显著，这说明，在并购后两年，从整体上来说，这项外部制度环境越好，并购绩效会越低，但不明显；终极控股股东的现金流权与并购后两年文化企业并购绩效在 5% 的水平上显著负相关，说明终极控股股东的现金流权越大，文化企业并购后两年的并购绩效明显越低。但是二者的交乘项与并购后两年文化企业并购绩效正相关，这说明，市场中介组织和法律环境减弱了现金流权对并购绩效负向影响作用。假设 2 得到验证。

在市场中介组织的发育和法律制度环境在文化企业终极控股股东的控制链层级影响并购后两年并购绩效过程中的调节作用分析中，市场中介组织的发育和法律制度环境评分与并购后两年的并购绩效在 5% 的显著性水平上正相关，这说明在并购后两年，从整体上来说，这项外部制度环境越好，并购绩效会明显越高；文化企业终极控股股东的控制链层级与并购后两年的并购绩效在5%的显著性水平上正相关，这说明文化企业终极控股股东的控制链层级越多，并购后两年的并购绩效明显越高。市场中介组织的发育和法律制度环境与终极控股股东的控制链层级的交乘项与并购后两年文化企业并购绩效负相关，这说明在并购后两年，从整体上来说，市场中介组织的发育和法律制度环境减弱了终极控股股东的控制链层级对并购绩效的正向影响作用。假设3得到验证。

（4）连续三年市场中介组织与法律环境在终极控股股东影响文化企业并购绩效中作用回归结果综合分析。综合表6－16连续三年市场中介组织发育和法律制度环境对终极控股股东与文化企业并购绩效关系影响的回归分析结果可以看出：

连续三年文化企业终极控股股东的控制权分别在1%、1%、10%的水平上与并购绩效显著负相关，这说明文化企业实施并购行为之后，终极控股股东持有文化企业的控制权比例越高，文化企业并购绩效越低。市场中介组织发育和法律制度环境与终极控股股东的控制权的交乘项则连续三年均与文化企业并购绩效正相关，其中，在并购当年和后一年，二者分别均呈显著正相关，这表明在并购当年和并购后一年，市场中介组织和法律环境可以减弱控制权对并购绩效负向影响作用。假设1在并购当年和并购后一年得到验证，在并购后两年没有得到验证。

连续三年终极控股股东的现金流权分别在1%、1%和5%的水平上与文化企业并购绩效显著负相关，说明文化企业并购后，终极控股股东持有文化企业的现金流权比例越高，文化企业并购绩效越低。市场中介组织发育和法律制度环境与终极控股股东的现金流权的交乘项则连续三年均与文化企业并购绩效正相关，其中，在并购当年和后一年，二者均在5%的显著性水平上正相关，这表明，从整体上来说，市场中介组织和法律环境可以减弱现金流权对并购绩效负向影响作用，假设2得到验证。

连续三年终极控股股东的控制链层级均与文化企业并购绩效正相关，其中并购后一年和并购后两年二者分别在10%和5%的水平上显著正相关，这说明文化企业并购后，控制链层级越多，并购绩效会越高。市场中介组织发育和法律制度环境与终极控股股东与文化企业之间的控制链层级的交乘项则连续三年均与文化企业并购绩效负相关,这表明,从整体上来说,市场中介组织和法律环境可以减弱终控制权对并购绩效正向影响作用,假设3得到验证。

6.3.4 稳健性检验

为了进一步验证制度环境这项外部因素在终极控股股东影响文化企业并购绩效过程中调节作用的方向和大小,使结论更加可靠,本章进一步把研究样本按照终极控股股东的性质分成国有和非国有两组,分组分别进行检验这项调节作用。具体如表 6-17~表 6-28 所示。

1. 市场化指数对终极控股股东与文化企业并购绩效关系影响的稳健性检验结果及分析

表 6-17 和表 6-18 是市场化指数对终极控股股东与文化企业并购绩效之间关系影响的分组稳健性检验结果,其中表 6-17 是市场化指数对终极控股股东与国有文化企业并购绩效之间关系影响的稳健性检验结果,表 6-18 是市场化指数对终极控股股东影响非国有文化企业并购绩效过程中调节作用稳健性检验结果。

(1)市场化指数对终极控股股东与国有文化企业并购绩效之间关系影响的稳健性检验结果及分析。

①国有文化企业并购当年稳健性检验结果分析。从表 6-17 市场化指数对并购当年终极控股股东与国有文化企业并购绩效之间关系影响的稳健性检验结果可知:

在市场化指数对终极控股股东的控制权与并购当年国有文化企业并购绩效之间关系影响的稳健性检验中,市场化指数与并购当年文化企业并购绩效正相关但不显著,这说明市场化指数越高,并购当年文化企业并购绩效越高但不明显;文化企业终极控股股东控制权与并购当年并购绩效显著负相关,这说明在并购当年,文化企业终极控股股东控制权越大,并购绩效则明显越低。但是二者的交乘项与并购当年文化企业并购绩效正相关,这说明市场化指数减弱了终极控股股东的控制权对文化企业并购绩效的负向影响。与前面实证结果一致。

表 6-17　市场化指数对终极控股股东与国有文化企业并购绩效之间关系影响的稳健性检验结果

变量	并购当年国有文化企业回归结果			并购后一年国有文化企业回归结果			并购后两年国有文化企业回归结果		
	模型 (1) map0	模型 (2) map0	模型 (3) map0	模型 (1) map1	模型 (2) map1	模型 (3) map1	模型 (1) map2	模型 (2) map2	模型 (3) map2
mindex	0.013400 (0.22)	0.030500 (0.52)	0.175000** (2.06)	-0.016800 (-0.38)	-0.036800 (-0.92)	0.147000*** (2.86)	-0.013100 (-0.35)	-0.022800 (-0.65)	0.058900 (1.29)
cr	-0.022700* (-1.76)			-0.027500*** (-3.40)			-0.021300*** (-2.78)		
mindex_cr	0.002270 (1.49)			0.002810*** (2.67)			0.001610* (1.68)		
cfr		-0.019100 (-1.54)			-0.030900*** (-3.90)			-0.021900*** (-2.79)	
mindex_cfr		0.001800 (1.24)			0.003420*** (3.39)			0.001790* (1.91)	
layer			0.473000 (1.56)			0.289000** (2.34)			0.159000 (1.27)
mindex_layer			-0.043000 (-1.29)			-0.027800 (-1.64)			-0.016900 (-1.09)
ebd	0.085200 (1.42)	0.086100 (1.43)	0.076800 (1.29)	-0.035700 (-0.69)	-0.040600 (-0.71)	-0.065900 (-1.19)	-0.001620 (-0.04)	-0.021300 (-0.40)	0.052400 (0.98)

续表

变量	并购当年国有文化企业回归结果			并购后一年国有文化企业回归结果			并购后两年国有文化企业回归结果		
	模型(1) map0	模型(2) map0	模型(3) map0	模型(1) map1	模型(2) map1	模型(3) map1	模型(1) map2	模型(2) map2	模型(3) map2
ass	0.018300 (0.34)	0.022500 (0.41)	-0.005680 (-0.11)	-0.260000*** (-6.14)	-0.268000*** (-6.28)	-0.268000*** (-6.19)	-0.076700* (-1.70)	-0.065400 (-1.44)	-0.052400 (-1.15)
alr	-0.563000** (-2.13)	-0.552000** (-2.10)	-0.469000* (-1.81)	1.417000*** (5.73)	1.502000*** (5.95)	1.919000*** (7.57)	0.346000 (1.38)	0.338000 (1.30)	0.668000*** (2.65)
susgr	6.963000*** (14.53)	6.965000*** (14.53)	7.143000*** (14.95)	-4.002000*** (-6.68)	-3.944000*** (-6.65)	-4.537000*** (-7.44)	1.289000** (2.09)	1.208000* (1.94)	0.930000 (1.42)
常量	-0.910000 (-0.79)	-1.147000 (-1.00)	-2.214000* (-1.78)	6.031000*** (6.07)	6.263000*** (6.31)	4.441000*** (5.05)	1.896000* (1.83)	1.684000 (1.63)	0.256000 (0.27)
样本量	179	179	179	214	214	214	213	213	213

注：括号内为 t 统计量。* 表示在 10% 的水平上显著，** 表示在 5% 的水平上显著，*** 表示在 1% 的水平上显著。

表6－18　市场化指数对终极控股股东与非国有文化企业并购绩效之间关系影响的稳健性检验结果

变量	并购当年非国有文化企业回归结果			并购后一年非国有文化企业回归结果			并购后两年非国有文化企业回归结果		
	模型(1) map0	模型(2) map0	模型(3) map0	模型(1) map1	模型(2) map1	模型(3) map1	模型(1) map2	模型(2) map2	模型(3) map2
mindex	−0.226000*** (−3.50)	−0.151000*** (−2.87)	−0.026700 (−0.56)	−0.072600 (−0.88)	−0.084500 (−1.13)	0.254000*** (3.82)	0.173000* (1.79)	−0.023200 (−0.30)	0.178000** (2.34)
cr	−0.048400*** (−3.61)			−0.038000* (−1.81)			0.051100* (1.87)		
mindex_cr	0.005470*** (3.29)			0.003450 (1.46)			−0.005560* (−1.91)		
cfr		−0.034400*** (−2.91)			−0.041200* (−1.88)			−0.016300 (−0.62)	
mindex_cfr		0.003930*** (2.64)			0.004000* (1.65)			0.001470 (0.53)	
layer			0.130000 (0.75)			1.095000*** (4.68)			0.694000*** (2.74)
mindex_layer			0.000958 (0.05)			−0.111000*** (−4.26)			−0.070900** (−2.56)
ebd	0.022000 (0.53)	0.022600 (0.55)	0.023000 (0.58)	−0.049300 (−1.09)	−0.045100 (−0.97)	−0.036500 (−0.88)	0.053800 (0.99)	0.026700 (0.49)	0.022100 (0.43)

续表

变量	并购当年非国有文化企业回归结果			并购后一年非国有文化企业回归结果			并购后两年非国有文化企业回归结果		
	模型（1）map0	模型（2）map0	模型（3）map0	模型（1）map1	模型（2）map1	模型（3）map1	模型（1）map2	模型（2）map2	模型（3）map2
ass	-0.015400 （-0.43）	-0.022800 （-0.62）	0.005070 （0.13）	-0.150000*** （-3.10）	-0.138000*** （-2.85）	-0.159000*** （-3.41）	0.016400 （0.29）	0.019900 （0.36）	0.000165 （0.00）
alr	0.019800 （0.19）	0.000078 （0.00）	-0.014000 （-0.13）	0.615000*** （3.28）	0.604000*** （3.17）	0.603000*** （3.31）	0.558000*** （2.72）	0.490000** （2.32）	0.534000*** （2.64）
susgr	2.830000*** （6.56）	2.800000*** （6.44）	2.678000*** （5.98）	-0.760000* （-1.69）	-0.792000* （-1.75）	-0.762000* （-1.73）	0.403000 （0.90）	0.520000 （1.17）	0.416000 （0.96）
常量	2.038000** （2.12）	1.539000 （1.62）	-0.416000 （-0.52）	4.101000*** （3.58）	3.854000*** （3.42）	0.902000 （0.91）	-2.166000 （-1.59）	-0.343000 （-0.27）	-1.944000* （-1.67）
样本量	282	282	282	247	247	247	248	248	248

注：括号内为t统计量。* 表示在10%的水平上显著，** 表示在5%的水平上显著，*** 表示在1%的水平上显著。

在市场化指数对终极控股股东的现金流权、控制链层级与并购当年文化企业并购绩效之间关系的调节作用稳健性检验中，现金流权、控制链层级对并购当年并购绩效影响作用以及市场化指数对二者之间关系调节作用均不明显。市场化指数对终极控股股东的现金流权与并购当年国有文化企业并购绩效之间关系的调节作用稳健性检验结果与前面实证结果不符，市场化指数对国有文化企业终极控股股东的控制链层级与并购当年的并购绩效之间关系调节作用的稳健性检验结果与前面实证结果一致。

②国有文化企业并购后一年稳健性检验结果分析。从表6-17市场化指数对并购后一年终极控股股东与国有文化企业并购绩效之间关系影响的稳健性检验结果可知：

在市场化指数对控制权、现金流权影响并购后一年国有文化企业并购绩效过程中调节作用分析中，市场化指数与并购后一年国有文化企业并购绩效负相关但不显著，说明市场化指数越高，并购后一年国有文化企业并购绩效越低但不明显；控制权、现金流权与并购后一年并购绩效在1%的水平上显著负相关，这说明国有文化企业控制权、现金流权越大，并购后一年的并购绩效显著越低。但市场化指数与控制权、现金流权的交乘项与并购后一年国有文化企业并购绩效在1%的水平上显著正相关，这说明市场化指数减弱了终极控股股东的控制权、现金流权对国有文化企业并购绩效的负向影响。与前面实证结果一致。

在市场化指数在国有文化企业终极控股股东的控制链层级影响并购后一年的并购绩效过程中的调节作用分析中，市场化指数与并购后一年国有文化企业并购绩效在1%的水平上显著正相关，说明市场化指数越高，并购后一年国有文化企业并购绩效显著越高；国有文化企业终极控股股东的控制链层级与并购后一年的并购绩效在5%的显著性水平上正相关，这说明国有文化企业终极控股股东的控制链层级越多，并购后一年的并购绩效明显越高。市场化指数与终极控股股东的控制链层级的交乘项与并购后一年国有文化企业并购绩效负相关，这说明市场化指数减弱了终极控股股东的控制链层级对国有文化企业并购绩效的正向影响。与前面实证结果一致。

③国有文化企业并购后两年稳健性检验结果分析。从表6-17市场化指数对并购后两年终极控股股东与国有文化企业并购绩效之间关系影

响的稳健性检验结果可知：

在市场化指数对终极控股股东的控制权、现金流权与并购后两年国有文化企业并购绩效关系的调节作用分析中，市场化指数与并购后两年国有文化企业并购绩效负相关但不显著，说明市场化指数越高，并购后两年国有文化企业并购绩效越低但不明显；控制权、现金流权分别均与并购后两年并购绩效在 1% 的显著性水平上负相关，这说明，国有文化企业控制权、现金流权越大，并购后两年的并购绩效明显越低。市场化指数与控制权、现金流权的交乘项与并购后两年国有文化企业并购绩效在 10% 的水平上显著正相关，这说明市场化指数明显减弱了终极控股股东的控制权对国有文化企业并购绩效的负向影响。与前面实证结果一致。

在市场化指数对终极控股股东的控制链层级与并购后两年国有文化企业并购绩效关系的调节作用分析中，市场化指数与并购后两年国有文化企业并购绩效正相关但不显著，终极控股股东的控制链层级与并购后两年国有文化企业并购绩效正相关但不显著，市场化指数与终极控股股东的控制链层级的交乘项与并购后两年国有文化企业并购绩效负相关但不显著，这说明加入市场化指数这个制度环境因素之后，国有文化企业终极控股股东的控制链层级对并购绩效的影响作用以及市场化指数对二者之间关系的调节作用均不大。这与前面并购当年全样本实证结果不符。

④国有文化企业连续三年稳健性检验结果综合分析。综合表 6 - 17 连续三年市场化指数对终极控股股东与国有文化企业并购绩效关系影响的稳健性检验结果可以看出：

对国有文化企业来说，连续三年控制权分别均与并购绩效显著负相关，这说明，文化企业实施并购活动之后，终极控股股东持有文化企业的控制权比例越高，文化企业并购绩效越低。市场化指数与终极控股股东的控制权的交乘项则连续三年均与文化企业并购绩效正相关，其中并购后一年和并购后两年二者分别在 1% 和 10% 的水平上显著正相关，这表明市场化指数可以减弱终极控股股东的控制权对文化企业并购绩效的负向影响，在并购当年和并购后一年与前面实证结果一致，在并购后两年与假设 1 一致。

连续三年终极控股股东的现金流权均与文化企业并购绩效负相关，

其中并购后一年和并购后两年二者均在1%的水平上显著正相关，说明文化企业并购后，终极控股股东持有文化企业的现金流权比例越高，文化企业并购绩效越低。市场化指数与终极控股股东的现金流权的交乘项则连续三年均与文化企业并购绩效正相关，其中并购后一年和并购后两年二者分别在1%和10%的水平上显著正相关，这表明，在并购后一年和并购后两年，市场化指数可以减弱国有文化企业终极控股股东的现金流权对并购绩效的负向影响作用，这与前面实证结果一致。在并购当年则与前面全样本实证结果不符。

连续三年终极控股股东的控制链层级均与文化企业并购绩效正相关，其中并购后一年二者在5%的水平上显著正相关，这说明文化企业并购后，国有文化企业终极控股股东的控制链层级越多，并购绩效越高。市场化指数与终极控股股东与文化企业之间的控制链层级的交乘项则连续三年均与文化企业并购绩效负相关，这表明市场化指数可以减弱终极控股股东的控制权对文化企业并购绩效的正向影响，在并购当年和后一年与前面全样本实证结果一致，在后两年则与前面全样本实证结果不符。

（2）市场化指数对终极控股股东与非国有文化企业并购绩效之间关系影响的稳健性检验结果及分析。

①非国有文化企业并购当年稳健性检验结果分析。从表6-18市场化指数对并购当年终极控股股东与非国有文化企业并购绩效之间关系影响的稳健性检验结果可知：

在市场化指数在非国有文化企业终极控股股东的控制权、现金流权影响并购当年的并购绩效过程中的调节作用分析中，市场化指数与并购当年的并购绩效在1%的显著性水平上负相关，这说明在并购当年，对非国有文化企业来说，市场化指数越高，并购绩效明显越低；控制权、现金流权与并购当年的并购绩效在1%的显著性水平上负相关，这说明非国有文化企业终极控股股东的控制权越大，并购当年的并购绩效明显越低。但是市场化指数和非国有文化企业控制权、现金流权的交乘项与并购当年并购绩效在1%的显著性水平上正相关，这说明市场化指数明显减弱了终极控股股东的控制权、现金流权对非国有文化企业并购绩效的负向影响。与前面实证结果一致。

在市场化指数对终极控股股东的控制链层级与并购当年文化企业并

购绩效关系的调节作用分析中,市场化指数与并购当年非国有文化企业并购绩效负相关但不显著,终极控股股东的控制链层级与并购当年非国有文化企业并购绩效正相关但不显著,市场化指数与终极控股股东的控制链层级的交乘项与并购当年文化企业并购绩效正相关但不显著,这与前面实证结果一致。

②非国有文化企业并购后一年稳健性检验结果分析。从表6-18市场化指数对并购后一年终极控股股东与非国有文化企业并购绩效之间关系影响的稳健性检验结果可知:

在市场化指数对终极控股股东的控制权与并购后一年非国有文化企业并购绩效关系的调节作用分析中,市场化指数与并购后一年非国有文化企业并购绩效负相关但不显著,说明市场化指数越高,并购后一年非国有文化企业并购绩效越低但不明显;控制权、现金流权分别均与并购后一年并购绩效在10%的显著性水平上负相关,这说明非国有文化企业终极控股股东的控制权、现金流权越大,并购后一年的并购绩效明显越低。市场化指数与终极控股股东的控制权、现金流权的交乘项与并购后一年非国有文化企业并购绩效正相关,这说明市场化指数减弱了终极控股股东的控制权、现金流权对非国有文化企业并购绩效的负向影响。这与前面实证结果一致。

在市场化指数对终极控股股东的控制链层级与并购后一年文化企业并购绩效关系的调节作用分析中,市场化指数与并购后一年非国有文化企业并购绩效在1%的水平上显著正相关,说明市场化指数越高,并购后一年文化企业并购绩效显著越高;控制链层级与并购后一年并购绩效在1%的显著性水平上正相关,这说明非国有文化企业终极控股股东的控制链层级越多,并购后一年的并购绩效明显越高。市场化指数与终极控股股东的控制链层级的交乘项与并购后一年文化企业并购绩效在1%的水平上显著负相关,这说明市场化指数减弱了终极控股股东的控制链层级对文化企业并购绩效的正向影响。这与前面实证结果一致。

③非国有文化企业并购后两年稳健性检验结果分析。从表6-18市场化指数对并购后两年终极控股股东与非国有文化企业并购绩效之间关系影响的稳健性检验结果可知:

在市场化指数对终极控股股东的控制权与并购后两年非国有文化企业并购绩效关系的调节作用分析中,市场化指数与并购后两年非国有文化企业并购绩效在 10% 的水平上显著正相关，说明市场化指数越高，并购后两年非国有文化企业并购绩效明显越高；非国有文化企业终极控股股东的控制权与并购后两年的并购绩效在 10% 的显著性水平上正相关，说明在并购后两年，非国有文化企业终极控股股东的控制权越大，并购绩效明显越高。但是二者的交乘项与并购后两年非国有文化企业的并购绩效在 10% 的水平上显著负相关，这说明市场化指数明显减弱了终极控股股东的控制权对非国有文化企业并购绩效的正向影响。这与前面的实证结果不符。

在市场化指数对终极控股股东的现金流权与并购后两年非国有文化企业并购绩效关系的调节作用分析中，市场化指数与并购后两年非国有文化企业并购绩效负相关但不显著，终极控股股东的现金流权与并购后两年非国有文化企业并购绩效负相关但不显著，二者的交乘项与并购后两年的并购绩效正相关但不显著。这与前面全样本实证结果不符。

在市场化指数在非国有文化企业终极控股股东的控制链层级影响并购后两年的并购绩效过程中的调节作用分析中，市场化指数与并购后两年非国有文化企业并购绩效在 5% 的水平上显著正相关，说明市场化指数越高，并购后两年文化企业并购绩效显著越高；非国有文化企业终极控股股东的控制链层级与并购后两年的并购绩效在 1% 的显著性水平上正相关，说明非国有文化企业终极控股股东的控制链层级越多，并购后两年的并购绩效明显越高。市场化指数与终极控股股东的控制链层级的交乘项与并购后两年文化企业并购绩效在 5% 的水平上显著负相关，这说明市场化指数明显减弱了终极控股股东的控制链层级对文化企业并购绩效的正向影响。假设 3 得到验证。

④非国有文化企业连续三年稳健性检验结果分析。综合表 6 – 18 连续三年市场化指数对终极控股股东与非国有文化企业并购绩效关系影响的稳健性检验结果可以看出：

在并购当年和并购后一年终极控股股东的控制权分别与非国有文化企业并购绩效在 1% 和 10% 的水平上显著负相关，在并购后两年二者则在 10% 的水平上显著正相关，说明文化企业并购后当年和并购后一年，终极控股股东持有文化企业的控制权比例越高，文化企业并购绩效越低，而并购后两年，终极控股股东持有文化企业的控制权比例越高，文化企业并购绩效则越高。市场化指数与终极控股股东的控制权的交乘项在并购当年和并购后一年均与文化企业并购绩效正相关，其中并购当年二者在 1% 的水平上显著正相关，而并购后两年二者在 10% 的水平上显著负相关，这表明市场化指数在并购当年和并购后一年可以减弱终极控股股东的控制权对文化企业并购绩效的负向影响，在并购后两年则可以减弱非国有文化企业控制权对并购绩效正向影响作用，在并购当年和后一年与前面实证结果相符合，在并购后两年则与前面实证结果不相符合。

连续三年非国有文化企业终极控股股东现金流权分别均与并购绩效负相关，其中，在并购当年和后一年，二者之间相关显著性水平分别为 1% 和 10%，这说明非国有文化企业发生并购行为之后，现金流权比例越高，并购绩效则越低。市场化指数与终极控股股东的现金流权的交乘项则连续三年均与文化企业并购绩效正相关，其中并购当年和并购后一年二者分别在 1% 和 10% 的水平上显著正相关，这表明在并购当年和并购后一年市场化指数可以减弱终极控股股东的现金流权对文化企业并购绩效的负向影响，这与前面实证结果一致。在并购后两年则与前面实证结果不符。

连续三年终极控股股东的控制链层级均与文化企业并购绩效正相关，其中并购后一年和并购后两年二者均在 1% 的水平上显著正相关，这说明文发生并购行为之后，非国有文化企业控制链层级越多，并购绩效就会越高。市场化指数与终极控股股东与文化企业之间的控制链层级的交乘项在并购后一年和并购后两年分别与文化企业并购绩效在 1% 和 5% 的水平上显著负相关，在并购当年则影响不明显，这表明，在并购后一年和并购后两年，市场化指数可以减弱非国有文化企业控制权对并购绩效正向影响作用。这与前面实证结果一致。

2. 政府与市场的关系对终极控股股东与文化企业并购绩效之间关系影响的稳健性检验结果及分析

（1）政府与市场的关系在终极控股股东影响国有文化企业并购绩效中的作用稳健性检验结果及分析。

①国有文化企业并购当年稳健性检验结果分析。从表 6 - 19 政府与市场的关系在国有文化企业终极控股股东影响并购当年的并购绩效过程中的调节作用分析结果可知：

表 6－19　政府与市场的关系在终极控股股东影响国有文化企业并购绩效中的作用稳健性检验结果

变量	并购当年国有文化企业回归结果			并购后一年国有文化企业回归结果			并购后两年国有文化企业回归结果		
	模型（1）map0	模型（2）map0	模型（3）map0	模型（1）map1	模型（2）map1	模型（3）map1	模型（1）map2	模型（2）map2	模型（3）map2
srgm	-0.025000 (-0.27)	-0.053200 (-0.63)	0.131000 (1.54)	0.034900 (0.61)	0.017300 (0.31)	0.072000 (0.98)	-0.013100 (-0.35)	-0.022800 (-0.65)	0.058900 (1.29)
cr	-0.004760 (-0.32)			-0.029900*** (-3.16)			-0.021300*** (-2.78)		
srgm_cr	0.000280 (0.12)			0.003140** (2.28)			0.001610* (1.68)		
cfr		-0.010900 (-0.80)			-0.031400*** (-3.29)			-0.021900*** (-2.79)	
srgm_cfr		0.001080 (0.57)			0.003510** (2.55)			0.001790* (1.91)	
layer			0.459000** (2.19)			-0.029900 (-0.16)			0.159000 (1.27)
srgm_layer			-0.049300* (-1.75)			0.021800 (0.73)			-0.016900 (-1.09)
ebd	0.142000** (2.36)	0.141000** (2.36)	0.120000** (2.01)	-0.030500 (-0.60)	-0.050900 (-0.91)	-0.038200 (-0.70)	-0.001620 (-0.04)	-0.021300 (-0.40)	0.052400 (0.98)

续表

变量	并购当年国有文化企业回归结果			并购后一年国有文化企业回归结果			并购后两年国有文化企业回归结果		
	模型（1）map0	模型（2）map0	模型（3）map0	模型（1）map1	模型（2）map1	模型（3）map1	模型（1）map2	模型（2）map2	模型（3）map2
ass	0.018400 (0.33)	0.022800 (0.40)	0.006810 (0.13)	-0.220000*** (-5.67)	-0.222000*** (-5.67)	-0.220000*** (-5.60)	-0.076700* (-1.70)	-0.065400 (-1.44)	-0.052400 (-1.15)
alr	-0.737000*** (-2.82)	-0.735000*** (-2.85)	-0.736000*** (-2.97)	1.428000*** (6.01)	1.450000*** (5.98)	1.934000*** (7.97)	0.346000 (1.38)	0.338000 (1.30)	0.668000*** (2.65)
susgr	7.272000*** (14.37)	7.271000*** (14.47)	7.361000*** (15.07)	-4.560000*** (-7.25)	-4.456000*** (-7.04)	-4.764000*** (-7.73)	1.289000** (2.09)	1.208000* (1.94)	0.930000 (1.42)
常量	-0.660000 (-0.46)	-0.552000 (-0.39)	-1.923000 (-1.49)	4.908000*** (4.99)	5.012000*** (5.07)	3.883000*** (4.35)	1.896000* (1.83)	1.684000 (1.63)	0.256000 (0.27)
样本量	179	179	179	214	214	214	213	213	213

注：括号内为t统计量。* 表示在10%的水平上显著，** 表示在5%的水平上显著，*** 表示在1%的水平上显著。

在政府与市场的关系对终极控股股东的控制权、现金流权与并购当年国有文化企业并购绩效关系的调节作用分析中,政府与市场的关系评分与当年并购绩效负相关但不显著,国有文化企业控制权、现金流权与当年并购绩效负相关但不显著,政府与市场的关系与终极控股股东的控制权、现金流权的交乘项与并购当年文化企业并购绩效正相关但不显著。这与前面实证结果不符。

在政府与市场的关系在国有文化企业终极控股股东的控制链层级影响并购当年的并购绩效过程中的调节作用分析中,政府与市场的关系与并购当年的并购绩效正相关但不显著,这说明政府与市场的关系评分越高,并购当年的并购绩效越高,但不明显;国有文化企业终极控股股东的控制链层级与并购当年的并购绩效在5%的显著性水平上正相关,这说明终极控股股东的控制链层级越多,国有文化企业并购当年的并购绩效明显越高。政府与市场的关系与终极控股股东的控制链层级的交乘项与并购当年国有文化企业并购绩效在10%的水平上显著负相关,这说明,政府与市场关系显著减弱了国有文化企业控制链层级对并购绩效正向影响作用。这与前面并购当年全样本实证结果不符,但与假设3一致。

②国有文化企业并购后一年稳健性检验结果分析。从表6–19并购后一年政府与市场的关系对终极控股股东与文化企业并购绩效之间关系影响的稳健性检验结果可知:

在政府与市场的关系在国有文化企业控制权、现金流权影响并购后一年并购绩效过程中调节作用分析中,政府与市场的关系评分与并购当年的并购绩效正相关但不显著,这说明政府与市场的关系评分越高,并购当年的并购绩效越高,但不明显;国有文化企业控制权、现金流权与并购当年并购绩效在1%的显著性水平上负相关,这说明控制权越大,国有文化企业并购当年的并购绩效明显越低。政府和市场的关系与国有文化企业控制权、现金流权的交乘项分别与并购当年并购绩效在5%的显著性水平上正相关,这说明政府与市场的关系减弱了终极控股股东的控制权、现金流权对并购后一年国有文化企业并购绩效的负向影响。这与前面的实证结果一致。

在政府与市场的关系在终极控股股东的控制链层级影响并购后一年国有文化企业并购绩效过程中的调节作用分析中,政府和市场关系和并购后一年并购绩效正相关但不显著，国有文化企业控制链层级与并购后一年并购绩效负相关但不显著，政府与市场的关系与终极控股股东的控制链层级的交乘项与并购后一年国有文化企业并购绩效正相关但不显著。这与前面的实证结果一致。

③国有文化企业并购后两年稳健性检验结果分析。从表 6 – 19 政府与市场的关系对并购后两年终极控股股东与国有文化企业并购绩效关系影响的稳健性检验分析结果可知：

在政府与市场的关系对终极控股股东的控制权、现金流权与并购后两年国有文化企业并购绩效关系的调节作用分析中，政府与市场的关系评分与并购当年的并购绩效负相关但不显著，这说明政府与市场的关系评分越高，并购当年的并购绩效越低，但不明显；国有文化企业控制权、现金流权与并购当年并购绩效在 1% 的显著性水平上负相关，这说明控制权越大，国有文化企业并购当年的并购绩效明显越低。但是政府与市场的关系与国有文化企业终极控股股东的控制权、现金流权的交乘项与并购当年的并购绩效在 10% 的显著性水平上正相关，这说明政府和市场关系明显减弱了国有文化企业控制权、现金流权对并购后两年并购绩效的负向影响作用。这与前面全样本实证结果不符，但与假设 1、假设 2 一致。

在政府与市场的关系在国有文化企业终极控股股东的控制链层级影响并购后两年的并购绩效过程中的调节作用分析中，政府和市场的关系与并购后两年并购绩效正相关但不显著，国有文化企业控制链层级与并购后两年并购绩效正相关但不显著，政府与市场的关系与终极控股股东的控制链层级的交乘项与并购后两年国有文化企业并购绩效负相关但不显著。这与前面的实证结果一致。

④国有文化企业连续三年稳健性检验结果分析。综合表 6 – 19 连续三年政府与市场的关系对终极控股股东与文化企业并购绩效之间关系影响的稳健性检验结果可以看出：

连续三年终极控股股东的控制权均与文化企业并购绩效负相关，其中并购后一年和并购后两年二者均在 1% 的水平上显著负相关，说明文化企业并购后，终极控股股东持有文化企业的控制权比例越高，文化企业并购绩效越低。政府与市场的关系与终极控股股东的控制权的交乘项连续三年均与文化企业并购绩效正相关，其中在并购后一年和并购后两年二者分别在 5% 和 10% 的水平上显著正相关，这表明在并购后一年和并购后两年，政府与市场关系可以减弱国有文化企业控制权对并购绩效负向影响作用，即与假设 1 一致。而在后一年则与之前的实证结果相符合。

连续三年终极控股股东的现金流权均与文化企业并购绩效负相关，其中在并购后一年和并购后两年二者均在 1% 的水平上显著负相关，说明文化企业并购后，终极控股股东持有文化企业的现金流权比例越高，文化企业并购绩效越低。政府与市场的关系与终极控股股东的现金流权的交乘项连续三年均与文化企业并购绩效正相关，其中在并购后一年和并购后两年二者分别在 5% 和 10% 的水平上显著正相关，这表明在并购后一年和并购后两年，政府与市场的关系可以减弱国有文化企业终极控股股东的现金流权对并购绩效的负向影响作用，即与假设 2 一致。而在并购后一年的分析结果则与前面的实证结果一致。

并购当年终极控股股东与国有文化企业之间的控制链层级与文化企业并购绩效在 5% 的水平上显著正相关，政府与市场的关系与终极控股股东和文化企业之间的控制链层级的交乘项在并购当年与文化企业并购绩效在 10% 的水平上显著负相关，在其他年份则影响均不明显，这说明在并购当年，政府与市场的关系可以减弱国有文化企业终极控股股东的控制链层级对并购绩效的正向影响作用。在并购当年与假设 3 相一致，在并购后一年和并购后两年则与前面的实证结果一致。

（2）政府与市场的关系在终极控股股东影响非国有文化企业并购绩效中的作用稳健性检验结果及分析。

①非国有文化企业并购当年稳健性检验结果分析。从表 6 - 20 政府与市场的关系对并购当年非国有文化企业终极控股股东影响并购绩效过程中调节作用稳健性检验分析结果可知：

在政府与市场的关系对非国有文化企业控制权、现金流权影响并购当年并购绩效过程中调节作用分析中，政府与市场的关系评分与并购当年非国有文化企业并购绩效在 1% 的水平上显著负相关，这说明政府与市场的关系评分越高，并购当年非国有文化企业并购绩效明显越低；控制权、现金流权与并购当年并购绩效显著负相关，这说明控制权、现金流权越大，非国有文化企业并购当年的并购绩效明显越低。政府与市场的关系与终极控股股东的控制权、现金流权的交乘项与并购当年非国有文化企业并购绩效显著正相关，这说明从整体上来说，政府和市场关系显著减弱了非国有文化企业控制权、现金流权对并购绩效负向影响作用。这与前面的实证结果一致。

在政府与市场的关系在终极控股股东的控制链层级影响并购当年非国有文化企业的并购绩效过程中的调节作用分析中，政府和市场关系和并购当年并购绩效负相关但不显著，控制链层级则与并购当年并购绩效正相关但不显著，政府与市场的关系评分与终极控股股东的控制链层级的交乘项与并购当年非国有文化企业并购绩效正相关但不显著。这与前面的实证结果一致。

②非国有文化企业并购后一年稳健性检验结果分析。从表 6 - 20 并购后一年政府和市场的关系对终极控股股东影响文化企业并购绩效关系过程中调节作用稳健性检验分析结果可知：

在政府与市场的关系在非国有文化企业终极控股股东的控制权影响并购后一年的并购绩效过程中的调节作用分析中，政府与市场的关系评分与并购后一年非国有文化企业并购绩效正相关但不显著，终极控股股东的控制权与并购后一年非国有文化企业并购绩效负相关但不显著，二者的交乘项与并购后一年的并购绩效正相关但不显著。这与前面的实证结果不符。

在政府与市场的关系对终极控股股东的现金流权与并购后一年非国有文化企业并购绩效关系的调节作用分析中，政府与市场的关系评分与并购后一年非国有文化企业并购绩效负相关但不显著，说明政府与市场的关系评分越高，并购后一年非国有文化企业并购绩效越低但不明显；终极控股股东的现金流权与并购后一年非国有文化企业并购绩效在 10% 的水平上显著负相关，这说明在并购后一年，对非国有文化企业来说，终极控股股东的现金流权越大，并购绩效明显越低。但二者的交乘项与并购后一年非国有文化企业并购绩效正相关，这说明政府与市场的关系减弱了终极控股股东的现金流权对并购后一年非国有文化企业并购绩效的负向影响。这与前面的实证结果一致。

在政府与市场的关系对终极控股股东的控制链层级与并购后一年非国有文化企业并购绩效关系的调节作用分析中，政府与市场的关系与并购后一年非国有文化企业并购绩效在 1% 的水平上显著正相关，这说明政府与市场的关系评分越高，并购后一年非国有文化企业并购绩效明显越高；非国有文化企业控制链层级与和购后一年并购绩效呈现显著正相关关系，这说明，控制链层级越多，非国有文化企业并购后一年的并购绩效明显越高。政府与市场的关系评分与终极控股股东的控制链层级的交乘项与并购后一年非国有文化企业并购绩效在1%的水平上显著负相关，这说明在并购后一年，对非国有文化企业来说，政府与市场的关系显著减弱了控制链层级对并购绩效的正向影响作用。这与前面的实证结果不符，但与假设3结果一致。

③非国有文化企业并购后两年稳健性检验结果分析。从表6-20政府和市场的关系对并购后两年终极控股股东影响非国有文化企业并购绩效过程中调节作用稳健性检验分析结果可知：

在政府与市场的关系在非国有文化企业终极控股股东的控制权影响并购后两年的并购绩效过程中的调节作用分析中，政府与市场的关系评分与并购后两年非国有文化企业并购绩效在10%的水平上显著正相关，说明政府与市场的关系评分越高，并购后两年非国有文化企业并购绩效明显越高；非国有文化企业终极控股股东的控制权与并购后两年的并购绩效在5%的显著性水平上正相关，这说明控制权越大，非国有文化企业并购后两年的并购绩效明显越高。但二者的交乘项与并购后两年非国有文化企业并购绩效在5%的水平上显著负相关，这说明政府与市场的关系明显减弱了终极控股股东的控制权对并购后两年非国有文化企业并购绩效的正向影响。这与前面的实证结果不符。

在政府与市场的关系对终极控股股东的现金流权与并购后两年非国有文化企业并购绩效关系的调节作用分析中，政府和市场关系评分与并购后两年并购绩效负相关但不显著，现金流权与并购后两年并购绩效负相关但不显著，二者的交乘项与并购后两年的并购绩效正相关但不显著。这与前面的实证结果一致。

在政府与市场的关系在非国有文化企业终极控股股东的控制链层级影响并购后两年的并购绩效过程中的调节作用分析中，政府与市场的关系与并购后两年的并购绩效正相关但不显著，这说明政府与市场的关系评分越高，并购后两年的并购绩效越高但不明显；控制链层级与并购后两年并购绩效显著正相关，这表明，控制链层级越多，非国有文化企业并购后两年并购绩效会明显越高；政府与市场的关系评分与终极控股股东的控制链层级的交乘项与并购后两年非国有文化企业并购绩效在5%

的水平上显著负相关，这说明在并购后两年，对非国有文化企业来说，政府与市场的关系明显减弱了控制链层级对并购绩效的正向影响作用。这与前面的实证结果不符，但与假设3一致。

④非国有文化企业连续三年稳健性检验结果分析。综合表6-20连续三年政府与市场的关系对终极控股股东与非国有文化企业并购绩效之间关系影响的稳健性检验结果可以看出：

对非国有文化企业来说，终极控股股东的控制权在并购当年和并购后一年均与文化企业并购绩效负相关，其中并购当年二者在1%的水平上显著负相关，说明文化企业并购当年和并购后一年，终极控股股东持有文化企业的控制权比例越高，文化企业并购绩效越低；在非国有文化企业并购后两年，终极控股股东的控制权则与文化企业并购绩效在5%的水平上显著正相关，说明并购后两年，终极控股股东持有文化企业的控制权比例越高，文化企业并购绩效越高。政府与市场的关系与终极控股股东的控制权的交乘项在并购当年和并购后一年均与非国有文化企业并购绩效正相关，其中在并购后当年二者在1%的水平上显著正相关，而在后两年二者则为显著负相关，这表明政府与市场的关系在并购当年和并购后一年可以减弱终极控股股东的控制权对文化企业并购绩效的负向影响，在并购后两年则可以减弱其对并购绩效正向影响作用。在并购当年与前面的实证结果一致，在并购后两年则与前面的实证结果不符。

连续三年非国有终极控股股东现金流权分别和并购绩效负相关，其中在并购当年度和并购后一年，二者均为显著负相关，这说明非国有文化企业在实施并购行为之后，现金流权越多，并购绩效越低。政府与市场的关系与终极控股股东的现金流权的交乘项则连续三年均与文化企业并购绩效正相关，其中并购当年二者在1%的水平上显著正相关，这表明政府与市场的关系可以减弱文化企业终极控股股东的现金流权对并购绩效的负向影响作用。这与前面的实证结果一致。

连续三年终极控股股东的控制链层级均与非国有文化企业并购绩效正相关，其中并购后一年和并购后两年二者分别在1%和5%的水平上显著正相关，这说明非国有文化企业实施并购活动之后，控制链层级越多，并购绩效越高。政府与市场的关系与终极控股股东和非国有文化企业之间的控制链层级的交乘项在并购后一年和并购后两年与文化企业并购绩效分别在1%和5%的水平上显著负相关，在并购当年影响则不明

表6-20　政府与市场的关系在终极控股股东影响非国有文化企业并购绩效中的作用稳健性检验结果

变量	并购当年非国有文化企业回归结果			并购后一年非国有文化企业回归结果			并购后两年非国有文化企业回归结果		
	模型(1) map0	模型(2) map0	模型(3) map0	模型(1) map1	模型(2) map1	模型(3) map1	模型(1) map2	模型(2) map2	模型(3) map2
srgm	-0.275000*** (-3.42)	-0.254000*** (-3.81)	-0.090200 (-1.58)	0.056600 (0.60)	-0.057700 (-0.70)	0.180000*** (2.84)	0.219000* (1.95)	-0.014200 (-0.16)	0.102000 (1.59)
cr	-0.043100*** (-3.04)			-0.009360 (-0.55)			0.044900** (1.98)		
srgm_cr	0.005600*** (2.79)			0.000166 (0.07)			-0.006180** (-2.04)		
cfr		-0.041900*** (-3.29)			-0.027000* (-1.68)			-0.007640 (-0.38)	
srgm_cfr		0.005670*** (3.14)			0.003010 (1.38)			0.000709 (0.27)	
layer			0.029300 (0.17)			0.770000*** (3.64)			0.504000** (2.31)
srgm_layer			0.014400 (0.59)			-0.086600*** (-3.19)			-0.060000** (-2.11)
ebd	0.004080 (0.10)	0.010000 (0.25)	0.008250 (0.21)	-0.043000 (-0.97)	-0.037700 (-0.84)	-0.026900 (-0.66)	0.051900 (0.98)	0.027100 (0.51)	0.021400 (0.42)

续表

变量	并购当年非国有文化企业回归结果			并购后一年非国有文化企业回归结果			并购后两年非国有文化企业回归结果		
	模型（1）map0	模型（2）map0	模型（3）map0	模型（1）map1	模型（2）map1	模型（3）map1	模型（1）map2	模型（2）map2	模型（3）map2
ass	-0.009180 (-0.26)	-0.019100 (-0.53)	-0.001140 (-0.03)	-0.114000** (-2.49)	-0.110000** (-2.37)	-0.100000** (-2.20)	0.021300 (0.40)	0.030200 (0.56)	0.041700 (0.78)
alr	0.028000 (0.27)	0.014600 (0.14)	-0.019800 (-0.19)	0.666000*** (3.59)	0.643000*** (3.39)	0.608000*** (3.26)	0.543000*** (2.68)	0.496000** (2.37)	0.487000** (2.39)
susgt	2.758000*** (6.41)	2.723000*** (6.35)	2.662000*** (6.22)	-0.831000* (-1.83)	-0.822000* (-1.80)	-0.721000 (-1.58)	0.317000 (0.70)	0.515000 (1.15)	0.469000 (1.07)
常量	1.998000** (2.11)	1.988000** (2.14)	0.178000 (0.21)	2.313000* (1.90)	2.904000** (2.43)	0.547000 (0.46)	-2.252000 (-1.57)	-0.684000 (-0.51)	-1.961000 (-1.46)
样本量	282	282	282	247	247	247	248	248	248

注：括号内为 t 统计量。* 表示在 10% 的水平上显著，** 表示在 5% 的水平上显著，*** 表示在 1% 的水平上显著。

显，这说明，在并购后一年和并购后两年，政府和市场关系可以减弱控制链层级对非国有文化企业并购绩效的正向影响作用。在并购当年与前面的实证结果一致，在后一年和并购后两年则与假设3一致。

3. 非国有经济的发展对终极控股股东与文化企业并购绩效之间关系影响的稳健性检验结果及分析

（1）非国有经济的发展对终极控股股东与国有文化企业并购绩效之间关系影响的稳健性检验结果及分析。

①国有文化企业并购当年稳健性检验结果分析。从表6-21并购当年非国有经济的发展对终极控股股东与国有文化企业并购绩效之间关系影响的稳健性检验结果可知：

在非国有经济的发展在国有文化企业终极控股股东的控制权影响并购当年的并购绩效过程中的调节作用分析中，非国有经济的发展评分与并购当年国有文化企业并购绩效负相关但不显著，说明非国有经济的发展评分越高，并购当年国有文化企业并购绩效越低但不明显；控制权与并购当年国有文化企业并购绩效在10%的水平上显著负相关，这说明，控制权越大，国有文化企业并购当年并购绩效则明显越低。二者的交乘项与并购当年文化企业并购绩效正相关，这说明非国有经济的发展减弱了终极控股股东的控制权对国有文化企业并购绩效的负向影响。这与前面的实证结果一致。

在非国有经济发展在国有文化企业现金流权影响并购当年并购绩效过程中调节作用分析中，非国有经济的发展评分与并购当年国有文化企业并购绩效负相关但不显著，这说明非国有经济的发展评分越高，并购当年国有文化企业并购绩效越低但不明显；终极控股股东的现金流权与并购当年文化企业并购绩效在5%的水平上显著负相关，说明终极控股股东的现金流权越大，国有文化企业并购当年的并购绩效显著越低。但是二者的交乘项与并购当年国有文化企业的并购绩效在10%的显著性水平上正相关，这说明非国有经济的发展显著减弱了终极控股股东的现金流权对国有文化企业并购绩效的负向影响。这与前面的实证结果一致。

表6-21 非国有经济的发展对终极控股股东与国有文化企业并购绩效之间关系影响的稳健性检验结果

变量	并购当年国有文化企业回归结果			并购后一年国有文化企业回归结果			并购后两年国有文化企业回归结果		
	模型(1) map0	模型(2) map0	模型(3) map0	模型(1) map1	模型(2) map1	模型(3) map1	模型(1) map2	模型(2) map2	模型(3) map2
snsed	-0.078500 (-1.15)	-0.075000 (-1.24)	0.151000** (2.04)	-0.000523 (-0.01)	-0.005160 (-0.12)	-0.025800 (-0.44)	-0.020200 (-0.54)	-0.026000 (-0.69)	-0.046600 (-0.80)
cr	-0.022600* (-1.74)			-0.016400* (-1.86)			-0.019200** (-2.21)		
snsed_cr	0.002370 (1.53)			0.001280 (1.25)			0.001240 (1.29)		
cfr		-0.024500** (-2.06)			-0.015100* (-1.70)			-0.017900** (-2.02)	
snsed_cfr		0.002540* (1.79)			0.001260 (1.23)			0.001220 (1.26)	
layer			0.553000** (2.37)			-0.086200 (-0.43)			-0.090600 (-0.42)
snsed_layer			-0.055200* (-1.96)			0.020000 (0.85)			0.013800 (0.55)
ebd	0.125000** (2.06)	0.123000** (2.04)	0.130000** (2.14)	-0.069900 (-1.29)	-0.068900 (-1.14)	-0.101000* (-1.78)	-0.015700 (-0.33)	-0.024300 (-0.43)	0.051300 (0.99)

259

续表

变量	并购当年国有文化企业回归结果			并购后一年国有文化企业回归结果			并购后两年国有文化企业回归结果		
	模型 (1) map0	模型 (2) map0	模型 (3) map0	模型 (1) map1	模型 (2) map1	模型 (3) map1	模型 (1) map2	模型 (2) map2	模型 (3) map2
ass	0.027000 (0.49)	0.032500 (0.60)	0.004280 (0.08)	-0.231000*** (-4.83)	-0.225000*** (-4.70)	-0.227000*** (-4.80)	-0.055000 (-1.10)	-0.037000 (-0.74)	-0.016600 (-0.32)
alr	-0.725000*** (-2.70)	-0.701000*** (-2.65)	-0.681000*** (-2.65)	1.230000*** (4.76)	1.251000*** (4.75)	1.581000*** (6.20)	0.210000 (0.82)	0.183000 (0.70)	0.488000* (1.85)
susgr	7.152000*** (14.52)	7.108000*** (14.48)	7.303000*** (15.19)	-3.861000*** (-5.85)	-3.793000*** (-5.73)	-3.949000*** (-6.27)	1.395000** (2.24)	1.313000** (2.09)	1.154000* (1.77)
常量	-0.356000 (-0.29)	-0.502000 (-0.41)	-2.173000* (-1.80)	5.365000*** (5.00)	5.196000*** (4.85)	4.944000*** (4.40)	1.537000 (1.39)	1.137000 (1.04)	0.346000 (0.28)
样本量	179	179	179	214	214	214	213	213	213

注: 括号内为 t 统计量。* 表示在 10% 的水平上显著，** 表示在 5% 的水平上显著，*** 表示在 1% 的水平上显著。

在非国有经济的发展在国有文化企业终极控股股东的控制链层级影响并购当年的并购绩效过程中的调节作用分析中，非国有经济的发展与并购当年国有文化企业并购绩效在5%的水平上显著正相关，这说明非国有经济的发展评分越高，并购当年国有文化企业并购绩效显著越高；国有文化企业终极控股股东的控制链层级与并购当年的并购绩效在5%的显著性水平上正相关，这说明控制链层级越多，国有文化企业并购当年的并购绩效显著越高。非国有经济的发展与终极控股股东的控制链层级的交乘项与并购当年国有文化企业并购绩效在10%的水平上显著负相关，这说明在并购当年，对国有文化企业来说，非国有经济的发展明显减弱了控制链层级对并购绩效的正向影响作用。这与前面的实证结果一致。

②国有文化企业并购后一年稳健性检验结果分析。从表6－21并购后一年非国有经济发展对终极控股股东影响国有文化企业并购绩效过程中调节作用稳健性检验分析结果可知：

在非国有经济的发展在国有文化企业终极控股股东的控制权、现金流权影响并购后一年的并购绩效过程中的调节作用分析中，非国有经济的发展评分与并购后一年国有文化企业并购绩效负相关但不显著，说明非国有经济的发展评分越高，并购后一年国有文化企业并购绩效越低但不明显。国有文化企业控制权、现金流权与并购后一年并购绩效显著负相关，这说明，控制权、现金流权越大，国有文化企业并购后一年的并购绩效明显越低。但非国有经济的发展与终极控股股东的控制权、现金流权的交乘项与并购后一年文化企业并购绩效正相关，这说明非国有经济的发展减弱了终极控股股东的控制权、现金流权对并购后一年国有文化企业并购绩效的负向影响。这与前面的实证结果一致。

在非国有经济的发展在国有文化企业终极控股股东的控制链层级影响并购当后一年的并购绩效过程中的调节作用分析中，非国有经济的发展与并购后一年国有文化企业并购绩效负相关但不显著，终极控股股东的控制链层级与并购后一年国有文化企业并购绩效负相关但不显著，非国有经济的发展与终极控股股东的控制链层级的交乘项与并购后一年国有文化企业并购绩效正相关但不显著。这与前面的实证结果不符。

③国有文化企业并购后两年稳健性检验结果分析。从表6－21并购后两年非国有经济的发展对终极控股股东与并购后两年国有文化企业并

购绩效关系影响的稳健性检验结果可知：

在非国有经济的发展对终极控股股东的控制权、现金流权与并购后两年国有文化企业并购绩效关系的调节作用分析中，非国有经济的发展评分与并购后两年国有文化企业并购绩效负相关但不显著，说明非国有经济的发展评分越高，并购后两年国有文化企业并购绩效越低但不明显。控制权、现金流权与并购当年的并购绩效在5%的显著性水平上负相关，这说明，控制权、现金流权越大，国有文化企业并购后两年的并购绩效明显越低。二者的交乘项与并购后两年文化企业并购绩效正相关，这说明非国有经济的发展减弱了终极控股股东的控制权、现金流权对并购后两年国有文化企业并购绩效的负向影响。这与前面的实证结果不符，但与假设1、假设2一致。

在非国有经济的发展在国有文化企业终极控股股东的控制链层级影响并购当后一年的并购绩效过程中的调节作用分析中，非国有经济的发展与并购后两年国有文化企业并购绩效负相关但不显著，终极控股股东的控制链层级与并购后两年国有文化企业并购绩效负相关但不显著，但非国有经济的发展与终极控股股东的控制链层级的交乘项与并购后两年国有文化企业并购绩效正相关但不显著。这与前面的实证结果不符。

④国有文化企业连续三年稳健性检验结果分析。综合表6-21连续三年非国有经济的发展在国有文化企业终极控股股东影响并购绩效过程中的调节作用稳健性检验结果可以看出：

连续三年终极控股股东的控制权分别与文化企业并购绩效在10%、10%、5%的水平上显著负相关，说明文化企业并购后，终极控股股东持有文化企业的控制权比例越高，文化企业并购绩效越低。非国有经济的发展与终极控股股东的控制权的交乘项与文化企业并购绩效连续三年均与国有文化企业并购绩效正相关，这表明非国有经济的发展可以减弱终极控股股东的控制权对国有文化企业并购绩效的负向影响。这在并购当年与前面的实证结果一致，但三年均与假设1一致。

连续三年终极控股股东的现金流权分别与国有文化企业并购绩效在5%、10%、5%的水平上显著负相关，这说明文化企业并购后，终极控股股东持有的现金流权越多，并购绩效就越低。非国有经济的发展与终极控股股东的现金流权的交乘项则连续三年均与文化企业并购绩效正相关，其中并购当年二者在1%的水平上显著正相关，这表明非国有经济的发展可以减弱终极控股股东的现金流权对文化企业并购绩效的负向影响，这在并购当年与前面的实证结果一致，但三年均与假设 2 一致。

终极控股股东与国有文化企业之间的控制链层级在并购当年与国有文化企业并购绩效在 5% 的水平上显著正相关，这说明文化企业并购后当年，终极控股股东的控制链层级越多，并购绩效越高。非国有经济的发展与终极控股股东和文化企业之间的控制链层级的交乘项在并购当年与文化企业并购绩效在 10% 的水平上显著负相关，这表明非国有经济的发展在并购当年可以减弱终极控股股东与上市文化企业之间的控制链层级对文化企业并购绩效的正向影响，在其他年份影响均不明显。这与前面的实证结果一致。

（2）非国有经济的发展在非国有文化企业终极控股股东影响并购绩效中的作用稳健性检验结果及分析。

①非国有文化企业并购当年稳健性检验结果分析。从表 6-22 非国有经济的发展对并购当年终极控股股东与非国有文化企业并购绩效之间关系影响的稳健性检验结果可知：

在非国有经济的发展对终极控股股东的控制权、现金流权与并购当年非国有文化企业并购绩效关系的调节作用分析中，非国有经济的发展评分与并购当年非国有文化企业并购绩效负相关但不显著，终极控股股东的控制权、现金流权与并购当年非国有文化企业并购绩效负相关但不显著，非国有经济的发展与终极控股股东的控制权、现金流权的交乘项与并购当年非国有文化企业并购绩效正相关但不显著。这与前面的实证结果不符。

在非国有经济的发展在非国有文化企业终极控股股东的控制链层级影响并购当年的并购绩效过程中的调节作用分析中，非国有经济的发展与并购当年非国有文化企业并购绩效正相关但不显著，说明非国有经济的发展评分越高，并购当年非国有文化企业并购绩效越高但不明显；终极控股股东的控制链层级与并购当年非国有文化企业并购绩效在 10% 的水平上显著正相关，说明终极控股股东的控制链层级越多，非国有文化企业并购当年的并购绩效明显越高。非国有经济的发展评分与终极控股股东的控制链层级的交乘项与并购当年非国有文化企业并购绩效负相关，这说明非国有经济的发展减弱了终极控股股东的控制链层级对非国有文化企业并购绩效的正向影响。这与前面的实证结果一致。

表6-22　非国有经济的发展对终极控股股东与非国有文化企业并购绩效之间关系影响的稳健性检验结果

变量	并购当年非国有文化企业回归结果			并购后一年非国有文化企业回归结果			并购后两年非国有文化企业回归结果		
	模型(1) map0	模型(2) map0	模型(3) map0	模型(1) map1	模型(2) map1	模型(3) map1	模型(1) map2	模型(2) map2	模型(3) map2
snsed	-0.066200 (-0.99)	-0.052400 (-0.94)	0.005200 (0.12)	0.182000** (1.98)	0.078200 (0.99)	0.044600 (0.77)	0.300000** (2.51)	0.037100 (0.43)	0.056000 (0.83)
cr	-0.009390 (-0.72)			0.029700 (1.47)			0.068600** (2.46)		
snsed_cr	0.000656 (0.40)			-0.004300* (-1.87)			-0.007870** (-2.51)		
cfr		-0.005360 (-0.46)			0.013100 (0.71)			0.002550 (0.11)	
snsed_cfr		0.000295 (0.20)			-0.002090 (-0.99)			-0.000591 (-0.24)	
layer			0.260000* (1.76)			0.357000* (1.69)			0.256000 (1.02)
snsed_layer			-0.017800 (-0.92)			-0.029800 (-1.18)			-0.024400 (-0.83)
ebd	0.011100 (0.27)	0.016200 (0.40)	0.020500 (0.53)	-0.023900 (-0.53)	-0.016600 (-0.36)	-0.023100 (-0.56)	0.072800 (1.34)	0.034100 (0.62)	0.028100 (0.55)

续表

变量	并购当年非国有文化企业回归结果			并购后一年非国有文化企业回归结果			并购后两年非国有文化企业回归结果		
	模型 (1) map0	模型 (2) map0	模型 (3) map0	模型 (1) map1	模型 (2) map1	模型 (3) map1	模型 (1) map2	模型 (2) map2	模型 (3) map2
ass	-0.003570 (-0.10)	-0.003120 (-0.08)	-0.004790 (-0.13)	-0.145000*** (-3.19)	-0.129000*** (-2.81)	-0.134000*** (-2.97)	0.008280 (0.16)	0.028800 (0.54)	0.031600 (0.60)
alr	0.022300 (0.21)	0.014900 (0.14)	-0.020300 (-0.20)	0.750000*** (3.91)	0.650000*** (3.37)	0.579000*** (3.03)	0.636000*** (3.07)	0.514000** (2.42)	0.509000** (2.47)
susgr	2.918000*** (6.61)	2.868000*** (6.44)	2.838000*** (6.44)	-0.843000* (-1.86)	-0.831000* (-1.81)	-0.664000 (-1.44)	0.441000 (0.99)	0.481000 (1.08)	0.439000 (0.99)
常量	0.495000 (0.51)	0.320000 (0.34)	-0.430000 (-0.54)	1.781000 (1.51)	2.210000* (1.89)	2.253000** (2.09)	-3.035000** (-2.06)	-1.083000 (-0.82)	-1.468000 (-1.11)
样本量	282	282	282	247	247	247	248	248	248

注：括号内为t统计量。* 表示在10%的水平上显著，** 表示在5%的水平上显著，*** 表示在1%的水平上显著。

265

②非国有文化企业并购后一年稳健性检验结果分析。从表 6-22 非国有经济的发展对并购后一年终极控股股东与非国有文化企业并购绩效之间关系影响的稳健性检验结果可知：

在非国有经济的发展对终极控股股东的控制权、现金流权与并购后一年非国有文化企业并购绩效关系的调节作用分析中，非国有文化企业控制权、现金流权对并购后一年并购绩效影响作用以及非国有经济发展在控制权、现金流权影响并购后一年并购绩效过程中调节作用均不明显。这与前面的实证结果一致。

在非国有经济的发展对终极控股股东的控制链层级与并购后一年非国有文化企业并购绩效关系的调节作用分析中，非国有经济的发展与并购后一年非国有文化企业并购绩效正相关但不显著，说明非国有经济的发展评分越高，并购后一年非国有文化企业并购绩效越高但不明显；非国有文化企业控制链层级与并购后一年并购绩效在 10% 的显著性水平上正相关，这说明非国有文化企业控制链层级越多，并购后一年的并购绩效明显越高。但非国有经济的发展评分与终极控股股东的控制链层级的交乘项与并购后一年非国有文化企业并购绩效负相关，这说明非国有经济的发展减弱了终极控股股东的控制链层级对非国有文化企业并购绩效的正向影响。这与前面的实证结果一致。

③非国有文化企业并购后两年稳健性检验结果分析。从表 6-22 并购后两年非国有经济的发展对终极控股股东与非国有文化企业并购绩效之间关系影响的稳健性检验结果可知：

在非国有经济的发展在非国有文化企业终极控股股东的控制权影响并购后两年的并购绩效过程中的调节作用分析中，非国有经济的发展评分与并购后两年非国有文化企业并购绩效在 5% 的水平上显著正相关，非国有文化企业终极控股股东的控制权与并购后两年的并购绩效在 5% 的显著性水平上正相关，二者的交乘项与并购后两年非国有文化企业并购绩效在 5% 的水平上显著负相关。这与前面的实证结果不符。

在非国有经济的发展对终极控股股东的现金流权与并购后两年非国有文化企业并购绩效关系的调节作用分析中，现金流权对并购后两年的并购绩效的影响作用，以及非国有经济的发展对终极控股股东的现金流权的交乘项与并购后两年非国有文化企业并购绩效的影响均不大。这与前面的全样本实证结果相符。

在非国有经济的发展在非国有文化企业终极控股股东的控制链层级影响并购后两年的并购绩效过程中的调节作用分析中，非国有经济的发展与并购后两年非国有文化企业并购绩效正相关但不显著，终极控股股东的控制链层级与并购后两年非国有文化企业并购绩效正相关但不显著，非国有经济的发展评分与终极控股股东的控制链层级的交乘项与并购后两年非国有文化企业并购绩效负相关但不显著。这与前面实证结果相符。

④非国有文化企业连续三年稳健性检验结果分析。综合表 6 - 22 连续三年非国有经济的发展对终极控股股东与非国有文化企业并购绩效之间关系影响的稳健性检验结果可以看出：

终极控股股东的控制权均与非国有文化企业并购绩效在并购后两年在 5% 的水平上显著正相关，说明文化企业并购后，终极控股股东持有文化企业的控制权比例越高，文化企业并购绩效越高。非国有经济的发展与终极控股股东的控制权的交乘项与文化企业并购绩效在并购后两年与文化企业并购绩效在 5% 的水平上显著负相关，这表明在并购后两年，对非国有文化企业来说，非国有经济的发展可以减弱控制权对并购绩效的正向影响作用。在非国有经济的发展影响作用下，终极控股股东的控制权与文化企业并购绩效的关系发生了很大变化（与第 5 章未加入非国有经济的发展因素相比）。这与前面的实证结果不符。

连续三年现金流权均对非国有文化企业并购绩效影响作用不明显，非国有的发展与终极控股股东的现金流权的交乘项也均与非国有文化企业并购绩效关系不明显，这表明在非国有经济的影响下，对非国有文化企业来说，现金流权对并购绩效的影响作用减弱（与第 5 章未加入非国有经济的发展因素相比）。这与前面的实证结果不符。

连续三年终极控股股东控制链层级分别均和非国有文化企业并购绩效正相关，其中在并购当年和后一年二者分别均在 10% 水平上显著正相关，这说明非国有文化企业并购后，终极控股股东的控制链层级越多，并购绩效越高。非国有经济的发展与终极控股股东和文化企业之间的控制链层级的交乘项则连续三年与文化企业并购绩效负相关，这说明，非国有经济发展可以减弱控制链层级对非国有文化企业并购绩效正向影响作用。这在并购当年和并购后两年与前面的实证结果相符，在并购当年和后一年与假设 3 一致。

4. 产品市场的发育程度在文化企业终极控股股东影响并购绩效中的作用稳健性检验结果及分析

（1）产品市场的发育程度在终极控股股东影响国有文化企业并购绩效中的作用稳健性检验结果及分析。

①国有文化企业并购当年稳健性检验结果分析。从表6-23并购当年产品市场的发育程度对终极控股股东与国有文化企业并购绩效之间关系影响的稳健性检验结果可知：

在产品市场的发育程度对终极控股股东的控制权、现金流权与并购当年国有文化企业并购绩效关系的调节作用分析中，控制权、现金流权对并购当年并购绩效影响作用以及产品市场发育程度在二者之间关系中的调节作用均不明显。这与前面的实证结果一致。

在产品市场的发育程度在国有文化企业终极控股股东的控制链层级影响并购当年的并购绩效过程中的调节作用分析中，产品市场的发育程度与并购当年国有文化企业并购绩效在10%的水平上显著正相关，这说明产品市场的发育程度评分越高，并购当年国有文化企业并购绩效显著越高；国有文化企业终极控股股东的控制链层级与并购当年的并购绩效在1%的显著性水平上正相关，这说明控制链层级越多，国有文化企业并购当年的并购绩效明显越高。但产品市场的发育程度与终极控股股东的控制链层级的交乘项与并购当年国有文化企业并购绩效在5%的水平上显著负相关，这说明产品市场的发育程度显著减弱了终极控股股东的控制链层级对国有文化企业并购绩效的正向影响。这与前面的实证结果一致。

②国有文化企业并购后一年稳健性检验结果分析。从表6-23并购后一年产品市场的发育程度对终极控股股东与国有文化企业并购绩效之间关系影响的稳健性检验结果可知：

在产品市场的发育程度在国有文化企业终极控股股东的控制权、现金流权、控制链层级影响并购后一年的并购绩效过程中的调节作用分析中，国有文化控制权、现金流权、控制链层级对并购后一年并购绩效影响作用以及产品市场发育程度对二者之间关系调节作用均不明显。这与前面的实证结果相符。

表6-23 产品市场的发育程度在终极控股股东影响国有文化企业并购绩效中的作用稳健性检验结果

变量	并购当年国有文化企业回归结果			并购后一年国有文化企业回归结果			并购后两年国有文化企业回归结果		
	模型（1）map0	模型（2）map0	模型（3）map0	模型（1）map1	模型（2）map1	模型（3）map1	模型（1）map2	模型（2）map2	模型（3）map2
spmd	-0.056100 (-0.80)	-0.064700 (-1.14)	0.107000* (1.83)	-0.039800 (-0.50)	-0.007800 (-0.12)	-0.014800 (-0.20)	0.093000 (1.22)	0.080100 (1.29)	0.055800 (0.90)
cr	-0.008200 (-0.62)			-0.017600 (-1.18)			0.004830 (0.34)		
spmd_cr	0.000663 (0.40)			0.001590 (0.89)			-0.001530 (-0.90)		
cfr		-0.011400 (-1.03)			-0.011000 (-0.85)			0.003290 (0.27)	
spmd_cfr		0.001080 (0.77)			0.000904 (0.58)			-0.001250 (-0.87)	
layer			0.418000*** (2.92)			-0.106000 (-0.62)			0.089900 (0.62)
spmd_layer			-0.043700** (-2.33)			0.030300 (1.30)			-0.007200 (-0.37)
ebd	0.136000** (2.25)	0.136000** (2.29)	0.143000** (2.40)	-0.070100 (-1.25)	-0.063100 (-1.03)	-0.114000** (-2.06)	0.001110 (0.02)	-0.012400 (-0.23)	0.058300 (1.17)

续表

变量	并购当年国有文化企业回归结果			并购后一年国有文化企业回归结果			并购后两年国有文化企业回归结果		
	模型(1) map0	模型(2) map0	模型(3) map0	模型(1) map1	模型(2) map1	模型(3) map1	模型(1) map2	模型(2) map2	模型(3) map2
ass	0.013700 (0.25)	0.019100 (0.34)	-0.000349 (-0.01)	-0.191000*** (-4.65)	-0.190000*** (-4.60)	-0.219000*** (-5.29)	-0.024100 (-0.59)	-0.019500 (-0.47)	-0.040500 (-0.97)
alr	-0.761000*** (-2.92)	-0.745000*** (-2.90)	-0.794000*** (-3.21)	1.150000*** (4.59)	1.166000*** (4.57)	1.536000*** (6.73)	0.063300 (0.25)	0.093100 (0.36)	0.510000** (2.19)
susgr	7.300000*** (14.92)	7.275000*** (14.92)	7.381000*** (15.61)	-3.623000*** (-6.21)	-3.623000*** (-6.18)	-3.729000*** (-6.44)	1.463000** (2.34)	1.403000** (2.22)	1.065000 (1.65)
常量	-0.285000 (-0.21)	-0.351000 (-0.28)	-1.595000 (-1.35)	4.743000*** (4.17)	4.409000*** (4.12)	4.531000*** (4.75)	-0.091600 (-0.08)	-0.126000 (-0.12)	0.023400 (0.02)
样本量	179	179	179	214	214	214	213	213	213

注：括号内为 t 统计量。* 表示在 10% 的水平上显著，** 表示在 5% 的水平上显著，*** 表示在 1% 的水平上显著。

③国有文化企业并购后两年稳健性检验结果分析。从表 6 - 23 并购后两年产品市场的发育程度对终极控股股东与国有文化企业并购绩效之间关系影响的稳健性检验结果可知：

就产品市场的发育程度在国有文化企业控制权、现金流权、控制链层级影响并购后两年的并购绩效过程中的调节作用分析结果来说，国有文化企业控制权、现金流权、控制链层级对并购后一年并购绩效影响作用以及产品市场发育程度对二者之间关系的调节作用均不明显。这与前面的实证结果相符。

④国有文化企业连续三年稳健性检验结果分析。综合表 6 - 23 连续三年产品市场的发育程度在国有文化企业终极控股股东影响并购绩效过程中的调节作用稳健性检验结果可以看出：

对国有文化企业来说，在并购当年，控制链层级和并购绩效显著正相关，这说明，控制链层级越高，并购当年国有文化企业的并购绩效越好。产品市场的发育程度与控制链层级的交乘项与文化企业并购绩效在5%的水平上显著负相关，这说明在并购当年，对国有文化企业来说，产品市场的发育程度可以减弱控制链层级对并购绩效的正向影响作用。其余影响均不显著。这说明考虑产品市场的发育程度的影响之后，终极控股股东的各方面特征对文化企业并购绩效的影响均减弱（与第 5 章未考虑产品市场的发育程度因素相比）。这与前面的实证结果一致。

（2）产品市场的发育程度在终极控股股东影响非国有文化企业并购绩效中的作用稳健性检验结果及分析。

①非国有文化企业并购当年稳健性检验结果分析。从表 6 - 24 并购当年产品市场发育程度在终极控股股东影响非国有文化企业并购绩效过程中调节作用稳健性检验分析结果可知：

在产品市场的发育程度对非国有文化企业控制权、现金流权、控制链层级影响并购当年的并购绩效过程中的调节作用稳健性检验中，非国有文化企业控制权、现金流权、控制链层级分别对并购当年并购绩效影响作用以及产品市场发育程度对二者之间关系调节作用均不明显，这说明在并购当年，对非国有文化企业来说，产品市场的发育程度对控制权、现金流权与并购绩效之间关系的调节作用与前面的实证结果相符，对控制链层级与并购绩效之间关系的影响与前面的实证结果不符。

表 6 - 24　产品市场的发育程度在终极控股股东影响非国有文化企业并购绩效中的作用稳健性检验结果

变量	并购当年非国有文化企业回归结果			并购后一年非国有文化企业回归结果			并购后两年非国有文化企业回归结果		
	模型 (1) map0	模型 (2) map0	模型 (3) map0	模型 (1) map1	模型 (2) map1	模型 (3) map1	模型 (1) map2	模型 (2) map2	模型 (3) map2
spmd	0.060400 (0.72)	0.001760 (0.02)	0.021300 (0.33)	0.128000* (1.89)	0.075200 (1.20)	0.038200 (0.81)	0.072100 (0.93)	0.030000 (0.44)	0.005520 (0.11)
cr	0.011300 (0.74)			0.008330 (0.62)			0.011300 (0.68)		
spmd_cr	−0.002040 (−1.06)			−0.002050 (−1.23)			−0.001600 (−0.76)		
cfr		0.002260 (0.15)			0.002300 (0.18)			0.000515 (0.03)	
spmd_cfr		−0.000704 (−0.36)			−0.000925 (−0.58)			−0.000396 (−0.21)	
layer			0.283000 (1.21)			0.208000 (0.83)			0.047700 (0.18)
spmd_layer			−0.020100 (−0.64)			−0.013400 (−0.44)			0.000096 (0.00)
ebd	0.026300 (0.64)	0.027900 (0.68)	0.031600 (0.82)	−0.042900 (−0.98)	−0.026400 (−0.60)	−0.011000 (−0.27)	0.038100 (0.71)	0.029400 (0.56)	0.033200 (0.66)

续表

变量	并购当年非国有文化企业回归结果			并购后一年非国有文化企业回归结果			并购后两年非国有文化企业回归结果		
	模型(1) map0	模型(2) map0	模型(3) map0	模型(1) map1	模型(2) map1	模型(3) map1	模型(1) map2	模型(2) map2	模型(3) map2
ass	-0.011400 (-0.31)	-0.010700 (-0.29)	-0.000655 (-0.02)	-0.095300** (-2.01)	-0.093500* (-1.94)	-0.113000** (-2.35)	0.039100 (0.70)	0.041700 (0.74)	0.032900 (0.59)
alr	0.052800 (0.51)	0.050400 (0.48)	0.006870 (0.07)	0.646000*** (3.53)	0.637000*** (3.35)	0.604000*** (3.19)	0.513000** (2.50)	0.495000** (2.34)	0.502000** (2.45)
susgr	2.762000*** (6.26)	2.715000*** (6.15)	2.642000*** (6.14)	-0.795000* (-1.78)	-0.819000* (-1.81)	-0.682000 (-1.49)	0.456000 (1.02)	0.485000 (1.09)	0.486000 (1.10)
常量	-0.306000 (-0.30)	0.061600 (0.06)	-0.662000 (-0.71)	1.316000 (1.10)	1.536000 (1.29)	1.865000 (1.63)	-1.583000 (-1.11)	-1.264000 (-0.91)	-1.065000 (-0.79)
样本量	282	282	282	247	247	247	248	248	248

注: 括号内为t统计量。 * 表示在10%的水平上显著, ** 表示在5%的水平上显著, *** 表示在1%的水平上显著。

②非国有文化企业并购后一年和并购后两年稳健性检验结果分析。从表6-24并购后一年和并购后两年产品市场的发育程度对终极控股股东与非国有文化企业并购绩效之间关系影响的稳健性检验结果可知，在并购后一年和并购后两年，非国有文化企业控制权、现金流权、控制链层级对并购绩效影响作用以及产品市场发育程度对二者之间关系的调节作用均不明显。这与前面的全样本实证结果相符。

③非国有文化企业连续三年稳健性检验结果分析。综合表6-24连续三年产品市场的发育程度对终极控股股东与非国有文化企业并购绩效关系影响的按照终极控股股东性质分样本回归结果可以看出，连续三年变量之间的关系均不显著，这说明考虑产品市场的发育程度的影响之后，终极控股股东的各方面特征对非国有文化企业并购绩效的影响均减弱（与第5章相比）。除了产品市场的发育程度对终极控股股东的控制链层级与非国有文化企业并购绩效之间关系的影响之外，其余均与前面的全样本实证结果一致。

5. 要素市场的发育程度在终极控股股东影响文化企业并购绩效中的作用稳健性检验结果及分析

（1）要素市场的发育程度在终极控股股东影响国有文化企业并购绩效中的作用稳健性检验结果及分析。

①国有文化企业并购当年稳健性检验结果分析。从表6-25并购当年要素市场的发育程度对终极控股股东与国有文化企业并购绩效之间关系影响的稳健性检验结果可知，并购当年终极控股股东对国有文化企业并购绩效的影响以及要素市场的发育程度对终极控股股东与国有文化企业并购绩效之间关系的影响均不大，这说明在并购当年，要素市场的发育程度没有在国有文化企业终极控股股东影响并购绩效的过程中发挥相应的调节作用。这与前面的实证结果不符。

②国有文化企业并购后一年稳健性检验结果分析。从表6-25并购后一年要素市场的发育程度对终极控股股东与国有文化企业并购绩效之间关系影响的稳健性检验结果可知：

在要素市场的发育程度对终极控股股东的控制权与并购后一年国有文化企业并购绩效关系的调节作用分析中，要素市场的发育程度评分与并购绩效负相关但不显著，这说明在并购后一年，对国有文化企业来

表6-25　要素市场的发育程度在终极控股股东影响国有文化企业并购绩效中的作用稳健性检验结果

变量	并购当年国有文化企业回归结果			并购后一年国有文化企业回归结果			并购后两年国有文化企业回归结果		
	模型(1) map0	模型(2) map0	模型(3) map0	模型(1) map1	模型(2) map1	模型(3) map1	模型(1) map2	模型(2) map2	模型(3) map2
sefmd	0.031000 (0.95)	0.040200 (1.44)	-0.000041 (-0.00)	-0.046500 (-1.06)	-0.052900 (-1.52)	0.110000*** (3.10)	-0.049200 (-1.30)	-0.050000* (-1.70)	0.024200 (0.82)
cr	-0.004660 (-0.73)			-0.018000*** (-2.70)			-0.016300*** (-2.70)		
sefmd_cr	0.000225 (0.29)			0.002140** (2.02)			0.001350 (1.48)		
cfr		-0.002260 (-0.38)			-0.018600*** (-3.21)			-0.015800*** (-2.98)	
sefmd_cfr		-0.0000659 (-0.09)			0.002450*** (2.77)			0.001420* (1.87)	
layer			-0.032900 (-0.28)			0.241000*** (3.37)			0.104000 (1.43)
sefmd_layer			0.011400 (0.96)			-0.025400** (-2.45)			-0.010300 (-1.17)
ebd	0.112000* (1.89)	0.113000* (1.91)	0.112000* (1.84)	-0.055300 (-1.05)	-0.035000 (-0.60)	-0.080200 (-1.47)	-0.012000 (-0.26)	-0.014300 (-0.27)	0.047000 (0.93)

275

续表

变量	并购当年国有文化企业回归结果			并购后一年国有文化企业回归结果			并购后两年国有文化企业回归结果		
	模型 (1) map0	模型 (2) map0	模型 (3) map0	模型 (1) map1	模型 (2) map1	模型 (3) map1	模型 (1) map2	模型 (2) map2	模型 (3) map2
ass	-0.007970 (-0.14)	-0.006700 (-0.12)	-0.008650 (-0.16)	-0.207000*** (-5.15)	-0.214000*** (-5.31)	-0.240000*** (-5.87)	-0.030300 (-0.75)	-0.026000 (-0.63)	-0.038100 (-0.89)
alr	-0.647000** (-2.49)	-0.622000** (-2.39)	-0.664000*** (-2.64)	1.269000*** (5.12)	1.382000*** (5.44)	1.782000*** (7.36)	0.178000 (0.73)	0.221000 (0.86)	0.605000** (2.45)
susgr	7.249000*** (15.15)	7.222000*** (15.04)	7.274000*** (15.50)	-3.702000*** (-6.45)	-3.797000*** (-6.63)	-4.075000*** (-7.03)	1.376000** (2.23)	1.292000** (2.08)	1.075000* (1.67)
常量	-0.519000 (-0.46)	-0.636000 (-0.57)	-0.535000 (-0.46)	4.984000*** (5.31)	5.076000*** (5.48)	4.236000*** (4.88)	1.076000 (1.15)	0.926000 (1.00)	0.228000 (0.25)
样本量	179	179	179	214	214	214	213	213	213

注：括号内为 t 统计量。* 表示在 10% 的水平上显著，** 表示在 5% 的水平上显著，*** 表示在 1% 的水平上显著。

说，要素市场的发育程度评分越高，并购绩效越低但不明显；国有文化企业终极控股股东的控制权与并购后一年的并购绩效在1%的显著性水平上负相关，这说明在并购后一年，对国有文化企业来说，控制权越大，并购绩效明显越低。但是二者的交乘项与并购后一年并购绩效显著正相关，这说明要素市场的发育程度明显减弱了终极控股股东的控制权对国有文化企业并购绩效的负向影响。这与前面的实证结果一致。

在要素市场的发育程度对终极控股股东的现金流权与并购后一年国有文化企业并购绩效关系的调节作用分析中，要素市场的发育程度评分与并购绩效负相关但不显著，这说明在并购后一年，对国有文化企业来说，要素市场的发育程度评分越高，并购绩效越低但不明显；终极控股股东的现金流权与并购后一年文化企业并购绩效在1%的水平上显著负相关，这说明终极控股股东的现金流权越大，国有文化企业并购后一年的并购绩效明显越低。但是二者的交乘项与并购后一年国有文化企业的并购绩效在1%的显著性水平上正相关，这说明，要素市场发育程度明显减弱了国有文化企业现金流权对并购绩效的负向影响作用。这与前面的实证结果一致。

在要素市场的发育程度在国有文化企业终极控股股东的控制链层级影响并购后一年的并购绩效过程中的调节作用分析中，要素市场的发育程度与并购后一年国有文化企业并购绩效在1%的水平上显著正相关，说明要素市场的发育程度评分越高，并购后一年国有文化企业并购绩效明显越高；国有文化企业终极控股股东控制链层级与并购后一年并购绩效显著正相关。这表明，控制链层级越多，国有文化企业并购后一年的并购绩效明显越高。但要素市场的发育程度与终极控股股东的控制链层级的交乘项与并购后一年国有文化企业并购绩效在5%的水平上显著负相关，这说明要素市场的发育程度减弱了终极控股股东的控制链层级对国有文化企业并购绩效的正向影响。这与前面的实证结果一致。

③国有文化企业并购后两年稳健性检验结果分析。从表6－25并购后两年要素市场的发育程度对终极控股股东与国有文化企业并购绩效之间关系影响的稳健性检验结果可知：

在要素市场的发育程度在国有文化企业终极控股股东的控制权影响并购后两年的并购绩效过程中的调节作用分析中，要素市场的发育程度评分与并购后两年国有文化企业并购绩效负相关但不显著，说明要素市场的发育程度评分越高，并购后两年国有文化企业并购绩效越低但不明显；国有文化企业终极控股股东的控制权与并购后两年的并购绩效在1%的显著性水平上负相关，这说明在并购后两年，对国有文化企业来说，控制权越大，并购绩效明显越低。但二者的交乘项与并购后两年文化企业并购绩效正相关。这说明要素市场的发育程度减弱了终极控股股东的控制权对国有文化企业并购绩效的负向影响。这与前面实证结果一致。

在要素市场的发育程度对终极控股股东的现金流权与并购后两年国有文化企业并购绩效关系的调节作用分析中，要素市场的发育程度评分与并购后两年国有文化企业并购绩效在10%的水平上显著负相关，说明要素市场的发育程度评分越高，并购后两年国有文化企业并购绩效明显越低；终极控股股东的现金流权与并购后两年文化企业并购绩效在1%的水平上显著负相关，说明终极控股股东的现金流权越大，国有文化企业并购后两年的并购绩效明显越低。但是二者的交乘项与并购后两年的并购绩效在10%的显著性水平上正相关，这说明在并购后两年，对国有文化企业来说，要素市场的发育程度明显减弱了国有文化企业终极控股股东的现金流权对并购绩效的负向影响作用。这与前面的实证结果一致。

在要素市场的发育程度在国有文化企业终极控股股东的控制链层级影响并购后两年的并购绩效过程中的调节作用分析中，要素市场的发育程度与并购后两年国有文化企业并购绩效正相关但不显著，终极控股股东的控制链层级与并购后两年国有文化企业并购绩效正相关但不显著，要素市场的发育程度与终极控股股东的控制链层级的交乘项与并购后两年国有文化企业并购绩效负相关但不显著。这与前面的实证结果不符。

④国有文化企业连续三年稳健性检验结果分析。综合表 6 – 25 连续三年要素市场的发育程度在国有文化企业终极控股股东影响并购绩效过程中的调节作用稳健性检验结果可以看出：

对国有文化企业来说，连续三年终极控股股东的控制权均与文化企业并购绩效负相关，其中在并购后一年和并购后两年，二者均在1%的水平上显著负相关，说明文化企业并购后，终极控股股东持有文化企业的控制权比例越高，文化企业并购绩效越低。要素市场的发育程度与终极控股股东的控制权的交乘项则连续三年与文化企业并购绩效正相关，其中并购后一年二者在 5% 的水平上显著正相关，这表明要素市场的发育程度可以减弱终极控股股东的控制权对文化企业并购绩效的负向影响。这与前面的实证结果一致。

连续三年国有文化企业终极控股股东的现金流权均与并购绩效负相关，其中在并购后一年和并购后两年，二者均在 1% 的水平上显著负相关，这说明文化企业并购后，终极控股股东持有文化企业的现金流权比例越高，文化企业并购绩效越低。要素市场的发育程度与终极控股股东的现金流权的交乘项在并购后一年和并购后两年分别在 1% 和 10% 的水平上与国有文化企业并购绩效显著正相关，在并购当年则影响不明显，这在并购后一年和并购后两年与前面的实证结果一致，但是在并购当年则与前面的实证结果不相符合。

在并购后一年和并购后两年，国有文化企业终极控股股东的控制链层级均与并购绩效正相关，其中在并购后一年，二者在 1% 的水平上显著正相关；在并购当年，二者则没有显著的相关关系。这说明在并购后一年和并购后两年，终极控股股东与文化企业之间的控制链层级越多，文化企业并购绩效越高。要素市场的发育程度与终极控股股东与文化企业之间的控制链层级的交乘项在并购后一年和并购后两年均与文化企业并购绩效负相关，其中并购后一年二者在 5% 的水平上显著负相关，而二者在并购当年则关系不大，这在并购后一年与前面的实证结果一致，但是在并购当年和并购后两年则与前面的实证结果不相符合。

（2）要素市场的发育程度对终极控股股东与非国有文化企业并购绩效之间关系影响的稳健性检验结果及分析。

①非国有文化企业并购当年稳健性检验结果分析。从表 6 - 26 并购当年要素市场的发育程度对终极控股股东与非国有文化企业并购绩效之间关系影响的稳健性检验结果可知：

在要素市场发育程度对控制权、现金流权影响并购当年非国有文化企业并购绩效过程中的调节作用分析中，要素市场的发育程度评分与并购当年非国有文化企业并购绩效在 1% 的水平上显著负相关，说明要素市场的发育程度评分越高，并购当年非国有文化企业并购绩效明显越低；非国有文化企业控制权、现金流权和并购当年并购绩效在 1% 的显著性水平上负相关，这说明，控制权越大，非国有文化企业并购当年的并购绩效显著越低。要素市场的发育程度与终极控股股东的控制权、现

表6-26 要素市场的发育程度在终极控股股东影响非国有文化企业并购绩效中的作用稳健性检验结果

变量	并购当年非国有文化企业回归结果			并购后一年非国有文化企业回归结果			并购后两年非国有文化企业回归结果		
	模型(1) map0	模型(2) map0	模型(3) map0	模型(1) map1	模型(2) map1	模型(3) map1	模型(1) map2	模型(2) map2	模型(3) map2
sefmd	-0.113000*** (-3.21)	-0.081100*** (-2.64)	0.005560 (0.18)	-0.053500 (-1.55)	-0.040100 (-1.19)	0.099400*** (3.91)	0.004450 (0.11)	-0.004270 (-0.11)	0.073300** (2.55)
cr	-0.027400*** (-3.97)			-0.019700*** (-2.79)			-0.000850 (-0.09)		
sefmd_cr	0.003100*** (3.52)			0.001630** (1.98)			0.000081 (0.08)		
cfr		-0.022700*** (-3.38)			-0.017600** (-2.23)			-0.005390 (-0.53)	
sefmd_cfr		0.002710*** (3.05)			0.001490* (1.72)			0.000354 (0.34)	
layer			0.162000 (1.51)			0.541000*** (4.39)			0.399000*** (2.84)
sefmd_layer			-0.003130 (-0.24)			-0.047200*** (-3.50)			-0.037700** (-2.52)
ebd	0.035300 (0.89)	0.035800 (0.90)	0.032900 (0.85)	-0.049700 (-1.12)	-0.038000 (-0.86)	-0.037800 (-0.94)	0.039900 (0.74)	0.030600 (0.58)	0.013600 (0.27)

续表

变量	并购当年非国有文化企业回归结果			并购后一年非国有文化企业回归结果			并购后两年非国有文化企业回归结果		
	模型（1）map0	模型（2）map0	模型（3）map0	模型（1）map1	模型（2）map1	模型（3）map1	模型（1）map2	模型（2）map2	模型（3）map2
ass	-0.020000 (-0.55)	-0.024300 (-0.67)	-0.000777 (-0.02)	-0.144000*** (-2.74)	-0.140000*** (-2.63)	-0.159000*** (-3.10)	0.007300 (0.11)	0.012300 (0.19)	0.009120 (0.14)
alr	0.029300 (0.28)	0.010300 (0.10)	-0.002320 (-0.02)	0.631000*** (3.43)	0.599000*** (3.15)	0.518000*** (2.85)	0.535000*** (2.62)	0.492000** (2.33)	0.491000** (2.47)
susgr	2.818000*** (6.54)	2.777000*** (6.41)	2.696000*** (6.01)	-0.757000* (-1.69)	-0.782000* (-1.73)	-0.486000 (-1.10)	0.512000 (1.13)	0.539000 (1.20)	0.507000 (1.14)
常量	1.188000 (1.40)	0.976000 (1.15)	-0.553000 (-0.70)	3.743000*** (3.49)	3.483000*** (3.25)	2.261000** (2.12)	-0.430000 (-0.33)	-0.368000 (-0.29)	-1.192000 (-0.92)
样本量	282	282	282	247	247	247	248	248	248

注：括号内为t统计量。* 表示在10%的水平上显著，** 表示在5%的水平上显著，*** 表示在1%水平上显著。

金流权的交乘项与并购当年非国有文化企业并购绩效在1%的水平上显著正相关，这说明在并购当年，对非国有文化企业来说，要素市场的发育程度明显减弱了非国有文化企业的控制权、现金流权对并购绩效的负向影响作用。这与前面的实证结果一致。

在要素市场的发育程度在非国有文化企业终极控股股东的控制链层级影响并购当年的并购绩效过程中的调节作用分析中，要素市场的发育程度与并购当年非国有文化企业并购绩效正相关但不显著，终极控股股东的控制链层级与并购当年非国有文化企业并购绩效正相关但不显著，要素市场的发育程度评分与终极控股股东的控制链层级的交乘项与并购当年非国有文化企业并购绩效负相关但不显著。这与前面的实证结果一致。

②非国有文化企业并购后一年稳健性检验结果分析。从表6-26并购后一年要素市场的发育程度对终极控股股东与非国有文化企业并购绩效之间关系影响的稳健性检验结果可知：

在要素市场的发育程度在非国有文化企业终极控股股东的控制权影响并购后一年的并购绩效过程中的调节作用分析中，要素市场的发育程度评分与并购后一年非国有文化企业并购绩效负相关但不显著，说明要素市场的发育程度评分越高，并购后一年非国有文化企业并购绩效越低但不明显；非国有文化企业终极控股股东的控制权与并购后一年的并购绩效在1%的显著性水平上负相关，这说明在并购后一年，对非国有文化企业来说，控制权越大，并购绩效明显越低。但是二者的交乘项则与并购后一年并购绩效显著正相关，这说明要素市场的发育程度显著减弱了终极控股股东的控制权对非国有文化企业并购绩效的负向影响。这与前面的实证结果一致。

在要素市场的发育程度在非国有文化企业终极控股股东的现金流权影响并购后一年的并购绩效过程中的调节作用分析中，要素市场的发育程度评分与并购后一年非国有文化企业并购绩效负相关但不显著，说明要素市场的发育程度评分越高，并购后一年非国有文化企业并购绩效越低但不明显；非国有文化企业终极控股股东的现金流权与并购后一年的并购绩效在5%的水平上显著负相关，这说明非国有文化企业终极控股股东的现金流权越大，并购后一年的并购绩效明显越低。但是二者的交乘项与并购后一年非国有文化企业并购绩效在10%的水平上显著正相关，这说明要素市场的发育程度明显减弱了终极控股股东的现金流权对非国有文化企业并购绩效的负向影响。这与前面的实证结果一致。

在要素市场的发育程度对终极控股股东的控制链层级与并购后一年非国有文化企业并购绩效关系的调节作用分析中，要素市场的发育程度与并购绩效在1%的显著性水平上正相关，这说明在并购后一年，对非国有文化企业来说，要素市场的发育程度评分越高，并购绩效明显越高；非国有文化企业控制链层级和并购后一年并购绩效显著正相关，这说明，控制链层级越多，非国有文化企业并购后一年的并购绩效明显越高。要素市场的发育程度评分与终极控股股东的控制链层级的交乘项与并购后一年非国有文化企业并购绩效在1%的水平上显著负相关，这说明在并购后一年，对非国有文化企业来说，要素市场的发育程度明显减弱了控制链层级对并购绩效的正向影响。这与前面的实证结果一致。

③非国有文化企业并购后两年稳健性检验结果分析。从表6－26并购后两年要素市场的发育程度对终极控股股东与非国有文化企业并购绩效之间关系影响的稳健性检验结果可知：

在要素市场发育对控制权、现金流权影响并购后两年非国有文化企业并购绩效过程中调节作用分析中，要素市场的发育程度评分与并购后两年非国有文化企业并购绩效正相关但不显著，非国有文化企业控制权、现金流权与并购后两年并购绩效负相关但不显著，要素市场的发育程度与非国有文化企业终极控股股东的控制权、现金流权的交乘项与并购后两年并购绩效正相关但不显著。这与前面的实证结果不符。

在要素市场的发育程度在非国有文化企业终极控股股东的控制链层级影响并购后两年的并购绩效过程中的调节作用分析中，要素市场的发育程度与并购后两年非国有文化企业并购绩效在5%的水平上显著正相关，这说明要素市场的发育程度评分越高，并购后两年非国有文化企业并购绩效明显越高；非国有文化企业控制链层级与并购后两年并购绩效显著正相关，这说明，控制链层级越多，非国有文化企业并购后两年的并购绩效明显越高。要素市场的发育程度评分与终极控股股东的控制链层级的交乘项与并购后两年非国有文化企业并购绩效在5%的水平上显著负相关，这说明在并购后两年，对非国有文化企业来说，要素市场的发育程度明显减弱了控制链层级对并购绩效的正向影响作用。这与前面的实证结果一致。

④非国有文化企业连续三年稳健性检验结果分析。综合表6-26连续三年要素市场的发育程度对终极控股股东与非国有文化企业并购绩效之间关系影响的稳健性检验结果可以看出：

连续三年终极控股股东的控制权均与非国有文化企业并购绩效负相关，其中在并购当年和并购后一年，二者均在1%的水平上显著负相关，这说明非国有文化企业并购后，终极控股股东持有文化企业的控制权比例越高，文化企业并购绩效越低。要素市场的发育程度与终极控股股东的控制权的交乘项则连续三年均与非国有文化企业并购绩效正相关，其中在并购当年与后一年，二者之间均为显著正相关，这表明在并购当年和并购后一年，要素市场发育程度可以减弱非国有文化企业控制权对并购绩效负向影响作用，在并购后两年则影响不明显。这在并购当年和并购后一年和前面的实证结果一致，在并购后两年与前面的实证结果不相符合。

连续三年非国有文化企业终极控股股东现金流权均与并购绩效负相关，其中在并购当年与后一年，两者之间均为显著负相关，这说明在非国有文化企业实施并购行为之后，终极控股股东持有文化企业的现金流权比例越高，文化企业并购绩效越低。要素市场的发育程度与终极控股股东的现金流权的交乘项连续三年均与文化企业并购绩效正相关，其中在并购当年和并购后一年，二者之间均为显著正相关，这表明要素市场的发育程度可以减弱终极控股股东的现金流权对文化企业并购绩效的负向影响，在并购后两年则影响不大。这在并购当年和并购后一年和前面的实证结果一致，在并购后两年则与前面的实证结果不相符合。

连续三年终极控股股东控制链层级分别均和非国有文化企业并购绩效正相关，其中在并购后一年和并购后两年，二者之间均在1%的水平上显著正相关，这说明非国有文化企业并购后，终极控股股东的控制链层级越多，并购绩效越高。要素市场的发育程度与终极控股股东与文化企业之间的控制链层级的交乘项则连续三年均与文化企业并购绩效负相关，其中并购后一年和并购后两年二者分别在1%和5%的水平上显著负相关，这表明要素市场的发育程度可以减弱终极控股股东的控制权对文化企业并购绩效的正向影响。这与前面的实证结果一致。

6. 市场中介组织发育和法律环境在终极控股股东影响文化企业并购绩效中调节作用稳健性检验结果及分析

（1）市场中介组织与法律环境对终极控股股东影响国有文化企业并购绩效中调节作用稳健性检验结果及分析。

①国有文化企业并购当年稳健性检验结果分析。从表 6 – 27 并购当年市场中介组织的发育和法律制度环境对终极控股股东与国有文化企业并购绩效之间关系影响的稳健性检验结果可知：

在市场中介组织发育和法律制度环境在国有文化企业终极控股股东的控制权、现金流权影响并购当年的并购绩效过程中的调节作用分析中，市场中介组织发育和法律制度环境评分与并购当年国有文化企业并购绩效正相关但不显著，国有文化企业终极控股股东控制权、现金流权则分别与并购当年并购绩效为负相关但不显著，市场中介组织发育和法律制度环境与终极控股股东的控制权、现金流权的交乘项与并购当年的并购绩效正相关但不显著。这与前面的实证结果不符。

在市场中介组织的发育和法律制度环境在国有文化企业终极控股股东的控制链层级影响并购当年的并购绩效过程中的调节作用分析中，市场中介组织的发育和法律制度环境与并购当年国有文化企业并购绩效正相关但不显著，终极控股股东的控制链层级与并购当年国有文化企业并购绩效正相关但不显著，市场中介组织的发育和法律制度环境与终极控股股东的控制链层级的交乘项与并购当年国有文化企业并购绩效负相关但不显著。这与前面的实证结果一致。

②国有文化企业并购后一年稳健性检验结果分析。从表 6 – 27 并购后一年市场中介组织的发育和法律制度环境对终极控股股东与国有文化企业并购绩效之间关系影响的稳健性检验结果可知：

在市场中介组织的发育和法律制度环境在国有文化企业终极控股股东的控制权影响并购后一年的并购绩效过程中的调节作用分析中，市场中介组织和法律环境评分与并购后一年并购绩效负相关但不显著，这说明这项外部制度环境评分越高，并购后一年国有文化企业并购绩效越低但不明显；国有文化企业终极控股股东的控制权与并购后一年的并购绩效在 1% 的显著性水平上负相关，这说明在并购后一年，对国有文化企业来说，控制权越大，并购绩效明显越低。二者的交乘项与并购后一

表 6－27　市场中介组织与法律环境对终极控股股东影响国有文化企业并购绩效中调节作用稳健性检验结果

变量	并购当年国有文化企业回归结果			并购后一年国有文化企业回归结果			并购后两年国有文化企业回归结果		
	模型（1）map0	模型（2）map0	模型（3）map0	模型（1）map1	模型（2）map1	模型（3）map1	模型（1）map2	模型（2）map2	模型（3）map2
smlie	0.013500 (0.63)	0.018300 (0.94)	0.038800 (1.44)	-0.010200 (-0.56)	-0.018700 (-1.18)	0.059600*** (3.17)	-0.001740 (-0.12)	-0.005270 (-0.39)	0.026800* (1.69)
cr	-0.008860 (-1.50)			-0.012300*** (-3.20)			-0.012200*** (-3.38)		
smlie_cr	0.000424 (0.86)			0.000887** (2.16)			0.000441 (1.25)		
cfr		-0.006940 (-1.25)			-0.013500*** (-3.50)			-0.012100*** (-3.14)	
smlie_cfr		0.000278 (0.60)			0.001150*** (3.05)			0.000517 (1.55)	
layer			0.168000 (1.27)			0.182000*** (3.49)			0.087600 (1.52)
smlie_layer			-0.006700 (-0.66)			-0.013200** (-2.28)			-0.006560 (-1.30)
ebd	0.102000* (1.72)	0.103000* (1.74)	0.083800 (1.40)	-0.034100 (-0.64)	-0.044600 (-0.76)	-0.078900 (-1.38)	0.002820 (0.06)	-0.018800 (-0.35)	0.053600 (0.96)

续表

变量	并购当年国有文化企业回归结果			并购后一年国有文化企业回归结果			并购后两年国有文化企业回归结果		
	模型（1）map0	模型（2）map0	模型（3）map0	模型（1）map1	模型（2）map1	模型（3）map1	模型（1）map2	模型（2）map2	模型（3）map2
ass	0.012400 (0.23)	0.015900 (0.29)	-0.000304 (-0.01)	-0.233000*** (-5.59)	-0.244000*** (-5.81)	-0.260000*** (-6.10)	-0.063000 (-1.46)	-0.054300 (-1.24)	-0.058600 (-1.32)
alr	-0.603000** (-2.33)	-0.591000** (-2.29)	-0.525000** (-2.02)	1.329000*** (5.34)	1.417000*** (5.58)	1.859000*** (7.48)	0.308000 (1.24)	0.309000 (1.19)	0.713000*** (2.88)
susgr	7.035000*** (14.74)	7.046000*** (14.77)	7.158000*** (15.15)	-3.841000*** (-6.43)	-3.766000*** (-6.37)	-4.407000*** (-7.34)	1.265000** (2.05)	1.204000* (1.93)	0.894000 (1.38)
常量	-0.805000 (-0.73)	-0.950000 (-0.85)	-1.230000 (-1.09)	5.371000*** (5.71)	5.591000*** (5.93)	4.920000*** (5.51)	1.501000 (1.55)	1.304000 (1.34)	0.601000 (0.64)
样本量	179	179	179	214	214	214	213	213	213

注：括号内为t统计计量。* 表示在10%的水平上显著，** 表示在5%的水平上显著，*** 表示在1%的水平上显著。

年国有文化企业的并购绩效在5%的显著性水平上正相关，这说明在并购后一年，对国有文化企业来说，市场中介组织的发育和法律制度环境明显减弱了控制权对并购绩效的负向影响作用。这与前面的实证结果一致。

在市场中介组织的发育和法律制度环境在国有文化企业终极控股股东的现金流权影响并购后一年的并购绩效过程中的调节作用分析中，市场中介组织和法律环境评分与并购绩效负相关但不显著，这说明在并购后一年，对国有文化企业来说，这项外部制度环境评分越高，并购绩效越低，但不明显；终极控股股东的现金流权与并购后一年文化企业并购绩效在1%的水平上显著负相关，这说明终极控股股东的现金流权越大，国有文化企业并购后一年的并购绩效明显越低。但是二者的交乘项与并购后一年的并购绩效在1%的显著性水平上正相关，这说明在并购后一年，对国有文化企业来说，市场中介组织的发育和法律制度环境明显减弱了现金流权对并购绩效的负向影响作用。这与前面的实证结果一致。

在市场中介组织的发育和法律制度环境在国有文化终极控股股东的控制链层级影响并购后一年的企业并购绩效过程中的调节作用分析中，市场中介组织和法律环境与并购绩效显著正相关，这说明，在并购后一年，对国有文化企业来说，这项外部制度环境评分越高，并购绩效明显越高；国有文化企业终极控股股东控制链层级与并购后一年并购绩效显著正相关，这表明，控制链层级越多，国有文化企业并购后一年的并购绩效明显越高。市场中介组织的发育和法律制度环境与终极控股股东的控制链层级的交乘项与并购后一年国有文化企业并购绩效在5%的水平上显著负相关，这说明在并购后一年，对国有文化企业来说，市场中介组织的发育和法律制度环境明显减弱了控制链层级对并购绩效的正向影响作用。这与前面的实证结果一致。

③国有文化企业并购后两年稳健性检验结果分析。从表6-27并购后两年市场中介组织的发育和法律制度环境对终极控股股东与国有文化企业并购绩效之间关系影响的稳健性检验结果可知：

在市场中介组织发育与法律制度环境对终极控股股东控制权、现金流权影响并购后两年国有文化企业并购绩效过程中的调节作用分析中，市场中介组织的发育和法律环境评分与并购绩效负相关但不显著，这说

明在并购后两年，对国有文化企业来说，这项外部制度环境评分越高，并购绩效越低，但不明显；国有文化企业控制权、现金流权与并购后两年并购绩效显著负相关，这说明，在并购后两年，对国有文化企业来说，控制权、现金流权越大，并购绩效明显越低。市场中介组织的发育和法律制度环境评分与国有文化企业终极控股股东的控制权、现金流权的交乘项与并购后两年的并购绩效正相关，这说明，在并购后两年，对于国有文化企业来说，市场中介组织发育和法律环境减弱了控制权、现金流权对并购绩效的负向影响作用。这与前面的实证结果一致。

在市场中介组织的发育和法律制度环境在国有文化企业终极控股股东的控制链层级影响并购后两年的并购绩效过程中的调节作用分析中，市场中介组织与法律环境与并购绩效在10%显著性水平上正相关，这说明，这项外部制度环境评分越高，并购后两年国有文化企业并购绩效明显越高，终极控股股东的控制链层级与并购后两年国有文化企业并购绩效正相关但不显著，市场中介组织的发育和法律制度环境与终极控股股东的控制链层级的交乘项与并购后两年国有文化企业并购绩效负相关但不显著。这与前面的实证结果不符。

④国有文化企业连续三年稳健性检验结果分析。综合表6－27连续三年市场中介组织发育和法律制度环境在终极控股股东影响国有文化企业并购绩效过程中的调节作用稳健性检验结果可以看出：

对国有文化企业来说，连续三年控制权均和并购绩效负相关，其中在并购后一年和并购后两年，二者均为显著负相关，这说明，文化企业实施并购活动之后，终极控股股东持有文化企业的控制权比例越高，文化企业并购绩效越低。市场中介组织发育和法律制度环境与终极控股股东的控制权的交乘项则连续三年均与文化企业并购绩效正相关，其中并购后一年二者在5%的水平上显著正相关，这表明在并购后一年和并购后两年，对国有文化企业来说，市场中介组织发育和法律制度环境可以减弱控制权对并购绩效的负向影响作用，在并购当年则影响不明显。这在并购后一年和并购后两年与前面的实证结果一致，在并购当年则与前面的实证结果不相符合。

连续三年终极控股股东的现金流权均与文化企业并购绩效负相关，其中并购后一年和并购后两年二者均在1%的水平上显著负相关，说明文化企业并购后，终极控股股东持有文化企业的现金流权比例越高，文

化企业并购绩效越低。市场中介组织发育和法律制度环境与终极控股股东的现金流权的交乘项则连续三年均与文化企业并购绩效正相关，其中并购后一年二者在1%的水平上显著正相关，这表明在并购后一年和并购后两年，对国有文化企业来说，市场中介组织发育和法律制度环境可以减弱现金流权对并购绩效的负向影响作用，在并购当年则影响不明显，这在并购后一年和后两年与前面的实证结果一致，在并购当年则与前面的实证结果不相符合。

连续三年国有文化企业终极控股股东的控制链层级均与并购绩效正相关，其中在并购后一年，二者在1%的水平上显著正相关，这说明文化企业并购后，终极控股股东的控制链层级越多，并购绩效越高。市场中介组织发育和法律制度环境与终极控股股东及文化企业之间的控制链层级的交乘项连续三年均与文化企业并购绩效负相关，其中并购后一年二者在5%的水平上显著负相关，这在并购当年和后一年与前面的实证结果一致，在并购后两年则与前面的实证结果不相符合。

（2）市场中介组织的发育与法律制度环境对终极控股股东与非国有文化企业并购绩效之间关系影响的稳健性检验结果及分析。

①非国有文化企业并购当年稳健性检验结果分析。从表6-28并购当年市场中介组织发育和法律制度环境对终极控股股东与非国有文化企业并购绩效之间关系影响的稳健性检验结果可知：

在市场中介组织的发育和法律制度环境在非国有文化企业终极控股股东的控制权影响并购当年的并购绩效过程中的调节作用分析中，市场中介组织与法律环境评分与并购绩效在1%的显著性水平上负相关，这说明，这项外部制度环境评分越高，并购当年非国有文化企业并购绩效显著越低；非国有文化企业终极控股股东的控制权与并购当年的并购绩效在1%的显著性水平上负相关，这说明在并购当年，对非国有文化企业来说，终极控股股东的控制权越大，并购绩效显著越低。但是二者的交乘项与并购当年非国有文化企业的并购绩效在1%的显著性水平上正相关，这说明市场中介组织的发育和法律制度环境显著减弱了终极控股股东的控制权对非国有文化企业并购绩效的负向影响。这与前面的实证结果一致。

表6-28　市场中介组织与法律环境对终极控股股东影响非国有文化企业并购绩效中调节作用稳健性检验结果

变量	并购当年非国有文化企业回归结果			并购后一年非国有文化企业回归结果			并购后两年非国有文化企业回归结果		
	模型（1）map0	模型（2）map0	模型（3）map0	模型（1）map1	模型（2）map1	模型（3）map1	模型（1）map2	模型（2）map2	模型（3）map2
smlie	-0.075300*** (-3.14)	-0.047400** (-2.37)	-0.015100 (-0.87)	-0.027400 (-1.03)	-0.021300 (-0.84)	0.048400** (2.11)	0.035600 (1.15)	-0.011900 (-0.45)	0.032900 (1.30)
cr	-0.023100*** (-3.65)			-0.011400 (-1.30)			0.017800 (1.42)		
smlie_cr	0.001860*** (3.11)			0.000437 (0.61)			-0.001350 (-1.50)		
cfr		-0.016000*** (-2.79)			-0.006630 (-0.71)			-0.005020 (-0.42)	
smlie_cfr		0.001290** (2.33)			0.000209 (0.28)			0.000240 (0.28)	
layer			0.092800 (1.03)			0.493000*** (3.76)			0.264000* (1.93)
smlie_layer			0.004510 (0.56)			-0.033300*** (-3.10)			-0.017900* (-1.66)
ebd	0.028000 (0.68)	0.028400 (0.69)	0.030500 (0.77)	-0.057300 (-1.27)	-0.044000 (-0.97)	-0.056800 (-1.34)	0.037700 (0.70)	0.023300 (0.43)	0.015500 (0.30)

续表

变量	并购当年非国有文化企业回归结果			并购后一年非国有文化企业回归结果			并购后两年非国有文化企业回归结果		
	模型 (1) map0	模型 (2) map0	模型 (3) map0	模型 (1) map1	模型 (2) map1	模型 (3) map1	模型 (1) map2	模型 (2) map2	模型 (3) map2
ass	-0.014800 (-0.41)	-0.021600 (-0.58)	0.009790 (0.26)	-0.110000** (-2.21)	-0.100000** (-2.01)	-0.127000** (-2.59)	0.033200 (0.58)	0.035600 (0.62)	0.014200 (0.24)
alr	0.027900 (0.27)	0.013400 (0.13)	-0.000746 (-0.01)	0.615000*** (3.28)	0.620000*** (3.24)	0.558000*** (3.05)	0.569000*** (2.78)	0.484000** (2.29)	0.491000** (2.45)
susgr	2.812000*** (6.50)	2.782000*** (6.37)	2.609000*** (5.86)	-0.716000 (-1.59)	-0.749000* (-1.65)	-0.616000 (-1.39)	0.472000 (1.06)	0.505000 (1.14)	0.455000 (1.04)
常量	0.975000 (1.16)	0.785000 (0.92)	-0.590000 (-0.74)	2.906000*** (2.76)	2.513000** (2.39)	1.938000** (1.98)	-1.421000 (-1.15)	-0.761000 (-0.63)	-1.002000 (-0.88)
样本量	282	282	282	247	247	247	248	248	248

注：括号内为t统计量。* 表示在10%的水平上显著，** 表示在5%的水平上显著，*** 表示在1%的水平上显著。

在市场中介组织的发育和法律制度环境对终极控股股东的现金流权与并购当年非国有文化企业并购绩效关系的调节作用分析中，市场中介组织的发育和法律制度环境评分与并购绩效在5%的显著性水平上负相关，这说明在并购当年，对非国有文化企业来说，这项外部制度环境评分越高，并购绩效则明显越低；非国有文化企业终极控股股东的现金流权与并购当年的并购绩效在1%的显著性水平上负相关，这说明在并购当年，对非国有文化企业来说，现金流权越大，并购绩效明显越低。但是二者的交乘项与并购当年的并购绩效在5%的显著性水平上正相关。这说明在并购当年，对非国有文化企业来说，市场中介组织的发育和法律制度环境明显减弱了现金流权对并购绩效的负向影响作用。这与前面实证结果一致。

在市场中介组织的发育和法律制度环境在非国有文化企业终极控股股东的控制链层级影响并购当年的并购绩效过程中的调节作用分析中，市场中介组织与法律环境与并购绩效呈现出不显著负相关关系，终极控股股东的控制链层级与并购当年非国有文化企业并购绩效正相关但不显著，市场中介组织的发育和法律制度环境评分与终极控股股东的控制链层级的交乘项与并购当年非国有文化企业并购绩效正相关但不显著。这与前面的实证结果一致。

②非国有文化企业并购后一年稳健性检验结果分析。从表6－28并购后一年市场中介组织发育和法律制度环境对终极控股股东与非国有文化企业并购绩效之间关系影响的稳健性检验结果可知：

在市场中介组织的发育和法律制度环境在非国有文化企业终极控股股东的控制权、现金流权影响并购后一年的并购绩效过程中的调节作用分析中，市场中介组织与法律环境评分与并购绩效呈现出不显著负相关关系，非国有文化企业终极控股股东控制权、现金流权与并购后一年并购绩效为负相关但不显著，市场中介组织发育和法律制度环境与非国有文化企业终极控股股东的控制权、现金流权的交乘项与并购后一年的并购绩效正相关但不显著。这与前面的实证结果不符。

在市场中介组织的发育和法律制度环境在非国有文化企业终极控股股东的控制链层级影响并购后一年的并购绩效过程中的调节作用分析中，市场中介组织与法律环境与并购绩效显著正相关，这说明，在并购后一年，对非国有文化企业来说，这项外部制度环境评分越高，并购绩

效明显越高；非国有文化企业控制链层级与并购后一年并购绩效在1%的显著性水平上正相关，这说明，在并购后一年，对非国有文化企业来说，控制链层级越多，并购绩效明显越高。但是市场中介组织发育与法律环境评分和非国有文化企业终极控股股东控制链层级交乘项和并购后一年并购绩效显著负相关，这说明在并购后一年，对非国有文化企业来说，市场中介组织的发育和法律制度环境明显减弱了控制链层级对并购绩效的正向影响作用。这与前面的实证结果一致。

③非国有文化企业并购后两年稳健性检验结果分析。从表6-28并购后两年市场中介组织发育和法律制度环境对终极控股股东与非国有文化企业并购绩效之间关系影响的稳健性检验结果可知：

在市场中介组织的发育和法律制度环境在非国有文化企业终极控股股东的控制权、现金流权影响并购后两年的并购绩效过程中的调节作用分析中，非国有文化企业控制权、现金流权对并购后两年并购绩效影响作用以及市场中介组织发育与法律制度环境对二者之间关系调节作用均不明显。这与前面的实证结果不符。

在市场中介组织的发育和法律制度环境在非国有文化企业终极控股股东的控制链层级影响并购后两年的并购绩效过程中的调节作用分析中，市场中介组织与法律环境和并购绩效呈现出正相关关系但不显著，这说明，这项外部制度环境评分越高，并购后两年非国有文化企业并购绩效越高但不明显；非国有文化企业控制链层级和并购后两年并购绩效在10%的显著性水平上正相关，这说明，在并购后两年，对非国有文化企业来说，控制链层级越多，并购绩效明显越高。但市场中介组织的发育和法律制度环境评分与非国有文化企业终极控股股东的控制链层级的交乘项与并购后两年的并购绩效在10%的显著性水平上负相关，这说明在并购后两年，对非国有文化企业来说，市场中介与法律环境明显减弱了控制链层级对并购绩效正向影响作用。这与前面的实证结果一致。

④非国有文化企业连续三年稳健性检验结果分析。综合表6-28连续三年市场中介组织发育和法律制度环境在终极控股股东影响文化企业并购绩效过程中的调节作用稳健性检验分析结果可以看出：

对非国有文化企业来说，并购当年和并购后一年终极控股股东的控制权均与文化企业并购绩效负相关，其中并购当年二者在1%的水平上

显著负相关，并购后两年二者则正相关但不显著，说明文化企业并购后，并购当年和并购后一年终极控股股东持有文化企业的控制权比例越高，文化企业并购绩效越低，并购后两年该影响则不明显。市场中介组织发育和法律制度环境与终极控股股东的控制权的交乘项连续三年均与文化企业并购绩效正相关，其中并购当年二者在1%的水平上显著正相关，这表明对非国有文化企业来说，并购当年市场中介组织发育和法律制度环境可以减弱终极控股股东的控制权对并购绩效的负向影响作用。这在并购当年与前面的实证结果一致，但在并购后两年则与前面的实证结果不符。

连续三年终极控股股东的现金流权均与非国有文化企业并购绩效负相关，其中并购当年二者在1%的水平上显著负相关，说明文化企业并购后，终极控股股东持有文化企业的现金流权比例越高，文化企业并购绩效越低。市场中介组织发育和法律制度环境与终极控股股东的现金流权的交乘项则连续三年均与文化企业并购绩效正相关，其中并购当年二者在5%的水平上显著正相关，这表明在并购当年，对非国有文化企业来说，市场中介与法律环境具有减弱终极控股股东现金流权负向影响并购绩效的作用，这在并购当年与前面的实证结果一致，但在并购后两年则与前面的实证结果不相符合。

295

连续三年终极控股股东的控制链层级均与非国有文化企业并购绩效正相关，其中并购后一年和并购后两年二者分别在1%和10%的水平上显著正相关，这说明文化企业并购后，终极控股股东的控制链层级越多，并购绩效越高。市场中介组织发育和法律制度环境与终极控股股东和文化企业之间的控制链层级的交乘项在并购后一年和并购后两年分别与文化企业并购绩效在1%和10%的水平上显著负相关，在并购当年则影响不明显，这表明在并购后一年和并购后两年，对非国有文化企业来说，市场中介组织发育与法律环境可以减弱终极控股股东控制权对并购绩效的正向影响作用。这与前面的实证结果一致。

综合上述所有稳健性检验分析结果可知，总体来看，分样本回归稳健性检验结果与前面的实证结果一致，同时由于终极控股股东的性质不同，使得制度环境在其影响并购绩效过程中发挥的调节作用有所差异。具体来说，在并购当年国有文化企业受制度环境影响较小，在并购后一年和并购后两年则受其影响较大，而非国有文化企业则正好大致相反。

这可能是因为在并购当年，国有文化企业并购主要靠政府行为，因而受外界环境影响较小，之后随着并购行为完成，政府对国有文化企业的并购行为影响变小，外部制度环境对其影响则越来越大；而非国有文化企业并购行为在并购当年主要靠市场行为，因而受外界制度环境影响较大，随着并购完成的时间越来越长，非国有文化企业并购行为受外界制度环境影响则越来越小。因而制度环境在终极控股股东影响两类文化企业并购绩效的过程中发挥的作用有所不同。

6.4　研　究　结　论

6.4.1　制度环境可减弱终极控股股东的控制权对文化企业并购绩效的负向影响

在文化企业并购过程中，终极控股股东持有文化企业的控制权比例越高，就越有动机和能力通过影响和干预文化企业并购决策来侵占文化企业或其他股东利益，因此文化企业并购绩效就越低。随着文化企业所在地区制度环境的改善，一方面，终极控股股东直接通过文化企业并购获利增加；另一方面，其通过影响和干预文化企业并购决策来获取控制权私有利益的成本越高。此时，终极控股股东往往会减少通过影响和干预文化企业并购决策而侵占企业利益和其他中小股东利益的行为。因此，控制权负向影响文化企业并购绩效的作用也会减弱。

6.4.2　制度环境可减弱终极控股股东的现金流权对文化企业并购绩效的负向影响

由于在目前我国文化企业并购中，文化企业并购行为并未实际增加企业财富或者价值，因此终极控股股东无法直接从文化企业并购中获利，为了凭借持有的现金流权比例获取更多的收益，终极控股股东就会通过影响和干预文化企业股利分配决策实施高分红（掠夺性分红）获利，从而损害了文化企业价值和其他中小股东的利益，进而降低了文化

企业并购绩效。随着文化企业所在地区制度环境的改善，在文化企业并购过程中，终极控股股东直接通过文化企业并购获利增加，凭借其持有文化企业的现金流权比例通过文化企业进行高分红（掠夺性分红）获利的成本会越来越高，因此，文化企业现金流权负向影响并购绩效的作用也会减弱。

6.4.3　制度环境可减弱终极控股股东的控制链层级对文化企业并购绩效的正向影响

在现阶段的中国文化企业并购过程中，文化企业的终极控股股东为了获取控制权私有收益，会试图通过影响或干预企业并购决策，进而侵占企业或其他股东财富，而终极控股股东需要通过层层控制链来实施自己的这种掏空行为。因此，终极控股股东与文化企业之间的控制链层级就成终极控股股东影响或干预文化企业并购决策的障碍，因为终极控股股东与文化企业之间的控制链层级越多，终极控股股东影响或干预文化企业并购决策的成本就越高，就越可能限制终极控股股东的这种掏空行为，文化企业并购绩效也就越高。随着文化企业所在地区制度环境的改善，信息披露更加充分、更加严格、更加规范，终极控股股东与其他中小股东的信息不对称程度降低，他们之间的代理冲突自然也会随之降低，此时终极控股股东与文化企业之间的控制链层级对其他中小股东带来的保护作用自然也就随之而被减弱。

6.4.4　制度环境对不同性质终极控股股东与文化企业并购绩效的关系影响不同

根据文化企业终极控股股东的性质，可以把文化企业分为国有和非国有两类。两类企业受国家政策、政府干预不同，首先，这会导致两类文化企业终极控股股东对并购绩效影响的差异；其次，在同样制度环境下，两类终极控股股东对并购绩效影响程度也会有所不同。因此，制度环境在两类终极控股股东影响并购绩效过程中发挥的调节作用大小也会有所不同。

297

第7章 文化企业并购绩效提升对策

本书追溯文化企业终极控股股东，从并购角度分析其对其他中小投资者利益的影响作用，研究控制权、现金流权、两权分离度、控制链层级等各个方面特征影响并购绩效的作用的方向与大小，以及制度环境在二者关系中发挥调节作用的方向与大小。通过分析发现，文化企业终极控股股东的各个方面特征对其并购绩效有着非常明显的影响作用，制度环境在该作用过程中也发挥着十分重要的调节作用。因此，应从优化制度环境等多方面采取措施，提高文化企业并购绩效。

7.1 进一步优化制度环境

本书通过分析表明，制度环境在文化企业终极控股股东各个方面的具体特征影响并购绩效过程中发挥着重要的调节作用。制度环境可减弱文化企业终极控股股东控制权、现金流权等各个方面具体特征对并购绩效所产生的负向影响作用。目前，在广泛存在的"金字塔"股权结构下，终极控股股东由于能够用相对比较少的现金流权去行使相对更高的控制权，使得两种权利之间发生了分离，终极控股股东有动机也有能力为了获取控制权私有利益而损害中小股东利益，这也是其通过影响和干预文化企业并购决策而影响文化企业并购绩效的重要原因。文化企业终极控股股东之所以这样做，在某种程度上是因为我国制度环境不够完善。我国目前不论理论界还是实务界都已经关注到制度环境的重要作用，也正在采取措施从提高我国的市场化程度等方面优化我国的制度环境。

7.1.1　进一步优化政府与市场的关系

本书通过分析表明，政府和市场的关系在文化企业终极控股股东各个方面的具体特征影响并购绩效过程中发挥着重要的调节作用。政府和市场的关系会减弱文化企业控制权、现金流权等方面具体特征对并购绩效产生的这种负向影响作用。对文化企业来说，市场在分配经济资源中所占的比重越大，政府对企业的干预越少，控制权、现金流权对并购绩效的负向影响作用就越小。因此，要通过约束文化企业终极控股股东的行为来提高并购绩效，就要减少终极控股股东实施侵占行为的动机，这就需要越来越多地进行放权，从原来的很大一部分经济资源由政府通过计划方式进行分配转向通过市场来进行调配；简化政府的行政审批手续，减少政府对文化企业的干预，从而减少政府寻租的空间。

7.1.2　提高要素市场的发育程度

本书表明，要素市场的发育程度显著影响终极控股股东与文化企业并购绩效的关系。要素市场的发育程度会减弱文化企业终极控股股东的控制权、现金流权等方面的特征对并购绩效的负向影响作用。一般来说，金融市场的集中程度越低，市场竞争程度越强，信贷资金分配的市场化程度越高，金融业的市场化程度也就随之越高，技术人员、管理人员以及熟练工人的流动性越强，劳动力市场发育程度就越高，各地技术市场成交额与本地科技人员数的比例越大，技术成果市场化程度就越强，此时要素市场的发育程度也就越高，在这种外部环境下，文化企业终极控股股东的控制权、现金流权等方面的特征对并购绩效的负向影响也就越小。因此要从金融市场化、劳动力市场发育以及技术成果市场化等方面促进要素市场发育，进而约束文化企业终极控股股东行为，提高企业并购绩效。

7.1.3　提高市场中介组织发育程度和优化法律制度环境

本书表明，市场中介组织发育与法律环境在终极控股股东各方面特

征影响文化企业并购绩效过程中发挥着重要的调节作用。市场中介组织发育与法律环境会减弱文化企业终极控股股东控制权、现金流权等方面特征对并购绩效产生的负向影响作用。一般来说，律师、会计师等中介组织服务条件越好，行业协会对企业的帮助程度越大，这就表明市场中介组织的发育程度也会随之越好；某个地区司法与行政执法机关公正执法程度越高，执法效率越高，这就说明该地区用于维护市场的法制环境也就越好；专利批准数量与科技人员数之间的比例越高，说明知识产权保护程度就越好。此时市场中介组织的发育和法律制度环境整体也就越好，文化企业终极控股股东的控制权、现金流权对并购绩效的负向影响作用也就越小。因此，要从市场中介组织发育、用于维护市场的法制环境以及产权知识保护这三个方面来优化市场中介组织和法律环境，约束文化企业终极控股股东行为，提高其并购绩效。

7.2 加强对文化企业并购和终极控股股东的监管

7.2.1 加强对文化企业并购的监管

目前中国文化体制改革的目标是建设一大批骨干文化企业，提高我国的文化竞争力。为此，我国政府颁布了许多促进该目标实现的各方面的有利政策。国家扶持文化企业发展的利好政策的不断实施和金融资本的大力支持，促使了文化企业并购的高速增长，但文化企业并购绩效并不总能如人所愿。总体来看，中国文化企业并购并没有增加企业财富或企业价值，甚至有一些盲目跟风的无效并购行为发生。因此，文化企业相应的行业监管部门应加强对文化企业并购决策和行为的监管，严格审核文化企业的并购决策，尽量避免无效并购行为的发生，以更加有效地配置资源。

7.2.2 加强对文化企业终极控股股东的监管

本书通过研究表明，文化企业终极控股股东的各个方面具体特征明

显会对并购绩效产生一定的影响作用。因此，要提高文化企业并购绩效，首先要加强对文化企业终极控股股东的监管。这就需要建立和完善一个具有可操作性的监管制度。本书通过实证分析还发现，非国有和国有这两类终极控股股东对各自企业并购绩效的影响作用存在一定差异。因此，在制定文化企业终极控股股东的具体监管政策时，要考虑终极控股股东的性质。

7.3　完善文化企业的公司治理

公司治理是一种据以对工商业公司进行管理和控制的体系，它明确规定了公司各个参与者的责任和权利分布，并且清楚地说明决策公司事务时所应遵循的规则和程序（OECD，2004）。也就是说，公司治理通过一套正式或非正式的制度来协调公司与所有利益相关者之间的利益关系（李维安，2000）。因此，从某种程度上来说，这是投资者保护自身投资收益的一种方式（Shleifer et al.，1997）和重要手段。在当前股权相当集中的情况下，终极控股股东普遍存在，他们往往会为了得到私有收益而做出损害企业和其他中小投资者利益的行为，因此应对其行为进行规范。

7.3.1　优化文化企业股权结构

文化企业所有权结构是公司治理的重要组成部分，股权制衡在一定程度上限制和制约了大股东的行为，因此可以从优化股权结构这一个角度来提高企业治理水平。本书研究发现，文化企业股权制衡度在部分情况下对文化企业并购绩效没有显著影响，也就是说，目前来看，文化企业股权制衡度没有完全发挥其应有的作用。因此，要从对终极控股股东的制衡和其他方面出发，完善内部控制，进而完善公司治理结构，以减少财务欺诈行为，提高文化企业并购绩效。

7.3.2　规范文化企业终极控股股东行为

本书通过分析发现，文化企业终极控股股东会对并购绩效产生重要

的影响。因此，要提高文化企业并购绩效，首先要规范其终极控股股东的行为，因此迫切需要一个十分详尽而且又非常具有可操作性的规范文化企业终极控股股东行为的制度。本书还发现，国有文化企业和非国有文化企业终极控股股东对企业并购绩效的影响不同。因此，在制定文化企业终极控股股东的具体行为规范时，要考虑终极控股股东的性质。

7.4　加强文化企业并购与终极控股股东的信息披露

7.4.1　加强文化企业并购的信息披露

本书研究表明，终极控股股东可能会通过影响或干预文化企业并购决策影响文化企业并购绩效，侵占企业或其他中小股东利益。因此，有必要加强文化企业并购的信息披露，对文化企业并购的每一个环节及时进行信息披露，以增加其他中小股东对文化企业并购情况的了解，减少文化企业并购过程中的信息不对称状况，约束终极控股股东的行为，提高文化企业并购绩效。为此，需要完善文化企业并购相关信息披露的制度，促使文化企业及时充分地披露企业并购状况。

7.4.2　加强文化企业终极控股股东的信息披露

本书通过分析发现，文化企业终极控股股东各方面具体特征对并购绩效有显著影响，因此加强披露其相关信息显得非常必要。中国证监会也认识到了终极控股股东对上市公司具有较大影响，从 2004 年开始要求上市公司披露公司的实际控制人情况。2006 年深交所又专门针对上市公司实际控制人的信息披露行为发布相应的信息披露工作指引。由于终极控股股东对上市公司具有重大影响，广大利益相关者需要了解尽可能多的有关终极控股股东的信息。但目前上市公司年度报告对终极控制股东的披露还很不完善，比如终极控股股东对企业经营决策或其他方面的影响等，往往没有披露，还不能满足广大利益相关者的要求。因此，

上市公司应充分、完整和准确地披露终极控股股东相关信息，以减弱信息不对称，进而更好地保护其他中小投资者利益。

7.4.3　加强终极控股股东在文化企业信息披露中的责任

本书通过研究发现，文化企业终极控股股东影响其并购绩效。因此，文化企业要建立严格的信息披露机制，同时明确文化企业的终极控股股东对企业信息披露的责任，以进一步提高文化企业信息的披露质量。

主要参考文献

［1］刘际陆：《制度环境、董事会行为与终极股东掏空行为》，东北财经大学博士学位论文，2012 年。

［2］黎尧：《制度环境、大股东资金占用与上市公司财务风险》，重庆大学硕士学位论文，2013 年。

［3］吴宗法、张英丽：《基于法律环境和两权分离的利益侵占研究——来自中国民营上市公司的经验证据》，载于《审计与经济研究》2012 年第 1 期。

［4］唐跃军：《大股东制衡、违规行为与外部监管——来自 2004 - 2005 年上市公司的证据》，载于《南开经济研究》2007 年第 6 期。

［5］肖作平、廖理：《终极控制股东、法律环境与融资结构选择》，载于《管理科学学报》2012 年第 9 期。

［6］付强：《制度环境、终极控制人代理与并购绩效》，重庆大学博士学位论文，2015 年。

［7］张勇：《制度环境、终极控制权与资本结构》，暨南大学硕士学位论文，2013 年。

［8］尹林辉：《终极所有权结构、制度环境和权益资本成本》，西南交通大学博士学位论文，2015 年。

［9］向锐、章成蓉、干胜道：《终极控股、制度环境与信息披露质量及其经济后果——来自中国家族上市公司的经验证据》，载于《四川大学学报（哲学社会科学版）》2012 年第 1 期。

［10］涂瑞：《终极所有权结构、制度环境与融资结构动态调整》，西南交通大学博士学位论文，2014 年。

［11］于威防：《制度环境下的两权分离与家族企业价值关系研究》，湖南大学硕士学位论文，2013 年。

［12］张宏亮、崔学刚：《终极控制权性质、市场化程度与公司层

级》，载于《北京工商大学学报（社会科学版）》2009 年第 4 期。

［13］陈昱彤：《制度环境、终极控制股东与会计稳健性》，西南交通大学博硕士学位论文，2017 年。

［14］赵卿、刘少波：《制度环境、终极控制人两权分离与上市公司过度投资》，载于《投资研究》2012 年第 5 期。

［15］甄红线、张先治、迟国泰：《制度环境、终极控制权对公司绩效的影响——基于代理成本的中介效应检验》，载于《金融研究》2015 年第 12 期。

［16］许艳芳：《控制权安排、掏空与长期并购绩效——来自中国上市公司的经验证据》，引自中国管理现代化研究会：《第四届（2009）中国管理学年会——金融分会场论文集》，2009 年。

［17］罗娟：《基于终极控制人性质的中国上市公司并购绩效的实证研究》，武汉理工大学博士学位论文，2013 年。

［18］方红：《上市公司终极控制人对并购绩效的影响研究》，南京财经大学硕士学位论文，2011 年。

［19］曾春华：《基于终极控制人视角的公司并购绩效研究》，石河子大学博士学位论文，2013 年。

［20］陈旭东、曾春华、杨兴全：《终极控制人两权分离、多元化并购与公司并购绩效》，载于《经济管理》2013 年第 12 期。

［21］朱冬琴、陈文浩：《控制权、控制权与现金流权偏离度对并购的影响——来自中国民营上市公司的经验证据》，载于《财经研究》2010 年第 2 期。

［22］李善民、曾昭灶、王彩萍、朱滔、陈玉罡：《上市公司并购绩效及其影响因素研究》，载于《世界经济》2004 年第 9 期。

［23］宋建波、沈皓：《管理者代理动机与扩张式并购绩效的实证研究——来自沪深 A 股市场的经验证据》，载于《财经问题研究》2007 年第 2 期。

［24］林仙：《基于终极控制人的公司并购绩效研究》，石河子大学硕士学位论文，2011 年。

［25］章新蓉、唐敏：《不同动机导向下的公司并购行为及其绩效研究》，载于《经济问题》2010 年第 9 期。

［26］李增泉、余谦、王晓坤：《掏空、支持与并购重组——来自

我国上市公司的经验证据》，载于《经济研究》2005 年第 1 期。

[27] 吴红军：《中国上市公司控股股东自利性并购行为研究》，厦门大学博士学位论文，2007 年。

[28] 黄兴孪、沈维涛：《掏空或支持——来自我国上市公司关联并购的实证分析》，载于《经济管理》2006 年第 12 期。

[29] 叶朗：《中国文化产业年度发展报告（2014）》，北京大学出版社 2014 年版。

[30] 张道政、胡静：《国际文化企业并购特点及趋势》，载于《文化产业研究》2006 年第 1 期。

[31] 杨荣：《文化企业并购动因理论新探》，载于《企业导报》2013 年第 18 期。

[32] 王乾厚：《文化产业规模经济与文化企业重组并购行为》，载于《河南大学学报（社会科学版）》2009 年第 6 期。

[33] 赵廷飞：《我国文化企业并购特征及其与并购绩效相关关系的研究》，山东大学硕士学位论文，2014 年。

[34] 潘爱玲、王淋淋：《产权属性、政治关联与文化企业并购绩效》，载于《华中师范大学学报（人文社会科学版）》2015 年第 3 期。

[35] 阎佳：《我国文化企业股权结构对并购绩效的影响研究》，吉林大学硕士学位论文，2015 年。

[36] 胡瑜博：《我国文化产业上市公司并购绩效实证研究》，兰州财经大学硕士学位论文，2017 年。

[37] 肖永亮：《文化企业并购重组 那些看不见的"深渊"》，载于《中国文化报》2013 年 7 月 20 日。

[38] 邹东涛：《制度更是第一生产力》，载于《中国科技信息》2001 年第 5 期。

[39] 张维迎：《博弈论与信息经济学》，上海三联、上海人民出版社 1996 年版。

[40] 周其仁：《资本市场：企业家能力竞争的舞台》，载于《资本市场》1997 年第 2 期。

[41] 张维迎：《所有制、治理结构与委托—代理关系——简评崔之元和周其仁的一些观点》，载于《经济研究》1996 年第 9 期。

[42] 杨瑞龙、周业安：《一个关于企业所有权安排的规范性分析

框架及其理论含义——兼评张维迎、周其仁及崔之元的一些观点》，载于《经济研究》1997 年第 1 期。

［43］韩永进：《中国文化体制改革 32 年历史叙事与理论反思》，中国艺术研究院博士学位论文，2010 年。

［44］于迅来：《中国文化体制改革历程及发展路径演化——以吉林的实践为例》，吉林大学博士学位论文，2014 年。

［45］田嵩燕：《文化体制改革的历程回顾与路径思考》，载于《中共珠海市委党校珠海市行政学院学报》2012 年第 2 期。

［46］陈少峰、张立波、王建平：《中国文化企业报告》，清华大学出版社 2016 年版。

［47］王元、文兰、陈木法：《数学大词典》，科学出版社 2010 年版。

［48］王鹏、周黎安：《控股股东的控制权、所有权与公司绩效：基于中国上市公司的证据》，载于《金融研究》2006 年第 2 期。

［49］李井林、刘淑莲、杨超：《所有权结构、家族控制与并购决策》，载于《投资研究》2013 年第 7 期。

［50］刘晓燕：《终极控股股东对文化企业并购绩效的影响研究》，山东财经大学硕士学位论文，2016 年。

［51］谷祺、邓建强、路倩：《现金流权与控制权分离下的公司价值——基于我国家族上市公司的实证研究》，载于《会计研究》2006 年第 4 期。

［52］王配配：《制度环境对终极控制股东与文化企业并购绩效关系的影响研究》，山东财经大学硕士学位论文，2016 年。

［53］王小鲁、樊纲、余静文：《中国分省份市场化指数报告（2016）》，中国社会科学文献出版社 2017 年版。

［54］李维安：《我国应制定适合国情的中国公司治理原则》，载于《光明日报》2000 年 4 月 3 日。

［55］Meyer J W, Rowan B. Institutionalized Organizations：Formal Structure as Myth and Ceremony［J］. American Journal of Sociology, 1977, 82（2）：340 – 363.

［56］Friedman E, Johnson S, Mitton T. Propping and Tunneling［J］. Journal of Comparative Economics, 2003, 31（4）：732 – 750.

［57］Shleifer A, Vishny R A Survey of Corporate Governance［J］.

Journal of Finance, 1997, 52 (2): 737 – 783.

［58］Haw I M, Hu B, Wu H W. Ultimate Ownership, Income Management, and Legal and Extra – Legal Institutions ［J］. Journal of Accounting Research, 2004, 42 (2): 423 – 462.

［59］Doidge C, Karolyi G A, Lins K V, Miller D P, Stulz R M. Private Benefits of Control, Ownership, and the Cross – Listing Decision ［J］. Journal of Finance, 2009, 64 (1): 425 – 466.

［60］Leuz C, Nanda D, Wysocki P D. Earnings Management and Investor Protection: An International Comparison ［J］. Journal of Financial Economics, 2002, 69 (3): 505 – 527.

［61］La Porta, Lopez-de – Silanes, Shleifer and Vishny. Investor Protection and Corporate Governance ［J］. Journal of Financial Economics, 2000, 58 (1 – 2): 3 – 27.

［62］Nenova T. The Value of Corporate Voting Rights and Control: A Cross-country Analysis ［J］. Journal of Financial Economics, 2003, 68 (3): 325 – 351.

［63］Durnev A, Kim E H. To Steal or Not to Steal: Firm Attributes, Legal Environment, and Valuation ［J］. Journal of Finance, 2005, 60 (3): 1461 – 1493.

［64］Lemmon L L, Lins K V. Ownership Structure, Corporate Governance, and Firm Value: Evidence from the East Asian Financial Crisis ［J］. The Journal of Finance, 2003, 58 (4): 1445 – 1468.

［65］Denis D K, McConnell J J. International Corporate Governance ［J］. Journal of Financial and Quantitative Analysis, 2003, 38 (1): 1 – 36.

［66］Krishnamurti C, Sěvić A, Šević Ž. Legal environment, firm-level corporate governance and expropriation of minority shareholders in Asia ［J］. Economic Change and Restructuring, 2005, 38 (1): 85 – 111.

［67］Albuquerque R, Wang N. Agency Conflicts, Investment, and Asset Pricing ［J］. Journal of Finance, 2008, 63 (1): 1 – 40.

［68］Johnson S, La Porta R, Lopez-de – Salines F, Shleifer A. Tunneling ［J］. American Economic Review, 2000 (90): 22 – 27.

［69］Cheung Y L, Rau P R, Stouraitis A. Tunneling, Propping, and

Expropriation: Evidence from Connected Party Transactions in Hong Kong [J]. Journal of Financial Economics, 2006, 82 (2): 343 –386.

[70] Bae K H, Kang J K, Kim J M. Tunneling or value added? Evidence from mergers by Korean business groups [J]. Journal of Finance, 2002, 57 (6): 2695 –2740.

[71] Ben –Amar W, Andre P. Separation of Ownership from Control and Acquiring Firm Performance: The Case of Family Ownership in Canada [J]. Journal of Business Finance and Accounting, 2006, 33 (3 –4): 517 –543.

[72] Tze –Yu Y, André P. Ownership structure and operating performance of acquiring firms: The case of English-origin countries [J]. Journal of Economics and Business, 2007, 59 (5): 380 –405.

[73] Bigelli M, Mengoli S. Sub-optimal acquisition decision under a majority shareholder system [J]. Journal of Management and Governance, 2004, 8 (4): 373 –405.

[74] Buysschaert A, Deloof M, Jegers M. Equity Sales in Belgian Corporate Groups: Expropriation of Minority Shareholders? A Clinical Study [J]. Journal of Corporate Finance, 2003, 10 (1): 81 – 103.

[75] Holmen M, Knopf J D. Minority Shareholder Protections and the Private Benefits of Control for Swedish Firms [J]. Journal of Financial and Quantitative Analysis, 2004, 39 (1): 167 –191.

[76] Horkheimer M, Adorno T D. Dialectic of Enlightenment [M]. Amsterdam: QueridoVerlag, 1947.

[77] Schultz T W. Institutions and the Rising Economic Value of Man [J]. American Journal of Agricultural Economics, 1968, 50 (5): 1113 –1122.

[78] La Porta R, Lopez-de – Silanes F, Shleifer A. Corporate Ownership Around the World [J]. Journal of Finance, 1999, 54 (2): 471 –517.

[79] Jensen M C, Ruback R S. The Market for Corporate Control: The Scientific Evidence [J]. Journal of Financial Economics, 1983, 11 (1 –4): 5 –50.

[80] Claessens S, Djankov S D, Fan J, Lang L. The Separation of Ownership and Control in East Asian Corporations [J]. Journal of Financial Economics, 2000, 58 (1 –2): 81 –112.

[81] Aghion P, Bolton P. An incomplete contract approach to financial contracting [J]. Review of Economic Studies, 1992, 59 (3): 473 - 494.

[82] Grossman S J, Hart O D. The Costs and Benefits of Ownership: A Theory of Vertical and Lateral Integration [J]. Journal of Political Economy, 1986, 94 (4): 691 - 719.

[83] Hart O, Moore J. Property Rights and the Nature of the Firm [J]. Journal of Political Economy, 1990, 98 (6): 1119 - 1158.

[84] Jensen M C, Meckling W H. Theory of the Firm: Managerial Behavior, Agency Costs and Ownership Structure [J]. Journal of Financial Economics, 1976, 3 (4): 305 - 360.

[85] Demsetz H, Lehn K. The Structure of Corporate Ownership: Cause and Consequences [J]. Journal of Political Economy, 1985, 93 (6): 1155 - 1177.

[86] Barclay M, Holderness C G. Private benefits from control of public corporations [J]. Journal of Financial Economics, 1989, 25 (2): 371 - 395.

[87] Claessens S, Djankov S, Fan J, Lang L. Disentangling the Incentive and Entrenchment Effects of Large Shareholdings [J]. Journal of Finance, 2000, 57 (6): 2741 - 2772.

[88] Akerlof G. The Market for Lemons: Quality Uncertainty and the Market Mechanism [J]. Quarterly Journal of Economics, 1970, 84 (3): 488 - 500.

[89] Spence A M. Job market signaling [J]. Quarterly Journal of Economics, 1973, 87 (3): 355 - 374.

[90] Stiglitz J E. Taxation, corporate financial policy, and the cost of capital [J]. Journal of Public Economics, 1973, 2 (1): 1 - 34.

[91] La Porta R, Lopez-de - Silanes F, Shleifer A, Vishny R. The Quality of Government [J]. Journal of Law, Economics and Organization, 1999, 15 (1): 222 - 279.

[92] Edwards J S S, Weichenrieder A J. Ownership Concentration and Share Valuation [J]. German Economic Review, 2004, 5 (2): 143 - 171.

[93] Bebchuk L, Reinier K, George T. Stock Pyramid, Cross-ownership and Dual Class Equity: The Creation and Agency Costs of Separating

Control from Cash Flow Rights [R]. Working Paper, Harvard Law School, 1998.

[94] Dyck A, Zingales L. Private Benefits of Control: An International Comparision [J]. Journal of Finance, 2004, 59 (2): 537 – 600.

[95] Zingales L. What Determines the Value of Corporate Votes? [J]. Quarterly Journal of Economics, 1995, 110 (4): 1047 – 1073.

[96] Claessens S, Djankov S, Fan J, Lang L. Expropriation of Minority Shareholders: Evidence from East Asia [R]. Working paper, World Bank, 1999a.

[97] Marchica M T, Mura R. Direct and Ultimate Ownership Structures in the UK: An Intertemporal Perspective over the Last Decade [J]. Corporate Governance, 2005, 13 (1): 26 – 45.

[98] Yeh H. Do Controlling Shareholders Enhance Corporate Value? [J]. Corporate Governance, 2005, 13 (2): 313 – 325.

[99] Zhang T Y. Corporate Layers and Corporate Transparency in a Transition Economy [D]. The Hong Kong University of Science and Technology, 2004.

[100] Fan J P H, Wong T J, Zhang T. The Emergence of Corporate Pyramids in China [R]. SSRN Working Paper, 2005.

[101] Fan J, Wong T J, Zhang T. Politically Connected CEOs, Corporate Governance, and Post – IPO Performance of China's Newly Partially Privatized Firms [J]. Journal of Financial Economics, 2007, 84 (2): 330 – 357.

[102] OECD. OECD Principles of Corporate Governance [EB/OL]. http://www. oecd. org, April, 2004.

311

后　记

　　本书是在我的国家社科基金一般项目（编号：15BGL065）研究报告的基础上略作修改而成的。回想起该项目开始申报以来的点点滴滴，我不禁感慨万千：项目申报之前的日日夜夜，无数次修改申报书，修改到一个标点符号都不能再动；申报书提交之后，每天焦急不安地等待，盼着结果又怕出结果；项目批准之后，又开始为结项做准备，写论文，写研究报告，有点成果就欣慰不已。如今项目已经完成，研究报告也将出版，我的这项研究也暂时告一段落。在项目申报和书稿完成过程中，我得到了众多老师、同事和亲友的帮助与支持。在本书出版之际，向所有关心和帮助我的人致以最真诚的感谢！

　　感谢我的博士后合作导师潘爱玲教授！在项目申报过程中，潘老师曾多次亲自指导申报书的填写，令我不胜感激！潘老师科研和治学态度严谨，学识渊博，为人友善真诚，能成为潘老师的弟子是我今生莫大的荣幸，潘老师也是我这一生为人师所要学习的榜样！

　　感谢我的美国访学合作导师高磊教授！在美国爱荷华州立大学访学期间，高教授给予了我无私的帮助与支持，使得我能够在访学期间顺利完成此书稿！

　　感谢山东财经大学会计学院的领导们和山东财经大学科研处的领导与同事在项目申报过程中帮我们请专家指导申报书的填写！

　　感谢山东财经大学会计学院的各位领导和同事一直以来对我工作和生活的大量支持与帮助！

　　感谢我的父母，在我外出访学期间，帮我照顾年幼的女儿，使得我能够安心在外学习，顺利完成我的书稿；感谢我的丈夫李存生、儿子李海畅和女儿李沐心，感谢你们对我工作和学习的全力支持，你们永远是我的牵挂，更是我不断前进的动力！

　　感谢山东财经大学学术专著出版计划对本书出版的鼎力支持！感谢

经济科学出版社的各位编辑和专家对本书出版付出的艰辛劳动和提出的宝贵意见!

　　本书出版仅代表我之前一个阶段所付出的努力,如有疏漏之处,还恳请各位同行专家批评指正,我定将再接再厉,继续努力!

邵春燕

2019 年 10 月 10 日于山东财经大学